MW01144542

El origen del poder de Occidente
Estado, guerra y orden internacional

BIBLIOTECA UNIVERSITARIA
Ciencias Sociales y Humanidades

Filosofía política

El origen del poder de Occidente

Estado, guerra y orden internacional

Carlos Alberto Patiño Villa

Siglo del Hombre Editores

Patiño Villa, Carlos Alberto
    El origen del poder de Occidente: Estado, guerra y orden internacional / Carlos Alberto
Patiño Villa. — Bogotá: Siglo del Hombre Editores, 2005.

    272 p.: mapas; 21 cm.
    Incluye bibliografía.

    1. Estado 2. Poder (Ciencias sociales) 3. Organización internacional 4. Guerra y socie-
dad 5. Filosofía política 6. Ciudadanía 7. Estado – Historia I. Tít.

320.1 cd 19 ed.
AJD9800

CEP-Banco de la República-Biblioteca Luis Ángel Arango

La presente edición, 2005

© Carlos Alberto Patiño Villa

© Siglo del Hombre Editores
Carrera 32 N° 25-46 Bogotá D. C.
PBX: 3377700
Fax: 3377665
www.siglodelhombre.com

Diseño de colección
Mauricio Melo

Carátula y armada electrónica
David Reyes

ISBN: 958-665-078-2

Impresión
Panamericana Formas e Impresos S.A.

Impreso en Colombia-Printed in Colombia

ÍNDICE

INTRODUCCIÓN

El orden internacional se refiere a la forma como los Estados disponen los mecanismos de poder, reconocimiento político y parámetros de acción institucional para gobernarse, ya sea como comunidad o como sistema internacional. Este reconocimiento determina las nociones válidas para hacer la guerra, señala los cambios políticos nacionales e internacionales y estructura las posibilidades de transformación política que viven todas las sociedades como un conjunto de naciones gobernadas por Estados, según las premisas actualmente válidas en la teoría política contemporánea.

Los modelos de orden internacional son el producto de los procesos de guerra y posguerra, en los que se ven involucrados los principales poderes internacionales. Así, después de cada gran guerra, sobreviene un proceso de negociación sellado por pactos internacionales, cuyo propósito es establecer un modelo de procedimientos políticos para el gobierno interno de los Estados y para el gobierno entre éstos dentro de un sistema formado por Estados. El concepto de poder internacional, dentro de los procesos de posguerra y firma de tratados internacionales, se refiere, de una forma genérica, a la manera como los Estados se organizan para el establecimiento y mantenimiento de relaciones interestatales permanentes, a la definición e identificación de los Estados a los cuales se les reconoce como dignos de participar en tales relaciones, tanto desde su estructura de gobierno como desde su aceptación internacional, y a las razones y procedimientos que un conjunto de Estados considera válidos para dirigir la política y la guerra.

El orden internacional es la estructura que surge de una concepción particular de poder internacional, y está determinado por el papel de liderazgo que juegan los Estados más fuertes o más hábiles políticamente. En el establecimiento de este orden internacional surgen las reglas internacionales de ámbito interestatal, que son las que se pueden presentar por mecanismos explícitos como los tratados, las leyes de observación internacional y la creación de tribunales especializados para dirimir los conflictos entre Estados, originados en las más diversas motivaciones para generar disputas políticas y militares. Otras reglas del orden internacional suelen ser implícitas, pero actúan de manera eficaz en el establecimiento del orden internacional, como es el caso de las consideraciones relativas a la forma como los Estados líderes internacionalmente identifican y defienden sus instituciones y sus intereses.

Así, los principales procesos de guerra y posguerra han marcado los ámbitos institucionales y de la práctica política de los Estados. Se pueden identificar como puntos de partida, para la definición del orden internacional en tales procesos, las guerras concluidas con tratados firmados en los siguientes años: 1648, 1713, 1815, 1871, 1919 y 1945. Por tanto, las relaciones políticas entre Estados son de una naturaleza diferente a las relaciones políticas que se presentan entre un Estado particular y su sociedad, lo que normalmente se llama la política interna o doméstica. Más aún, el establecimiento exitoso de modelos de relación internacional desde la política exterior de un Estado particular depende de que ese Estado obtenga el reconocimiento interestatal mínimo necesario para mantenerse en pie, pues de lo contrario su territorio, su población y sus leyes son considerados como elementos para ser repartidos entre otros Estados. Tal es el caso de las naciones sin Estado, según el lenguaje reconocido internacionalmente hasta hoy, que existen en la actualidad, como la nación kurda, entre las fronteras de Turquía, Irak e Irán; el caso de Chechenia dentro de Rusia o el caso del Tíbet dentro de China. El reconocimiento internacional de un Estado es un elemento vital para la permanencia del mismo y, por tanto, gran parte de la historia y la teoría de las relaciones internacionales es la historia y la teoría de los Estados.

Los valores, las instituciones y los procedimientos que un orden internacional profesa, declara e impone son claves, pues los procedimientos y la legitimidad del poder internacional dependen, en gran medida, de las estructuras institucionales que están más allá de la guerra, pues son ellas las que brindan estabilidad y confianza y, por tanto, hacen que un orden internacional se mantenga en pie, como es el caso del discurso y los valores de la democracia como principio internacional, que han conducido a la idea de que los Estados democráticos no se hacen lan guerra entre sí, aludiendo a que toda disputa se resuelve jurídicamente y en nombre de la estabilidad y la libertad internacional.

El orden internacional que hemos heredado del siglo XX es el resultado de una construcción de larga duración que ha venido realizando Occidente desde su reciente ascenso como civilización ordenadora del mundo. El elemento más visible e importante en esta construcción es la aparición de la institución que se ha dado en llamar el "Estado moderno", el cual, al decir de Martin van Creveld, "desde mediados del siglo XVII [ha sido] la institución más importante y más característica de todas las instituciones modernas [...]".[1] El orden internacional es modificado en la medida en que cambian las condiciones y las formas que adoptan los Estados para mantenerse en pie, y con ellas se modifican a su vez las estructuras y las maneras de las relaciones entre los Estados.

La historia del mundo occidental moderno, y contemporáneo, si cabe la precisión, es la historia heredera de la Europa medieval, construida sobre las ruinas del Imperio romano, y de donde surgen tanto los conceptos como los procesos que dieron lugar a la aparición de las unidades políticas llamadas Estados en su acepción moderna, pues el Estado moderno occidental tiene características propias y fundamentales que lo separan de otras tradiciones que formaron o constituyeron instituciones estatales, y con ellas estructuras de relaciones internacionales, como los antiguos Impe-

---

[1] "Since the middle of the seventeenth century has been the most important and most characteristic of all modern institutions [...]" (Van Creveld, 1999: 15).

11

rios chinos, los Estados vedas de la antigüedad, los Imperios persas y sumerios, las ciudades-Estado del Levante y Asia Menor, los diferentes Estados islámicos, incluidos los del siglo XX, y los diferentes Estados que existieron en África y la América pre-hispánica.

Sin embargo, la situación vivida en el mundo desde 1991, cuando terminó la llamada Guerra Fría, se caracteriza por una profunda ambigüedad, pues las reglas de un nuevo orden no son ni explícitas ni conocidas, los procedimientos son supuestos y prolongados por instituciones de la posguerra de 1945, y sus efectos de poder se disuelven aceleradamente en las nuevas realidades internacionales, tanto políticas como militares, bélicas e institucionales.

El orden internacional de la Posguerra Fría, incluyendo el intenso período de combate internacional que ha supuesto la lucha antiterrorista internacional posterior al 11 de septiembre de 2001, ha sido calificado con tres denominaciones opuestas entre sí: para unos nos encontramos en una estructura internacional unilateral, encabezada por el poder "sin rivales" de los Estados Unidos, "único vencedor de la Guerra Fría"; para otros nos encontramos en una situación de multilateralidad, en donde el poder de los Estados Unidos es competido abiertamente por diferentes agentes del sistema internacional y por la Unión Europea, como por otra clase de poderes renovados entre los que se cuenta a Rusia y China, y por poderes que experimentan nuevos impulsos políticos como Japón e India.

Pero aún existe una posible tercera posición, en la que se puede interpretar que nos encontramos en una situación de profunda inestabilidad, dominada por el "vacío internacional", en la que los acuerdos de la posguerra de 1945 no permean ni condicionan, y menos aún determinan, la Posguerra Fría, pues ésta no es el producto de una guerra sino la disolución del orden heredado; y en esta disolución las instituciones y los conceptos anteriores no alcanzan a explicar ni a gobernar la emergencia de nuevos rasgos internacionales tales como la transformación del Estado-nación, el surgimiento de nuevos nacionalismos radicales, el papel de las teocracias y los nacionalismos religiosos como modelos alternativos reales representados por Estados específicos, la proliferación de armas de destrucción masiva y el surgimiento del terrorismo internacional como una situación bélica nueva y desconocida.

Esta tercera postura se sustenta en una lectura de la segunda mitad del siglo XX, que afirma que en asuntos internacionales dicho período estuvo marcado por varias tendencias: una, el constitucionalismo que definió la creación de las estructuras internacionales y moldeó el principal contenido de las relaciones internacionales. Este constitucionalismo estuvo marcado por un hecho relevante: los tratados de paz firmados en 1918, puestos en funcionamiento desde 1919, y el de 1945, con una puesta en marcha inmediatamente después de su firma, dieron lugar a la aparición de grandes instituciones supraestatales, cuyo fin era hacer que los Estados existentes cumplieran con los acuerdos suscritos, y en especial los acuerdos posteriores a 1945, donde el marco de referencia ha sido la carta fundacional de la Organización de las Naciones Unidas. Estos acuerdos son constitucionales porque la referencia del gobierno mundial está determinada por principios, reglas y procedimientos institucionales que deben ser acatados por los Estados como sujetos de derecho y, por tanto, las instituciones que los gobiernan representan un orden "superior" (Ikenberry, 2001: 50-53).

Dos, los ordenes internacionales impuestos desde 1919, pero especialmente desde 1945, han sido posibles por el poder que lograron los Estados y las sociedades occidentales sobre el mundo, haciendo que las demás regiones quedaran moldeadas con base en sus instituciones, modelos de organización económica, estructuras culturales y funcionamiento político. En la base de este proceso de dominación se encuentran cuatro acontecimientos estrechamente relacionados: la invención del Estado moderno y su definición como Estado-nación (Tilly, 1992: 192-196); la aparición, apropiación y aplicación extensa de los diferentes procesos y mecanismos sociales que dieron lugar a las llamadas revoluciones industriales en los siglos XVIII, XIX y finales del siglo XX; el desarrollo de dispositivos militares, incluyendo tanto los fenómenos denominados "revoluciones militares" como el desarrollo de tecnologías aplicadas a usos militares, la creación de armas de alta precisión y la estructuración de dispositivos institucionales adecuados al uso del poder militar en beneficio del Estado moderno, y en especial en la expansión de éste (McNeill, 1982: 63-66 y Van Creveld, 2000: 67-69); y, por último, la creación de un discurso intelectual y académico que formó una idea básica de lo adecuado y lo inadecuado; o dicho de otro modo, la expansión de unos valores que han pretendido uniformar el cubrimiento de las diferentes civilizaciones conquistadas por los Estados occidentales, y que ha descrito realidades diferentes con los mismos conceptos. Entre estos conceptos se encuentran los de democracia, libertad, derechos, individuo (Peñas Esteban, 1997: 21-22), etc.

Estos elementos explican por qué, si bien los asuntos humanos están determinados por una contingencia inasible, el orden internacional del siglo XX lleva el sello de la civilización occidental; por qué ésta termina por convertir sus valores políticos, económicos, culturales, institucionales y militares en valores universales; y por qué los parámetros de lo que llamamos humanidad son los que surgen de su visión del mundo; o dicho en otras palabras, por qué el concepto de lo occidental termina siendo representado por el término de la "modernidad" (Gray, 2004: 17 y ss.), en tanto que significa ruptura con el pasado y creación de instituciones de ordenamiento político con base en modelos con características institucionales específicas como la secularidad, la laicidad, la nacionalidad, el orden internacional construido con base en la institucionalidad del Estado moderno, etc. En esta dirección el término modernidad resulta crucial para entender el aspecto y la forma de las relaciones internacionales en el siglo XX, pues su contenido ha girado alrededor de supuestos que se asumen como un conjunto de valores universales, gestados por las tradiciones de la civilización occidental. Los intelectuales, los políticos y los encargados de dirigir y activar la información de los medios de comunicación han pensado que estos valores son universales en el sentido antropológico, en tanto que acogen al género humano, y en el sentido geopolítico, en tanto que abarcan a todas las sociedades en la tierra.

Esta situación nos pone en relación con un problema previo a la caracterización de la segunda mitad del siglo XX: cómo surgieron institucionalmente las características que definieron el perfil político del mundo occidental, y cuáles han sido sus alcances. Para ello hablaré de lo que se puede definir como "los valores de la fe moderna" y su constitución.

Indistintamente de los caminos que los académicos han asumido, diversos intelectuales han coincidido en señalar una estrecha relación entre modernidad y occidentalización. Entre éstos podemos citar a autores de muy diversas tendencias que van desde Immanuel Wallerstein (1991), quizá el más radical pues para él todo es capitalismo, hasta Theodore van Laue (1987), Daniel Bell (1992), Charles Tilly (1992), Anthony Giddens (1990), Susan Strange (1989), John Gray (2004), Francisco Javier Peñas Esteban (1997) y muchos otros.

Los valores que tal modernidad presenta, y en los cuales coinciden, de alguna manera, los autores señalados, pueden ser referidos sobre cuatro elementos: la aparición del Estado moderno; la relación entre guerras, órdenes internacionales e institucionalización de los mismos; la constitución de los valores de la modernidad en la institucionalización del Estado moderno; y la creación de una teoría política que dotara de sentido los cambios que se han protagonizado con la invención del Estado moderno.

De acuerdo con lo expuesto hasta este momento, el objetivo de este trabajo se centra en proponer una explicación de la formación de los Estados modernos como una creación de la civilización occidental, y en cómo, a partir de esta creación, junto con el mayor descubrimiento cultural de Occidente, el individuo, se dio forma al siglo XX y a la mayoría de las ideas e instituciones políticas que nos gobiernan.

Este trabajo se presenta en cinco capítulos: el capítulo uno se denomina "De la Revolución Monárquica al Estado moderno" y en él se explica el surgimiento del Estado moderno occidental, especificando el papel que jugaron las luchas protagonizadas por los monarcas modernos contra la Iglesia, contra el Imperio, contra los nobles y contra las ciudades-Estado, a la vez que se explicita el papel de la revolución militar y la expansión de los países occidentales desde el siglo XVI.

El capítulo dos se titula "El papel de la guerra en Occidente" y está encaminado a explicar la guerra como procedimiento político que origina los Estados, las instituciones modernas, las tecnologías industriales y, especialmente, el orden internacional. También se incluye una explicación básica del concepto de profesionalismo militar y del control civil que han desarrollado los Estados modernos con respecto a los cuerpos armados.

El tercer capítulo, titulado "Institucionalización e instrumentalización del Estado moderno", va dirigido a explicar el surgimiento del Estado moderno como estructura de poder institucional, partiendo de la despersonalización del Estado, el surgimiento de los impuestos, la monopolización de la violencia y, sin lugar a dudas, especificando el papel de las burocracias modernas en la construcción del Estado.

El cuarto capítulo, "Ideas políticas para el Estado moderno", explica los principales conceptos que soportan la existencia política del Estado occidental moderno, centrándose en el trabajo de Thomas Hobbes, toda vez que se recoge la observación de Martín van Creveld en el sentido de señalar que es este autor el inventor real del Estado dentro de la teoría política.

El capítulo quinto, "Sistemas internacionales de Occidente en el siglo XX", se detiene a examinar las condiciones de construcción del orden internacional occidental, destacando su principal característica, determinada por una forma de orden constitucional.

Capítulo 1
DE LA REVOLUCIÓN MONÁRQUICA AL ESTADO MODERNO

La aparición del Estado moderno es un verdadero logro de la contingencia y el azar, y así lo ve Charles Tilly en su famoso libro *Coercion, Capital and European States. 990-1990*,[1] donde plantea, siguiendo una línea de sociología histórica, que en el proceso de formación de los Estados modernos occidentales se presentaron muy diversas vías y formas de construir instituciones y modelos de poder político. De hecho, según sus propios datos, muy pocos experimentos políticos encaminados a crear y mantener Estados tuvieron éxito, lo que se refleja en el hecho de que hacia el siglo XVI existían en Europa occidental entre 500 y 550 Estados, y en el siglo XX una veintena de Estados había engullido a los demás en menos de cuatro siglos (Tilly, 1992: 75). Las vías más importantes, o que se aseguraron un éxito aparente, en el comienzo de la invención de los Estados modernos, fueron dos: la vía intensa en coerción y la vía intensa en capital.

La vía intensa en coerción tenía como elemento vital la creación y uso de fuerzas militares, tanto para competir con otros Estados, ya sea por territorio, acceso a puertos y ríos, obtención de rutas comerciales específicas, el cobro directo de impuestos o la anexión de territorios poblados de importancia relevante, bien fueran ciudades-Estado, pequeños poblados o comarcas agropecuarias relativamente pobladas y productivas. La vía intensa en coerción no descarta el uso del capital para movilizar las estructuras del Estado, pero las acciones más eficientes son las basadas en el uso continuo de la coerción y la fuerza (Tilly, 1992: 79-81). Un ejemplo clásico de esto ocurría en el reino medieval de Polonia,

---

[1] Publicado en inglés en 1990 y en español en 1992, por primera vez, en Alianza Editorial, con el título de *Coerción, capital y los Estados europeos. 990-1990.*

donde la elección de un nuevo monarca dependía de una asamblea electoral que podía llegar a sumar varios miles, cuyos miembros, provenientes de familias terratenientes y nobles feudales, no estaban dispuestos a ceder parte de su autonomía en nombre de un rey que dependía de manera tan grande de la asamblea para su nombramiento. Dada esta situación, un rey polaco sólo podía gobernar en la medida en que tuviera suficiente poder militar y capacidad de coerción creíble.

Las vías intensas en coerción fueron mucho más características de Estados que carecían de centros urbanos altamente desarrollados y de economías en crecimiento continuo, lo que hacía que el mecanismo de mayor eficiencia para la estabilidad política, como para la estabilidad militar y económica, fuera la presencia de un aparato coercitivo en continuo funcionamiento. Tal es la historia, por ejemplo, de la aparición del Estado reformado con Pedro el Grande, en la Rusia medieval, la cual trata de competir con los procesos de centralización y dirección política de países como Francia, Inglaterra y Prusia. Rusia siempre dependió, incluso en el siglo XX, del mantenimiento de una fuerza militar,[2] e igualmente policial, lo suficientemente fuerte para conservar la prioridad del Estado ante las demás instancias de la sociedad y la cultura, y a salvo de la religión, por lo que el Zar se convirtió en una figura del santoral y en la cabeza visible de la Iglesia ortodoxa, relegando al Patriarca a una figura legitimadora sin capacidad política (Van Creveld, 1999: 272-276).

La vía intensa en capital nos coloca en caminos diferentes a los anteriores y, principalmente, nos pone en relación con las entidades políticas de las ciudades-Estado, que se mantuvieron en pie durante toda la Edad Media, incluso hasta bien entrado el siglo XIX, con base en la creación de una estructura política que funcionaba por el flujo continuo de dinero, y donde la fuerza era, la mayoría de las veces, alquilada, incluso a destajo, a personas que se especializaban en mantener grupos de hombres armados, como los *Condotieri*. Este caso se puede ver principalmente en las ciudades-Esta-

---

[2] Es importante recordar cómo George F. Kenan, uno de los diplomáticos norteamericanos que más experiencia tuvieron en las relaciones con la antigua URSS, destacó las continuidades en prácticas políticas, diplomáticas y militares entre el Imperio ruso y el Imperio soviético.

do italianas, en algunas del norte de las confederaciones alemanas, en especial entre aquellas que formaron la "Hansa" y, a comienzos del siglo XVI, entre las ciudades libres asociadas al Imperio otomano. Esta vía permitió el florecimiento de varios Imperios medievales como los de Venecia —vista como una República por sus formas de gobierno— y Nápoles, y asimismo contribuyó al primer florecimiento del Estado holandés,[3] cuya fuerza motriz, más que una gran capacidad militar, fue su gran habilidad para crear mercados y gestionar capital financiero, en forma de dinero para inversiones de diferente carácter, principalmente en infraestructura y el aseguramiento de las rutas comerciales, básicamente a través del mantenimiento de flotas marítimas de comercio abierto y la búsqueda de rutas hacia el lejano oriente.

Una de las características más importantes de los Estados basados en la vía del capital es que sus fuerzas militares y de control de la seguridad estuvieron muchas veces provistas por fuerzas de alquiler (McNeill, 1982: 50-54), lo que hacía que en realidad carecieran de la fuerza necesaria para respaldar sus decisiones políticas, y que muchos de sus conflictos internacionales terminaran, en distintas ocasiones, resueltos por tratados que carecían de fuerza real, conduciendo a que la estabilidad fuera fácilmente rota. Adicionalmente estos Estados estuvieron puestos en una situación de relativa ingobernabilidad, dada su incapacidad para someter regiones o poblaciones más allá de sus áreas de influencia inmediata, y su control se desvanecía con facilidad, lo cual hacía que aparecieran zonas continuas de legitimidades y gobiernos débiles, en donde ni se establecía el control y el gobierno completo de un Estado legal y legítimo, ni se daba lugar a la creación de otro. Un ejemplo de esto es la imposible unificación italiana hasta muy avanzado el siglo XIX, tarea en la cual habían persistido las ciudades-Estado y los Estados pontificios, disputándose territorios que continuamente podían modificar sus fronteras y el gobierno de sus poblaciones.[4]

---

[3] Fernand Braudel explica claramente el papel de la creación de la bolsa en Amsterdam en el surgimiento de estructuras e instituciones económicas y políticas específicas.

[4] Un estudio específico que ilustra este tipo de disputas en las ciudades-Estado italianas es el presentado en el artículo "Robust Action and the Rise of the Medici, 1400-1434" (Padgett y Ansell, may 1993: 1259-1319).

Este papel de las ciudades-Estado se vio incrementado por la vitalidad de la vida urbana en Europa después del año 1000:

> Un período de considerable expansión hasta alrededor del año 1350; una época de depresión seguida de una fluctuación sin tendencia entre 1350 y 1500; una aceleración en el siglo XVI; una disminución en el siglo XVII; y por último, una enorme aceleración después de 1750 (Tilly, 1992: 85, tomado de Hohenberg y Less, 1985).

El crecimiento urbano manifestó, más allá del ordenamiento de la población, la historia de la creación y el movimiento del capital europeo (Pound, 2000: 173-184). Visto así, la competencia por la riqueza de las ciudades-Estado creó entornos de enfrentamientos e inestabilidad política internacional que pusieron en evidencia lo incompleto de los Estados dirigidos desde la primacía de una de estas dos vías, haciendo que emergieran formas más exitosas de crear Estados y gobernar grandes sociedades y territorios.

Con base en estas consideraciones, Charles Tilly identifica una tercera vía de creación de Estados en Europa occidental, que es la coerción capitalizada, que surge entre los extremos de la coerción y el capital (Tilly, 1992: 227). Esta vía dota al Estado de una fuerza activa, tanto militar como policialmente, a la vez que permite crear una fuerza de intervención económica desde estructuras financieras, productivas y comerciales crecientes, en las que la capacidad de inversión y dirección del Estado son determinantes del impulso de mantenimiento de los juegos de crecimiento económico. Aquí comienza una estrecha relación entre el papel del cobro de impuestos y la reinversión de éstos en formas de armamento, mantenimiento de tropas, creación de órganos de control, tanto de impuestos como de inversión, y que en la permanente renovación de las obras de infraestructura tenían un fin militar y uno económico. Impuestos, crecimiento económico y estabilidad institucional fueron de la mano con la capacidad de gobierno y control político (Ferguson, 2001: 45-55). Quizá el máximo representante de esta vía de creación estatal sea el ejemplo de las islas británicas, las cuales, vistas desde Dinamarca, para el año 990 parecían estar en la periferia de los principales cambios políticos de la época.

Las islas rápidamente vivieron un proceso de guerras centralizadoras del poder político en manos del rey de Londres, haciendo que surgiera un reino que unificaba territorios, poder político, impuestos, capacidad para guerrear y capacidad de dirección de las acciones económicas. Claro que estos poderes se afianzaron en la medida en que los reyes fueron forzados a reconocer la Carta Magna o Gran Carta de 1215, la cual obligaba a

> [...] abandonar la percepción de obligaciones feudales para la obtención de medios necesarios para la guerra, a dejar de contratar mercenarios cuando los barones no estaban dispuestos a guerrear y a imponer los principales tributos sólo con el consentimiento del gran consejo (Tilly, 1992: 229).

Esto exigió que los reyes ingleses desarrollaran desde muy temprano una estructura institucional centralizada y duradera que incluía real tesorería, tribunales y ejercicio de soberanía.[5]

La vía de coerción capitalizada fue más o menos seguida, con grandes diferencias, pero también con grandes similitudes, por países como Francia, España, Suecia, y, posteriormente, por los Estados Unidos.

Pero quizá este proceso que Tilly denomina la vía de la coerción capitalizada sea más visible desde el trabajo de Martin van Creveld, quien propone como punto de partida para el estudio sobre el Estado el año 1300. Para este período Van Creveld identifica como básico el papel que juegan las grandes monarquías en tanto instituciones que crecen en medio de las disputas entre Iglesia e Imperio, y cuya habilidad política determinó el surgimiento del Estado. La idea de gobernante que se puede caracterizar dentro de las nociones de monarca, y que toma como figura central al rey, se puede definir, siguiendo a Paul Kleber Monod, de la siguiente manera:

> Soberano o cabeza de una comunidad, el cual mantiene esa posición de por vida, y cuya autoridad está vinculada, por lo menos

---

[5] Al decir de Adrian Hastings, esto fue posible, además, porque desde finales del siglo VIII Inglaterra comenzaba a convertirse en una nación, de alguna manera ideada por los relatos de San Beda (Hastings, 2000).

en parte, más a la persona que al cargo. Aunque sus poderes podían estar limitados, los reyes no se hallaban completamente sujetos a otros gobernantes terrenales (Monod, 2001:19).

Así, el Estado surgió como un enfrentamiento que las monarquías realizaron contra cuatro entidades a las cuales les competían el uso del poder y la capacidad de gobierno: la Iglesia, el Imperio, las ciudades-Estado y la nobleza feudal. Las monarquías surgen en medio de una estructura de poder político donde no existían diferencias entre lo público y lo privado; de esta manera los monarcas realizan una centralización del poder en la medida en que se separan de los poderes tradicionales, e igualmente en la medida en que construyen los mecanismos de decisión política sobre la persona del rey, arrebatando los criterios de legitimidad que otorgaba la Iglesia y concretando los espacios institucionales de decisión y movimiento propios del Imperio, a la vez que sometían a las ciudades-Estado independientes o fundaban nuevas ciudades bajo el dominio directo del Estado, y hacían que los nobles entraran al servicio del rey o quedaran aniquilados en su independencia política.[6]

LA DISPUTA CONTRA LA IGLESIA

La disputa inicial en el proceso de conformación del Estado moderno es la que los monarcas sostienen contra la Iglesia, marcando, entre otras cosas, las rutas jurídicas para definir las potestades y los derechos de gobierno de la monarquía. Las disputas surgieron desde el final del siglo XII, en el año 1170, cuando los enviados del rey Enrique II de Inglaterra, para negociar con la Iglesia el pago de impuestos para sostener las crecientes guerras contra Francia, asesinaron al obispo primado Thomas Becket en su propia catedral. Como consecuencia de este asesinato con significados e implicaciones políticas, Inglaterra se vio obligada a aceptar una serie amplia de decretos papales que sometían al gobierno del monarca en diversos aspectos, en especial en los relacio-

---

[6] Para una consideración específica de cómo los monarcas modernos fueron constituyendo una elite diferenciada del poder de la Iglesia, véase el artículo de Richard Lachamann (april 1989: 141-162): "Elite Conflict and State Formation in 16th-and 17th Century England and France".

nados con el gobierno sobre el clero, en su capacidad de juzgarlo y de cobrarle impuestos. Pero lejos de que estas disputas se disolvieran, el heredero de Enrique II, el rey Juan —1199-1216— se encargó de reanudar las disputas contra Francia enfrentándose con Felipe Augusto por las regiones de Normandía y Anjou, restaurando el principio de cobro de impuestos al clero y la imposición de sistemas de administración y justicia unificados, lo que en la práctica fortalecía el poder de la monarquía (Van Creveld, 1999: 61 y ss).

Pese a los progresos que en la centralización del poder podían hacer Estados como Inglaterra o Francia, gracias principalmente a la guerra, el problema de la legitimidad aún no se resolvía, ya que ésta seguía siendo un atributo de la Iglesia, que a su vez podía dispensarla. La Iglesia, desde la caída del Imperio romano, pero principalmente desde la "Caída" de la humanidad con la muerte de Cristo, según el lenguaje teológico del momento, se había convertido en el poder intemporal que gobernaba los ámbitos generales de la vida, determinando los criterios de aplicación de la justicia, el reconocimiento de la legitimidad política y el otorgamiento de autorizaciones expresas a las diversas acciones que los gobiernos locales emprendían.[7] Así, la Iglesia logró construir, en el comienzo de la Edad Media, un sistema internacional que se mantuvo en pie por varios siglos, y con un poder que no se podía definir de forma clara por fuera de los razonamientos hierocráticos y papales (Ullman, 1983: 45-56). Era prácticamente impensable un poder estatal en nombre de un rey o una sociedad en sí misma, diferenciada de otras. Esta situación se definía por el hecho de que los contornos de la sociedad, la comunidad y el Estado no eran definibles de forma contundente más allá de una variedad ambigua de conceptos: *regnum civitas, universitas* o *comunitas regni* o *civitatis, dominium, corpus, provincia, ducatus, commune*. Algunos de estos términos podían aplicarse indistintamente a cualquier Estado e incluso a otras comunidades, como las ciudades-Estado, independientes o no, o a monasterios, gremios y aldeas (Black, 1996: 21-24).

---

[7] Véase al respecto el trabajo de Walter Ullman (1983), *Historia del pensamiento político de la Edad Media.* En especial de la página 20 a la 32.

Manuel Rivero, en su libro *Diplomacia y relaciones exteriores en la Edad Moderna. De la Cristiandad al sistema europeo, 1453-1749*, expone en un aparte del primer capítulo cómo el hecho de que no existieran Estados en sentido estricto, así como el hecho de que el poder estuviera difuminado en una estructura jerárquica amplia, conducía irremediablemente a un conflicto permanente: el del orden de las precedencias. Esto es, el problema de cómo se disponían los espacios y los períodos de deliberación, juicio y decisión a través de disponer el lugar apropiado para cada uno de los potentados, es decir, de quienes tenían o creían tener algún grado de responsabilidad y poder político, iniciando con aquellos que reconocían señor o superior en lo político, hasta aquellos que no lo reconocían. La precedencia era crucial en el reconocimiento del poder político y la autoridad (Rivero, 2000: 12-16).

En el caso del rey Juan de Inglaterra, la Iglesia, con el papa a la cabeza, eliminó la nominación de Cardenal primado que el rey hizo para Inglaterra y la convirtió en un feudo papal, que sólo podía ser recobrado como reino libre con el pago de 1.000 francos de plata[8] al año. Después de esta rendición real, unos 90 años después, en Francia se presentó una nueva disputa en la que el papa se enfrentó al Imperio, en cabeza del rey Felipe IV, "el Justo" o "el Hermoso" (1268-1314),[9] quien fuera, para comienzos del siglo XIV, el rey más poderoso del mundo occidental. El papa Bonifacio VIII (1235-1303, y papa de 1294 a 1303) se enfrentó a Felipe IV por los fondos que el clero francés debía transferir al papado, y la oposición de Felipe IV para exigir que se pagaran impuestos sobre los mismos y sus transacciones. Este tema se volvió agudo y punto de enfrentamiento cuando, entre los años 1297-1298, el rey intentó juzgar al clero bajo las leyes seculares, lo que adicionalmente se tradujo en apoyo a los obispos franceses que se oponían a Bonifacio VIII (Van Creveld, 1999: 63-65).

Estas disputas generaron un intenso enfrentamiento jurídico, filosófico y teológico, que permitió que afloraran nue-

---

[8]   Los francos de plata eran diferentes de los francos de oro o de otros metales preciosos.
[9]   Conocido como Felipe IV de Francia de 1285 a 1314, y como Felipe I de Navarra de 1284 a 1314.

vos conceptos políticos que erosionaron el poder de la Iglesia y permitieron la emergencia del poder del que luego sería el Estado moderno. Juan de París, quien asumió como abogado de Felipe IV, elaboró una serie de cargos contra Bonifacio VIII, y contra su bula *Unam Sanctam*, que incluían tanto herejía como ocupación ilegal de la Santa Sede y apropiación de recursos ajenos (Black, 1996: 68-71). Guillaume de Nogaret, uno de los consejeros de Felipe IV, viajó a Roma para intentar buscar un levantamiento contra el papa entre las familias nobles que mantenían controladas las ciudades. En el verano de 1303 el papa fue asaltado y golpeado, muriendo poco después, siendo reemplazado por Benedicto XI, quien murió rápidamente; luego ascendió al poder Clemente V (1260?-1314, y papa de 1305 a 1314). Este último se convirtió en un legitimador del poder del rey, quien sometió la Iglesia totalmente a su poder político, militar, económico y administrativo, decapitando y destruyendo su poder militar, representado por los caballeros templarios, perdiendo adicionalmente sus ingresos y sus fortalezas, las cuales pasaron a ser propiedad del reino francés. Esto condujo a que el papa fijara su residencia en Avignon, desde 1309, y a que por más de medio siglo la mayoría de los papas fueran franceses (García-Guijarro, 1995: 295-298).[10]

Uno de los fundamentos teóricos más fuertes en esta disputa se encuentra en la llamada teoría "gelasiana" del poder papal, aludiendo a las consideraciones del papa Gelasio I (?-496, y papa de 492 a 496), en el 496, quien afirmaba que Cristo dividió y separó las actividades de la Iglesia y el Imperio, de acuerdo con las características propias y las dignidades especiales de cada uno. Esto hacía que la Iglesia gobernara y decidiera sobre los asuntos relacionados con la vida eterna, y el Imperio únicamente sobre los asuntos relacionados con la vida terrena. Estas afirmaciones no permitían el surgimiento de una concepción definida en cuanto a la línea divisoria del poder entre el papado y el Imperio. Así se dio la aparición de la teoría de las dos espadas, la intemporal y la temporal, las cuales representaban el poder de la Iglesia y el del Imperio respectivamente. Estas ambigüedades, sus interpretaciones y sus aplicaciones políticas, tanto por parte

---

[10] Ver también a Jacques Le Goff (1969: 143-150).

de papas como de emperadores, reyes y príncipes, a favor o en contra de la Iglesia, junto con las disputas protagonizadas a lo largo del siglo XIII, condujeron a la pérdida creciente del poder internacional de la Iglesia, haciendo que existiese una división muy clara entre quienes seguían acatando lo que el papa legislaba y ordenaba, y quienes se le oponían (Rivero, 2000: 9-20). Entre los primeros se encontraban los clérigos de Francia, España y Escocia, y entre los segundos, los italianos, húngaros e ingleses (Van Creveld, 1999: 65-73).

Las disputas contra la Iglesia se hicieron cada vez más fuertes, y dejaban en entredicho el poder real de la Iglesia, como en el enfrentamiento protagonizado por Juan XXII (1245-1334, y el segundo de los papas de Avignon de 1316 a 1334), contra Luis de Baviera,[11] y el cual se saldó negativamente, más que contra Luis de Baviera contra el mismo Juan XXII, quien fue acusado de asesinato, sodomía, violación e incesto, y cuyo nombre fue finalmente borrado de la lista oficial de papas. Después de este período sobrevino el cisma de los siglos XIII y XIV, haciendo que existiesen hasta tres papas al tiempo y una encarnizada lucha por definir quién era el verdadero vicario de Cristo y quién el anticristo.

Esta situación facilitó la emergencia de los ataques que protagonizaron los académicos humanistas, surgidos principalmente en Italia, hacia mediados del siglo XIV. Los humanistas afirmaron que una sociedad ordenada, que se podía dominar y gobernar a través de una iluminación intelectual, podía existir sin la fe cristiana. Uno de los principales ejemplos de dicho enfrentamiento, protagonizado por los humanistas, ocurrió en 1440, a partir del documento denominado la "Donación de Constantino", que fue controvertido de manera directa por Lorenzo Valla (1407-1457), quien, leyendo el documento en latín, afirmó que éste era una falsificación del siglo VIII.[12] Esto permitió que las afirmaciones que mos-

---

[11] Conocido como Luis IV de Baviera, nacido aproximadamente en el 1287 y muerto en 1347, fue emperador del Sacro Imperio Romano Germánico del año 1327 al 1347.

[12] Para un estudio en profundidad sobre Lorenzo Valla y su trabajo acerca del documento denominado la "Donación de Constantino", véase el estudio preliminar elaborado por Christopher B. Coleman a propósito de la edición de Valla realizada en la Universidad de Toronto, en 1993.

traban a la Iglesia como una fuente de corrupción, división política y guerra adquirieran gran circulación, haciendo que Valla se volviera famoso, y que sus proclamas de reducir a la Iglesia a un campo de asistencia espiritual cobraran vida, especialmente con la emergencia de Martín Lutero (1483-1546) y, obviamente, con la aparición de la Reforma.

Empero, a lo que se viene describiendo acerca del enfrentamiento contra la Iglesia, protagonizado por los monarcas modernos, se debe agregar que aquella actuaba por inercia, amparada en ser tanto el mayor poder de la Edad Media como la fuente del equilibrio de poder entre los gobiernos locales, como era el caso de los pequeños reinos italianos y las disputas entre los grandes reinos y el Imperio, etc. Este modelo de equilibrios de poder alcanzó uno de sus momentos de mayor elaboración institucional y jurídica con la llamada Paz de Lodi, firmada en 1454, por medio de la cual el papa se convertía en el artífice de la política internacional de estabilidad y paz, garantizando un *statu quo* entre los poderes italianos de la época, es decir, entre Milán, Florencia, Venecia, Nápoles y el Vaticano (Rivero, 2000: 39).

Quizá uno de los puntos más importantes desde el comienzo de los enfrentamientos entre los monarcas y la Iglesia proviene del movimiento de la Reforma. Y esto se dio por la insistencia de Lutero en afirmar que su movimiento no era revolucionario en sentido estricto, sino que lo que proponía se reducía a los ámbitos espirituales, no permitiéndose invadir el poder secular.[13] Ello se vio plasmado en sus escritos políticos y en sus textos sobre los campesinos, en donde su pro-secularidad era evidente y bien recibida por los reyes y príncipes, quienes, una vez experimentaron una disminución en los riesgos políticos que implicaba apoyar la disidencia que representaba Lutero, convirtieron sus pueblos en protestantes y afianzaron los lazos comunes de identidad y bien común, entre ellos como gobernantes y sus pueblos como gobernados; pueblos que durante los últimos siglos eran cada vez más proclives a considerar al rey como su legítimo

---

[13] La biografía de Martín Lutero revela su concepción de la Iglesia, la orientación que pretendía darle a su renovación y el hecho de que en realidad no creía estar haciendo una revolución. Para una lectura detallada en esta dirección, véase la biografía escrita por Roland H. Bainton (1995), *Here I Stand: A Life of Martin Luther.*

gobernante y no al papa. Así, países como Escocia y la región Escandinava, Inglaterra y gran parte de Prusia, Bohemia, Polonia, Hungría, Suiza, Francia y Holanda, se convirtieron rápidamente en protestantes, desconociendo el poder del papa y disolviendo los monasterios, embarcándose en una fuerte confiscación de las propiedades eclesiásticas que disminuían su poder real. La extinción de estas propiedades trajo varios efectos en el reordenamiento político de Europa; como prueba se encuentra la creación del Ducado de Prusia,[14] que se hizo con base en la expropiación de los territorios y posesiones de la Orden Teutónica. Dichas expropiaciones dieron inicio a un proceso político y territorial que permitió que los Estados se apropiaran entre el 25% y el 30% de la tierra disponible, la cual se encontraba en manos de la Iglesia (Van Creveld, 1999: 69).

El uso de la tierra confiscada por el Estado, mediante el arrendamiento o el pago de impuestos directos, tanto por la propiedad como por la explotación de la misma, produjo enormes ingresos financieros con los que no contaba antes y que permitieron que por primera vez los Estados de Europa occidental emprendieran grandes empresas.[15] Además, esto dio un gran poder a la Reforma, pues la institucionalizaba en la medida en que el gobernante aumentaba su poder político y económico, y los campesinos y los nobles rompían con la tutela del clero y los monasterios, pudiendo emprender un uso propio de la tierra y su producción.

El enfrentamiento contra la Iglesia tuvo como resultado uno de los hechos más valorados: condujo a que el poder político se descentrara de la figura del papa y a que se convirtiera en un atributo particularmente destacable del poder secular. Otro era el asunto sobre si este poder residiría en el emperador o en el rey, o en reyes con atributos o funciones imperiales; por tanto, en sus nominaciones, se hacía diferencia entre el título de emperador con mayúscula, para quien representaba el poder del Sacro Imperio Romano Germánico, y el emperador con minúscula, que carecía de poder legítimo en sí mismo. La secularización se presentó sobre la

---

[14] Creado en el año 1525 por el autoproclamado duque de Prusia, Alberto de Brandeburgo.
[15] Al respecto véanse los capítulos II y III en Ferguson, 2001.

construcción de la figura de los reyes sagrados, quienes asumían el poder del que se despojaba a la Iglesia.

Hacia finales del siglo XVI, siguiendo a Paul Kleber Monod, la figura del rey reúne en sí misma tanto la unicidad del poder político como la presentación y la creación del yo individual, presente en la estructura de la persona individual provista por el cristianismo. Para los cristianos

> [...] la analogía entre el yo y el monarca sagrado fue siempre evidente: el primero unía y proporcionaba dirección al alma y al cuerpo, al tiempo que el segundo unificaba y dirigía la comunidad política (Monod, 2001: 33).

Esta secularización terminaba con la ambigüedad del poder repartido y la legitimidad descentrada que administraba la Iglesia y que se otorgaba a los emperadores y monarcas proclives a reconocer el poder eclesiástico. Dicho de esta manera, el rey representó más que un proceso de centralización del poder: simbolizó la puesta en la escena política y económica del yo individual, caracterizado por el surgimiento y la proliferación de los nombres individuales, basados en el principio de que un alma cristiana no representa a un individuo genérico sino a uno particular, quien, tras del juicio final prometido en la teología cristiana, podría resucitar con sus atributos personales específicos.[16]

El rey, como figura política central que protagonizó, tanto la ruptura del poder eclesiástico como el surgimiento de comunidades reformadas constituidas por individuos, en cierto sentido moderno absorbió además el atributo de formar los lazos básicos de identidad entre los individuos, sus vidas, sus identidades y sus recién descubiertas expectativas económicas, representadas por las emociones de la expansión europea comenzada en el siglo XV en Sudán y en el XVI en América. Pero esta representación que la figura del rey asumía iba más allá, y hacía que las figuras del poder simbólico de la monarquía se definieran como *corpus mysticum*,[17] un

---

[16] Al respecto del papel político de la noción de persona creada por el cristianismo, véase: Suárez Molano, 2003: 39-43.

[17] Las discusiones sobre la naturaleza del cuerpo de los reyes, junto con las disputas abiertas en torno a la "teoría de las dos espadas" y demás asuntos de la teología política medieval, condujeron a una profunda transfor-

concepto derivado de la idea de que la Iglesia como institución de gobierno, heredera de Roma, y por decisión divina, era la que avalaba el nombramiento y coronación de un rey. Ello se representó por la unción con aceites en ceremonia especial durante la coronación, haciendo que el rey adquiriera condiciones especiales que lo diferenciaban de cualquier señor y a la vez lo convertían en un gobernante con características propias que lo diferenciaban también de la Iglesia. El modelo inicial, tanto como la primera referencia a los enfrentamientos entre los poderes, es la coronación y la construcción del poder de Carlomagno, quien asumió el Sacro Imperio Romano hacia el año 800 (Monod, 2001: 55-56).

El *corpus mysticum* condujo a una salida secular de la coronación y con ella a una apropiación del poder sin la tutela de la Iglesia, reforzando la teoría de la separación de las dos espadas, expresada en el concepto de *corpus republicae mysticum*, que establecía una equiparación con el concepto de *corpus ecclesiae mysticum*, en cuanto a los fundamentos y las designaciones para ejercer el poder, dadas directamente por Dios. Así, si Cristo había entregado el poder intemporal y espiritual de la Iglesia al papa, él mismo había dado al rey el poder terrenal y sobre la comunidad política, pensada como analogía corporal (Monod, 2001: 57). El rey entonces, como cabeza de la comunidad política, era investido por un origen y una causa especial que lo acercaban al poder, haciendo que surgiera una teología política de servicio secular, separada, de antemano, de cualquier interpretación eclesiástica fuerte. Este proceso se presentó de manera directa y radical en Inglaterra y Francia, y de una manera indirecta en Dinamarca y Suecia. Dicha teología política permitió el surgimiento de un nuevo concepto, cuyo alcance ha llegado hasta nuestros días: como el rey debía su poder a la "gracia de Dios", el rey poseía su corona internamente, haciéndolo poseedor de una "dignidad" superior y distinta, que lo distan-

---

mación de la valoración del cuerpo y el uso de las metáforas corporales, los procesos de configuración y la representación política. Al respecto deben examinarse tres artículos entre los contenidos en el libro *Fragmentos para una historia del cuerpo humano* (1993): el de Jacques Le Goff, titulado "¿La cabeza o el corazón? El uso político de las metáforas corporales durante la Edad Media"; el de Luc de Heusch, titulado "El cuerpo sacrificial del rey"; y, finalmente, el de Florence Dupont, titulado "El otro cuerpo del emperador-Dios".

ciaba de los otros gobernantes, cualquiera fuera su condición, y de los gobernados, quienes no poseían tal dignidad (Monod, 2001: 58). Y de la mano de la "dignidad" surgió también la idea de la soberanía, como atributo y como el espacio en donde el rey podía tomar decisiones sin contradicciones con otras jurisprudencias: las de la Iglesia y las de otros reyes igualmente "dignos".

Felipe II de España (1527-1598, y rey de España de 1556 a 1598) fue el rey más poderoso que asumió su poder en representación directa de la Iglesia y para la defensa y expansión de la misma. Pero Felipe II no consideró su poder como una derivación del papa: Dios mismo lo encargó de llevar adelante una empresa estatal construida en el Imperio hispánico para expandir la fe (Parker, 2000: 191 y ss). Con su Imperio, Felipe II resolvió un acertijo clave para el momento: construir un poder monárquico fuerte, vinculado a una fe en medio de un clima de guerra religiosa, y dar lugar a un Estado institucionalizado. Así, España se convirtió en el primer Estado occidental de estilo moderno, dando lugar a la constitución del primer Imperio global occidental, propiamente dicho, cuyas posesiones llegaban a diferentes partes del continente europeo, a África a través de las posesiones portuguesas (después de la anexión de la corona lusa en 1580), a algunos territorios de la India, al Asia Pacífico —en donde diferentes funcionarios imperiales españoles y portugueses consideraron inevitable la invasión y sometimiento de China—, hasta llegar al extenso dominio español en América.[18]

Felipe II, un rey mesiánico, como afirma Geoffrey Parker, pero no por ello menos rey y menos emperador, es quizá el mejor ejemplo de un rey divino, pues su mesianismo estaba basado en tres elementos:

En primer lugar, Felipe creía que Dios le había elegido con el fin de que gobernara explícitamente para lograr *Sus designios sobre el mundo*. En segundo lugar, estaba igualmente convencido de que Dios le tenía bajo especial protección para que estuviera en condiciones de alcanzar esas metas. En tercer lugar tenía la cer-

---

[18] Uno de los mejores trabajos para valorar el poder alcanzado por Felipe II es el ya clásico libro de F. Braudel (1992): *El Mediterráneo y el mundo mediterráneo en la época de Felipe II.*

teza de que, si era necesario, Dios intervendría directamente para ayudarle a triunfar (Parker, 2001: 37).

España además dio lugar a los primeros pasos en la conformación de ejércitos modernos para el momento y a las primeras expediciones militares que incorporaron diversos materiales innovadores, como los cañones que obtuvieron de los turcos y las diferentes armas de fuego perfeccionadas por las casas italianas de armerías de fuego. Con ello España introdujo notables diferencias en las prácticas de la guerra, hasta el intento de Felipe II de invadir Inglaterra en 1588, en el que estuvo a punto de tener éxito de no haber sido por la gracia del "viento protestante" (Parker, 2001: 45 y ss.)

En términos de representación de la coronación y de sus implicaciones con respecto a la investidura política, existieron inmensas diferencias entre las grandes monarquías francesas e inglesas, que llevaban tras de sí intensas luchas y enfrentamientos con la Iglesia en un claro proceso de centralización del poder, con la creación de estructuras institucionales que favorecían el establecimiento del poder soberano del monarca, con las monarquías no hereditarias y supeditadas a procesos de elección de monarca o de mantenimiento de ciertos niveles de aceptación de la Iglesia, desde el papado, para el desempeño de su poder. Tal es el caso de las monarquías de la Europa central católica, como el caso de Polonia, mencionado antes o, más específicamente, el caso del emperador del Sacro Imperio Romano Germánico, cuyo ascenso al poder estaba determinado por un proceso electoral que implicaba cierta pérdida de sacralización en la persona del emperador y en el ejercicio del poder.

Otra forma de ver este conflicto se encuentra en la consideración que realiza Jacques Le Goff sobre el uso de las metáforas corporales en la Edad Media, en especial con respecto a la valoración política y la representación de la cabeza y el corazón. El asunto en estas disputas metafóricas, conectadas directamente con la lucha política, era saber quién tenía el lugar correspondiente a la cabeza, pensada como sede del cerebro y, por tanto, lugar en donde se origina el alma, y quién era el corazón, que, desde la perspectiva cristiana en el nuevo testamento, representaba el lugar de "las fuerzas vitales", a la vez que designaba la vida afectiva, la interioridad, la fuente de los pensamientos intelectuales y, en últimas, el "centro de las elecciones decisivas".[19]

En resumen, la disputa contra la Iglesia permite el surgimiento de las ideas políticas modernas, a la vez que conduce al surgimiento de los órdenes seculares de poder político que caracterizan al moderno mundo occidental. Aquí la discusión sobre la legitimidad, la divinidad del poder y la obediencia como una obligación marcó la construcción de instituciones centralizadas, representadas por el surgimiento de las monarquías occidentales. Sin embargo, la disputa con la Iglesia no fue sino el punto de partida para construir Estados en el sentido de instituciones modernas.

LA DISPUTA CONTRA EL IMPERIO

En la medida en que las monarquías ganaron terreno y poder en la lucha contra la Iglesia, el Sacro Imperio Romano se retiró del enfrentamiento frontal con éstas. Dicha posición, siguiendo a Van Creveld, había sido el resultado de un continuo debilitamiento en medio de las relaciones con la Iglesia, en tanto todos los emperadores quedaron sometidos a diversos intentos de afirmación del poder papal, de donde la excomunión era un arma y a la vez un mecanismo del poder del papa. Algunos emperadores intentaron reconstruir una estructura de poder que les permitiera volver a los tiempos de Carlomagno, en donde el poder papal era un atributo del Sacro emperador, y los reyes, príncipes y todo tipo de gobernantes feudales debían lealtad y obediencia al emperador. El último intento serio de tal situación fue la batalla de Bouvines (1214), cuando Otto IV fue derrotado por un rey, Felipe II Augusto de Francia (1165-1223, y rey de Francia de 1280 a 1223), quien rechazaba un nuevo y todo poderoso emperador. Luego, con la muerte del emperador Conrado IV, en 1254, el trono quedó vacante por un largo tiempo, hasta 1273, cuando ascendió Rodolfo I de Habsburgo (1218-1291), lo que permitió el inicio de un período intenso de guerras entre los reyes, quienes trataban de asegurar territorios, prerrogativas institucionales y ámbitos de decisión.[20] Así, los

---

[19] Al respecto véase el artículo de Jacques Le Goff (1992): "¿La cabeza o el corazón? El uso político de las metáforas corporales en la Edad Media".

[20] El acto más importante de Rodolfo I de Habsburgo fue la creación del Im-

reyes de Hungría, Aragón y Bohemia asumieron la órbita Imperial y afirmaron sus coronas como símbolos de su autoridad (Van Creveld, 1999: 75 y ss.).

En ocasiones, el Imperio recibió ayuda para el fortalecimiento de su poder, con el fin de someter a los monarcas y a los señores de menor potencia. En este proceso se encuentra el intento de Bonifacio VIII porque la corona francesa se sometiera al poder del Imperio, y en el forcejeo surgió una frase reveladora de tal situación, expresada por uno de los asesores del rey francés: *"rex in regno suo imperator est"* (el rey es emperador en su propio dominio) (Van Creveld, 1999: 75). Así, de una parte quedaba claro que el rey podía oponerse por sus propios medios al dominio imperial, que no era más que una figura formal muy costosa, asentada sobre la idea de un dominio global heredado de Roma y asegurado por el papado. De otra parte quedaba expresada la idea de que el poder del emperador y el del rey no eran iguales, pues existía una clara diferenciación de los ámbitos de dominio: el emperador reflejaba un ámbito de gobierno en un status superior al de los reyes, trascendiendo a los reinos individuales, y que incluía a toda la cristiandad como una totalidad. Quizá el Imperio, entre los siglos XIII y XIV, fuera, como sugiere Van Creveld, una situación más imaginaria que real; pero el papel de la referencia a éste siempre era directa en la lucha contra la Iglesia, en especial en lugares como la península itálica, donde la obediencia a reyes específicos con monarquías hereditarias era de alta sensibilidad en un contexto de ciudades-Estado en donde el apoyo al Imperio era inevitable (Dutuor, 2004: 35).

En la defensa del Imperio como modelo de orden y gobierno político de Europa se registró el papel activo de dos destacados letrados de la época: Marsilio de Padua y Guillermo de Ockham. Padua, en su libro *Defensor Pacis* argumentó que era el emperador y no el papa el responsable ante Dios por el mantenimiento de la paz entre los hombres, a la vez que el responsable por la vida y la tierra. La posición del

---

perio identificado con este apellido, en el año de 1279, y que se mantuvo en pie hasta el año de 1918, reclamando, además, ser el heredero legítimo de Carlomagno en el Sacro Imperio Romano Germánico. Al respecto confróntese el trabajo histórico de Jean Berenguer (1993), *El Imperio Habsburgo 1279-1918.*

papa como líder espiritual, por el contrario, derivaba de la condición de ser el obispo en la capital del Imperio; su misión era únicamente espiritual y, por tanto, no podía tener propiedades o disfrutar de inmunidades especiales o de privilegios específicos (Van Creveld, 1999: 77).

El trabajo de Guillermo de Ockham, titulado *Breviloquium de principatu tiránico super divina et humana, specialiter autem super imperium et subjectos imperio a quibusdam vocatis summis pontíficibus usurpato,* y conocido en español como *Sobre el gobierno tiránico del papa,* afirma en el libro 6 del mismo:

> Podemos demostrar todavía de muchos modos que el papa no tiene tal plenitud de poder. Pues es propio de la justicia —que el sumo pontífice ha de observar— no permitir que el poder haga lo que quiera sino observar lo que es justo. Luego el papa no tiene poder sino en aquellas cosas que son justas y no propias del poder y, por consiguiente, no tiene la antedicha plenitud de poder que engloba muchas cosas relativas a la equidad (Ockham, 1992: 33).

Y más adelante continúa afirmando, en el libro 7:

> De estos y otros muchos cánones y decretales aquí mencionados para que ni clérigos ni monjes se inmiscuyan en los negocios de la vida, se deduce claramente que al oficio del papa no pertenece mezclarse en los negocios seculares. De todo lo cual se concluye que el papa no tiene en los asuntos temporales tal plenitud de poder (Ockham, 1992: 37).

El poder papal comenzaba a declinar en su aceptación sin igual, a favor del mantenimiento de la unidad europea bajo el sacro poder imperial. Esto quiere decir, en la perspectiva del poder secular, que aún habría que definir si el poder político tenía su forma principal en el Imperio o en la monarquía. Es decir, se alejaba la amenaza eclesiástica, tanto por vías políticas como militares, y se encaraba la disputa entre Imperio y monarquía, cuyas formas de enfrentamiento aún estaban por definirse.

Desde el siglo XV y hasta la primera mitad del siglo XVII las relaciones entre emperadores y reyes fueron difíciles; éstas se dirimieron en medio de confrontaciones militares que iban dando forma tanto al poder del Imperio para mantenerse como al poder de la monarquía por construirse. Durante este período el Imperio mantuvo su posición titular como cabeza de la jerarquía feudal. En tanto que su tenencia del poder era derivada directamente de Dios sus derechos se mantuvieron inmutables y, en teoría, cubrían a toda la cristiandad. Así, al estilo del Imperio romano, y con el apoyo de la Roma cristiana, el motivo del mantenimiento del Imperio —Sacro Imperio Romano— sobre todas las naciones y sus actos, al igual que sus juicios, era la referencia básica para la mayoría de los pueblos. El emperador siguió siendo mencionado y tenido como punto de referencia para cualquier acción política. Las monarquías que más fuertemente se le oponían eran las de Inglaterra y Francia; por el contrario, recibía un fuerte apoyo de la península itálica, en donde la primacía del papado que impidió un proceso de unificación italiana y, por tanto, la aparición de una monarquía fuerte, hacía que el Imperio fuera una referencia de protección y estabilidad política.

El Imperio luchaba por mantener el control político, territorial y militar más extenso posible, sobre fortalezas, caminos, carreteras, ciudades libres e imperiales, puertos, ríos y rutas marítimas. Sin embargo, el Imperio era una especie de asociación política derivada de la lealtad que los príncipes electores y los príncipes menores profesaran, haciendo que las fronteras del Imperio variaran en ocasiones del mismo modo como variaban las lealtades. Estas mismas mudanzas en la lealtad cambiaron la geografía de la guerra, lo cual hizo que se formara un mecanismo de poder más elaborado en cuanto a instituciones y procesos políticos. Sin embargo, mientras el Imperio hacía todo lo posible por mantenerse en pie, los reinos centralizados de los nuevos monarcas, Inglaterra y Francia principalmente, y detrás de ellos Suecia, Dinamarca y más tarde Holanda, se veían obligados a buscar nuevas formas de construir sus poderes: militarmente, para poder sobrevivir a las fuerzas experimentadas del Imperio, lo que condujo a la aparición de la "revolución militar", y creando procesos de centralización política y económica real, que dotaran a los reyes de instrumentos de gobierno, identidad e ingresos necesarios para mantener las instituciones. Uno de los cambios institucionales más importantes en esta transformación es el que los reyes patrocinaron con la aparición de la educación financiada y dirigida por el Estado, encaminada a educar súbditos con valores y lealtades políticas particulares, en contra de la universalidad que imponía necesariamente el Imperio.

El Imperio era visto como una estructura de poder universal que estabilizaba una forma de gobierno y comunidad europea y cristiana, cuyo poder iba más allá de las intenciones individuales de los monarcas, y cuyos juicios eran más justos, pues su referencia era el mantenimiento de la comunidad universal. Los reinos y sus monarcas eran la invención de las relaciones de poder particulares, donde surgían elementos de conexión entre reyes y súbditos que obligaban a los primeros a profesar la cultura de los segundos, incluyendo lengua, tradiciones institucionales, religión, economía, y, con el tiempo, una noción más o menos precisa de geografía, en la medida en que el reconocimiento mutuo de reyes y súbditos implicaba también la incorporación precisa de territorios valorados como propios. Tales situaciones hicieron que en los reinos, como explica Hans Kohn (1949:109-125), se produjera la aparición de un protonacionalismo que pronto derivó en la escenificación de la idea de patria. Protonacionalismo porque en la medida en que el Imperio se veía enfrentado a diversos monarcas que centralizaban para sí el poder y los territorios gobernados, a la vez que las personas empezaban a verse más identificados con sus reyes y príncipes y no con un lejano emperador, se crearon lazos de identidad fuertes que iban disolviendo al Imperio. Estos lazos son los que en el siglo XIX van a servir para construir un nacionalismo activo, dando una forma particular a los nacientes nuevos Estados. Una idea de patria que comienza a ser puesta en circulación como el derecho de pueblos específicos a conservar territorios definidos, sobre el criterio de que son tierras heredadas de sus padres y en donde éstos están enterrados, es decir, que constituyen el *terrum patrum*.

Uno de los eventos que más ayudaron a la consolidación de los nexos entre súbditos y monarcas fue la aparición de la Reforma protestante, pues supuso la finalización de la unidad católica de Europa a la vez que el final de una comunidad específica de identidad y poder. Esta ruptura se vio protagonizada por las llamadas "guerras de religiones" que sacudieron a todo el continente europeo entre el siglo XV y finales del XVII, coincidiendo con el período de enfrentamiento entre monarcas y emperadores.

El periodo más crucial de la lucha que los reyes sostuvieron contra los emperadores corresponde a la Guerra de los Treinta Años, que comenzó hacia 1618 y terminó en 1648 con la firma de los tratados de Münster y Osnabrück, que dieron lugar a la Paz de Westfalia (Holsti, 2000: 25). La importancia de este proceso es que la Paz de Westfalia organizó a Europa sobre el principio del particularismo, lo cual representó un nuevo arreglo diplomático, es decir, un orden creado por Estados y para Estados, representados y gobernados por monarcas como jefes de Estado y de Gobierno, reemplazando los vestigios legales de la jerarquía feudal, y el pináculo del poder de dicha jerarquía, que estaba encabezado por el papa y el emperador. Este acuerdo, definido en el Congreso de Münster y Osnabrück, fue el primero de su clase, pues Europa no había presenciado nunca un acuerdo multilateral de Estados para terminar una guerra paneuropea y dar lugar a una suerte de orden político internacional que pusiera fin a la guerra generalizada y al desorden internacional que se registraba desde el siglo XV.[21] A este Congreso asistieron, siguiendo los datos presentados por Kalevi Holsti,

> [...] 145 delegados representando 55 jurisdicciones, incluyendo al Sacro Imperio Romano y a los principales reinos excepto Gran Bretaña, como también ducados, obispados, ciudades libres y ciudades imperiales.[22]

La guerra comenzó en Bohemia con un levantamiento de la aristocracia protestante contra la autoridad española, emprendiendo una reivindicación de tolerancia religiosa y continuando con diversos temas como el derecho de los protestantes a realizar transacciones directas y a comprar y vender propiedad raíz como granjas y demás (Parker, 1981: 1 y ss).

---

[21] Los dos trabajos de mayor referencia en la actualidad sobre este tema son el de Geoffrey Parker (1981), titulado *Europa en crisis*, y *La Guerra de los Treinta Años*, editado por el mismo Parker (2003).

[22] "There were 145 delegates representing 55 jurisdictions, including the Holy Roman Empire and all the major kingdoms except Great Britain, as well as significant duchies, margraves, landgraves, bishoprics, free cities and imperial cities" (Holsti, 2000: 25).

El conflicto escaló rápidamente e involucró al emperador contra los príncipes electores, las ciudades libres y las diversas unidades políticas del Imperio; al comienzo dio lugar a la creación de una confederación política protestante, llamada las Provincias Unidas, que reclamaba independencia absoluta en contra del gobierno español; las formas del conflicto condujeron desde el comienzo a la creación del Imperio Báltico de Suecia y a la búsqueda de hegemonía sobre Europa por parte de la familia Habsburgo, a través de las complejas estructuras de poder que ésta tenía (Holsti, 2000: 27).

Tradicionalmente, los historiadores han dividido la guerra en cuatro etapas que identifican los distintos momentos y motivaciones de la misma. Así, el comienzo de la guerra está definido por la fase palatino-bohemia, que determinó el inicio del conflicto con base en problemas de tolerancia religiosa; la segunda fase es la que se suele denominar danesa, y está determinada por problemas de sucesión dinástica en el Imperio y entre los Habsburgo. La Tercera fase es la que se conoce como la sueca, determinada por la intervención de Suecia y la lucha contra los intentos hegemónicos del Imperio. La última es la llamada fase francesa, caracterizada por la intervención abierta de los Estados y los monarcas contra el Imperio y la imposición de un orden internacional por parte de éstos (Parker, 1981: 191-217).

Es necesario aclarar que la Guerra de los Treinta Años se inició por una serie de conflictos regionales e interestatales, que hacían especialmente ingobernable a Europa y que marcaron la ruta a una propagación rápida de las confrontaciones dentro de las fronteras del Imperio.[23] España intentó intervenir en la guerra de religiones de Francia y abandonó dichos intentos con el tratado que concluyó en la llamada Paz de Vervins en 1598. La guerra entre Inglaterra y España, comenzada hacia 1585, había terminado hacia 1604, un año después de la Guerra de los Nueve Años en Irlanda (1594-1603), la cual terminó para empatar con la Guerra Anglo-hispánica. El conflicto entre España y las provincias rebeldes de los Países Bajos se terminó hacia 1609 por una

---

[23] Para una revisión especializada de la Guerra de los Treinta Años, también puede consultarse el libro de Ronald G. Asch (1997), *The Thirty Years Wars: The Holy Roman Empire and Europe, 1618-1648*.

tregua parcial de doce años, mientras una larga guerra se presentaba entre el emperador y el sultán del Imperio otomano, que comenzó hacia 1593 y terminó en 1606 con el tratado de Zsitvatorok, lo que no garantizó la terminación real de la guerra, pues estuvo seguida de pequeños pero continuos enfrentamientos. Las rivalidades entre los austriacos y el Sultán se mantuvieron por largo tiempo, hasta el punto en que el príncipe de Transilvania intervino en la Guerra de los Treinta Años con el apoyo del sultán, poniendo de relieve que nunca hubo un final real de la guerra con el tratado de 1606 (Bérenguer, 1993: 234 y ss.).

Pequeños conflictos continuaron presentándose en toda Europa, haciendo que el proceso de paz que se intentó construir entre 1598 y 1609 fuera una ilusión. Esto es claro cuando Francia se lanza a acciones arriesgadas y ocupa por la fuerza los territorios gobernados por el duque de Saboya en 1609, quedando Saboya involucrada en una seria continua de conflictos que siguieron hasta 1617, cuando debió abandonar la beligerancia por la presión española. Francia continuó reclamando territorios y posesiones a Saboya y comenzó una carrera directa por el control del territorio de la península italiana en contra de España (Asch, 1997: 39-43). Así, cuando estalló el conflicto dentro del Imperio, el ambiente europeo era más bien de una confrontación generalizada, lo que hacía que la vía de la guerra primara ante la ausencia de instituciones reales de contención, acuerdo y gobierno (Parker, 2003: 1 y ss.).

En el desarrollo del conflicto los principales poderes hegemónicos se sintieron amenazados por las aspiraciones de Fernando II, el sacro emperador romano, y su compañero Habsburgo, Felipe IV de España. Los ejércitos imperiales y españoles en el Rhineland, el Valtellina y las posesiones holandesas de España amenazaron a Francia (Parker, 1981: 135 y ss). Los españoles conquistaron la mayor parte de Saboya y de Italia. Gustavo Adolfo de Suecia tomó la fe de los protestantes como causa y recibió el apoyo de los Electores, redactando un manifiesto en 1630 para la entrada formal de Suecia en la guerra, motivado por las aspiraciones hegemónicas del Imperio de llegar hasta las costas del Báltico, y amenazando con ello la posición del Imperio sueco y la supremacía a la que éste podía aspirar. Sin embargo, la justificación para que Suecia entrara en la guerra se hizo en términos más bien globales:

> Será suficiente decir que los españoles y la casa de Austria (el Sacro Imperio Romano) han estado siempre buscando una Monarquía Universal, o por lo menos, han estado diseñando la conquista de los Estados cristianos y las provincias de Occidente... Esa Casa ha hecho tal progreso, que si este valiente y generoso príncipe del Norte (Gustavo Adolfo) no se hubiera ocupado a sí mismo, y no se hubiera opuesto a este torrente, ella hubiera presionado su ambición y sus armas a los reinos más distantes y provincias, las cuales hasta el momento habían preservado y mantenido su libertad... esto es lo que le ha dado la ocasión a Su Majestad de Suecia de poner su armada en el mar y traer ejércitos al campo, con el objeto de preservar a sus amigos; siendo hasta el momento invitado por muchos príncipes y Estados del Imperio, antes de que fueran enteramente reducidos a la servidumbre y miseria, en la cual se encuentran ahora ellos prisioneros.[24]

Siguiendo tanto a Holsti como a Asch, es de anotar que Gustavo Adolfo de Suecia no hizo mención, en su declaración de guerra, de motivaciones religiosas, dejando de lado sus creencias y su piedad protestante. Quizá una de las razones para ello era que había recibido dinero y armas de la muy católica Francia, lo que evitaba que primaran las razones y la propaganda religiosa sobre las razones de Estado y políticas propiamente dichas, lo cual se concretaba en el hecho de que percibía la aspiración a una "Monarquía Universal" de los Habsburgo como una probabilidad real, haciendo que su intervención fuera políticamente necesaria. En el contexto de las nacientes monarquías, tal argumento

---

[24] "It Hill be sufficient to say the Spaniards and the House of Austria (Holy Roman Empire) have been always intent upon a Universal Monarchy, or at least designed the conquest of the Christian states and provinces in the West... That House has made such a progress, that if this brave and generous northern prince (Gustav Adolph) had not bestirred himself, and opposed that torrent, she had pushed her ambition and arms to the most distant kingdoms and provinces, which have hitherto preserved and maintained their liberty... This is what has given occasion to His Majesty of Sweden to put fleets to sea and bring armies into the field, in order to preserve his friends; being there to invited by several princes and states of the Empire, before they were entirely reduced to servitude and misery, where in they now find themselves shackled" (Symcox, 1974: 103-105).

resultaba vital para crear un orden interestatal que dejara de lado los argumentos y las realidades de la superioridad del Imperio.

Pero los argumentos religiosos fueron expuestos en los mensajes diplomáticos cruzados entre el rey de Suecia y los miembros de la Unión Protestante, conformada principalmente por alemanes del norte y personas provenientes de Bohemia. En el bando contrario estaba la Liga Católica, que se abanderaba de la causa del emperador y de la fe de la Iglesia de Roma. Pero hacia la década de 1630 la guerra dejó de ser un problema religioso y se convirtió en un nudo de conflictos formado por diversos intereses, entre los que se contaban asuntos dinásticos de sucesión, el intento de los electores protestantes por elegir un emperador de entre los suyos, asuntos de primacía religiosa e intereses interestatales. En este contexto fueron frecuentes las alianzas más impensables, como por ejemplo la que se presentó entre la Unión Protestante y la contraparte católica del Imperio, es decir, Francia; o la alianza realizada entre los católicos españoles y los hugonotes franceses; igualmente se registró una alianza entre Francia y la Unión Protestante contra España. En 1635, Francia, recientemente aliada con los protestantes, con su política exterior encabezada por el cardenal Richelieu, lanzó una guerra contra España que desembocó en la Paz de Praga, de ese mismo año, con el fin de terminar con las motivaciones religiosas como principio de guerra. Es de anotar que este acuerdo introdujo un grado elevado de secularización, en tanto que no permitió una extensión sin límites de las motivaciones religiosas, y comenzaba a marcar el objetivo de los acuerdos internacionales sobre asuntos estrictamente estatales y seculares. Con esto se alcanzaba la primera guerra continental de Europa (Holsti, 2000: 28).

Como primera guerra general en el continente europeo la destrucción fue radical, y las atrocidades cometidas no tenían referente alguno en la historia de Europa hasta ese momento. Los enfrentamientos armados fueron seguidos de tortura, incendios, masacres, y una total destrucción de las poblaciones civiles y sus propiedades. Holsti cita un ejemplo de las dimensiones de la guerra en el sacrificio que las fuerzas católicas hacen de más de treinta mil pobladores de las zonas de Magdeburgo en 1631, y el incendio de sus casas y propiedades. Pero estas acciones no sólo fueron realizadas por los católicos, también las perpetraron los protestantes, con igual balance, en las zonas católicas que conquistaban (Parker, 1981: 305 y ss., y Parker, 2003: 143 y ss.).

La Guerra de los Treinta Años trajo consecuencias muy importantes en el pensamiento militar: desde el lado del Imperio dejó claro que el tener dinero suficiente para pagar y conformar unidades de defensa y ataque con unidades mercenarias no significaba la posibilidad de una victoria contundente, pues el compromiso, la disciplina y el esfuerzo heroico eran cosas inciertas entre tales tropas. Esta situación se evidenció con las diferentes derrotas que vivió el Imperio, en especial las que vivieron dos comandantes casi míticos: el conde de Tilly y Albrecht von Wallenstein (Parker, 2003: 157 y ss.). Del lado de las monarquías, en especial en Francia, Suecia, Holanda y Dinamarca, la experiencia militar dejó entrever que las guerras podían ser aseguradas en la medida en que los militares representaran y fueran una fuerza real del Estado; para ello debían convertirse en guerreros profesionales, es decir, en soldados, en guerreros a sueldo por el erario público, lo que condujo a una ruptura del modelo de guerras peleadas con mercenarios, quienes frecuentemente abandonaban el campo de batalla, pues sólo los retenía un contrato, que en muchas ocasiones había sido cancelado antes de las operaciones militares, dado el riesgo evidente de muerte. Esto condujo, como se ha afirmado antes, a la aparición de lo que muchos historiadores han dado en llamar la "Revolución Militar" (Parker, 2002b: 31-75).

El final de la guerra que nos ocupa, conseguido más por el agotamiento de los contendientes que por la victoria contundente de alguno, marca el triunfo real de los Estados sobre el Imperio, e indirectamente reafirma el triunfo sobre la Iglesia. El proceso y los ideales sobre los que se procede durante la celebración del Congreso de Münster y Onasbrück están determinados por las experiencias de la guerra y las desconfianzas mutuas para un orden posbélico. Los principales ideales fueron los elaborados por Gustavo Adolfo de Suecia y el cardenal Richelieu de Francia, quienes ya habían muerto cuando llegó el momento final de la negociación, en 1648, y finalmente también intervinieron los ideales del ayudante del cardenal francés Mazarin, en cuanto a la consolidación de Francia. Gustavo Adolfo tenía sus prioridades definidas alrededor de constituir un sistema que garantizara la paz por encima de las diferencias religiosas entre católicos y protestantes, y que diera lugar a un procedimiento que asegurara evitar entrar en guerra. Holsti afirma que el plan de paz del rey sueco se basaba en la idea de una coalición que juntara el *corpus bellicum* (ejércitos) y un colectivo *corpus politicum*, tomada posiblemente de la asamblea de príncipes protestantes sobre la que muy seguramente las Provincias Unidas habían modelado su gobierno (Holsti, 2000: 30). Sólo que para la aplicación de la idea de Gustavo Adolfo en el plano internacional estas asambleas o *corpus* estarían conformadas por membresías ejercidas por Estados particulares y no por individuos o instituciones como la Iglesia.

El cardenal Richelieu partió de un diagnóstico similar al de Gustavo Adolfo y propuso un sistema estatal de seguridad general para Europa, donde las premisas de la acción armada y el cambio político internacional estuvieran determinadas por una asamblea interestatal permanente. Esto apuntaba a dar viabilidad a un objetivo estratégico: evitar que los pequeños Estados alemanes e italianos cayeran en manos del Imperio o en manos españolas, con lo cual se controlaban las expansiones hegemónicas, a la vez que se aseguraba la presencia francesa en diferentes territorios europeos, que evitara que éstos fueran usados por sus enemigos; acción que condujo a que apareciera como lógica la creación de una estructura interestatal de seguridad (Parker, 2003: 201 y ss.).

Las negociaciones fueron mucho más allá de lo esperado y dieron como resultado el surgimiento de un sistema diplomático que tenía como objetivo un sistema de seguridad general europeo. El Imperio quedó excluido como tal y fue tratado como un Estado, y el papado no participó directamente de las negociaciones y finalmente debía aceptar los términos concluyentes del tratado mismo. El asunto religioso condujo a que los súbditos de un país profesaran la religión de su gobernante, pero además a que existieran disposiciones que dieran margen a una tolerancia religiosa reconocida públicamente, aunque esto no significó la culminación de violencias y conflictos religiosos en diferentes países.

El asunto hegemónico fue resuelto por varias vías: de una parte Suecia se convirtió en Elector dentro del Imperio y en líder de los príncipes protestantes en la Dieta Imperial, haciendo que su papel fuera, tanto de garante como de estabilizador de los acuerdos firmados; al emperador se le prohibía que utilizara sus armas en contra de las diferentes garantías del tratado y en contra de los firmantes del mismo, lo cual estaba asegurado por un monitoreo permanente de Suecia sobre los asuntos del Imperio. Además, los delegados construyeron mecanismos, como una fuerte estructura diplomática, para obligar al cumplimiento de los términos del tratado y, finalmente, Francia quedó con el derecho y la capacidad para actuar unilateral o multilateralmente, y se convirtió en "the policeman of the peace" (Holsti, 2000: 38).

La Paz de Westfalia es importante en tanto construye una estructura interestatal y unos mecanismos que permiten asegurar un sistema general de seguridad de Europa. Tuvo errores en cuanto a la consideración del papel de poderes permanentes por parte de Suecia y Francia, pero puso de manifiesto que los logros obtenidos en el proceso de estabilización llegaron más allá de lo imaginado, y se convirtió en el punto de partida para las relaciones internacionales entre los nacientes Estados modernos, dejando de lado los Imperios y la Iglesia. Los Estados se convirtieron en una realidad, por encima de las estructuras políticas heredadas de la Edad Media, y su existencia estaba asegurada por mecanismos internacionales explícitos.

LA DISPUTA CONTRA LA NOBLEZA

En la medida en que las disputas contra la Iglesia y el Imperio se iban ganando, lo que le permitía a los monarcas consolidar el proceso de centralización del poder y construir mecanismos de decisión política que se identificaron como soberanía y que también identificaban su poder personal con la idea de la dignidad del gobierno, surgieron otros problemas que impedían una centralización real y efectiva del poder. Los dos nuevos enemigos eran más cercanos a lo que denominaríamos enemigos internos, diferenciándose de los externos en cuanto el desafío interestatal comenzaba a ser regulado, o bien por tratados específicos como la Paz de Westfalia, o bien con el ejercicio de la guerra peleada con ejércitos profesionales, armados y entrenados permanentemente, y que obligaron a la aparición de las estructuras institucionales que formaron los Estados modernos. Estos dos enemigos fueron los nobles, producto de las estructuras y las jerarquías feudales, y las ciudades y poblados, autodefinidas como ciudades-Estado, ciudades libres o ciudades imperiales.

La nobleza representó un problema particular en la medida en que desafiaba los procedimientos de gobierno unificado que imponía la centralización, pues evitaba la integración territorial, dividía la composición de la lealtad política y, en ocasiones, se aliaba con los enemigos del monarca a cambio de recompensas territoriales, políticas o nobiliarias. Esta posición pudo ser mantenida por la nobleza durante un tiempo significativo, quizá derivada de las redes de poder local que hacían posible el poder de la Iglesia. Esto es, si bien la Iglesia era una institución universal, por definición y por práctica política, su poder funcionaba, en gran parte, gracias a formas locales como los obispados, las parroquias y las abadías, cada una de las cuales tenía sus propiedades, privilegios e inmunidades (Van Creveld, 1999: 87). Paralelo a estas estructuras eclesiásticas, los nobles, quienes eran absolutamente locales, también tenían, por imitación o por reflejo, terrenos extensos, castillo o castillos y formas particulares de obtención de ingresos, como a través del comercio derivado de sus propias producciones agropecuarias o artesanales, que en muchas ocasiones eran llevadas al mercado de los pueblos o de las ciudades. Pero los nobles también ejercían un derecho a la guerra y a la violencia para cobrar venganzas, reponer daños o perpetrar castigos a otros nobles o pueblos específicos; este derecho se basaba en dos consideraciones: una práctica, que respondía a la ausencia de una autoridad centralizadora que prohibiera el ejercicio de la violencia como derecho, y con ello el derecho a portar armas. Y una consideración legal, que se fundamentaba en la idea de que los Señores eran responsables por el mantenimiento y la seguridad de los moradores, incluidos los siervos, que habitaban en sus territorios, propios o gobernados.

La habilidad del rey para conseguir el apoyo y el reconocimiento político de sus súbditos pasaba por la capacidad que tuviera para superar y obviar a los nobles de diferentes rangos y titulaciones, que en muchas ocasiones competían con el poder del rey en cuanto a propiedades, número de personas a su servicio y cantidad de ingresos mensuales. En los países donde los nobles se encontraban más organizados, como Inglaterra o Francia, éstos, siguiendo caminos diferentes, compusieron la estructura básica de los cuerpos colegiados, como el parlamento en el caso inglés o la corte en el caso francés. Estas posiciones les permitían obtener ventajas de control sobre las acciones y las decisiones del rey, unas veces impidiendo la centralización del poder, otras diluyendo el mismo poder en procesos de largas guerras internas, que inicialmente habían comenzado como guerras religiosas, pero que después de la Paz de 1648 se convirtieron en guerras civiles, prolongadas y encaminadas a impedir la consolidación del poder monárquico, como en el caso inglés.

No existió un sólo camino para construir el poder de los reyes, y éstos siguieron diversos caminos y procedimientos en cada país. Uno de los ejemplos clásicos de cómo estos caminos se encontraban llenos de dificultades es provisto por Inglaterra, como señala Martin van Creveld. Después de las guerras de 1066, con las cuales Guillermo el Conquistador pudo colocar todas las tierras inglesas bajo su mando, él pudo gobernar con mano dura. Construyó castillos, realizó un censo y comenzó una clara práctica de la administración de justicia (Van Creveld, 1999: 88). Su hijo, Guillermo Rufus, quien reinó desde 1087 hasta 1100, mantuvo la integridad de las conquistas alcanzadas en los años anteriores, pero a la muerte de éste, y durante el reinado de Enrique I, la posición del rey se vio deteriorada por un conflicto de sucesión resuelto a través del recurso de la guerra por la corona, dejando a la monarquía débil y sin posibilidades de sostener una centralización efectiva del poder. Así, hacia el año 1154 el rey es obligado a garantizar los derechos de sus nobles a través de una carta que limitaba sus poderes.

Después de esta situación, la posición de la monarquía inglesa se deterioró inmensamente a causa del gobierno en ausencia realizado por Ricardo "Corazón de León", quien fue sucedido por su hermano Juan, que a su vez perdió territorios a manos de fuerzas extranjeras, como la pérdida del ducado de Normandía por acción francesa, reduciendo los ingresos ingleses, limitando las capacidades de gobierno del rey y conduciendo a que éste fuera presionado de manera más explícita por parte de los nobles y de la Iglesia, hasta la promulgación de la Carta Magna, que cuenta como primera constitución inglesa. Toda esta situación devino prontamente en guerra civil, bajo el reinado de Enrique III, durante todo el resto del siglo XIII.

Es importante señalar que los monarcas nunca gobernaron sobre territorios realmente centralizados, y sus posesiones y territorios anexados solían estar dispersos entre las propiedades y las extensiones de otros monarcas, nobles y reyes extranjeros. Esto traía como consecuencia que la mayoría de los reyes pasaran gran parte del tiempo haciendo la guerra y yendo de un lugar a otro con el fin de asegurar la integridad de su poder y de sus posesiones. Entre los siglos XII y XV esta situación determinó la necesidad de que existiera algo parecido a la idea de nación, que en la modernidad permitió la cohesión de la sociedad. De esta manera la sociedad se encontraba en un proceso de ruptura y transformación de sus lazos de unión con la Iglesia y, por tanto, de ruptura de sus estructuras políticas y modelos de cohesión; además, aún no construía un sistema estricto de lealtad y obediencia al rey, que fuera más allá de las localidades, en donde se le daba gran parte de la obediencia y la lealtad al señor local.

La falta de permanencia de los monarcas permitió que, por diferentes mecanismos, los nobles mantuvieran sus posesiones a salvo de la destinación real y del pago de impuestos, a la vez que los nobles acrecentaban las mismas, en la medida en que participaban en las guerras del rey, pues siempre existía la esperanza de repartir el botín del enemigo, en los Estados que estaban apenas en surgimiento. La mayoría de estas guerras iban encaminadas a crear e integrar espacios que permitieran que la monarquía se consolidara, aunque para muchos de los nobles eso no fuera más que la disputa por acrecentar sus posesiones y su poder; los reyes y, por tanto, la guerra no tenían un sentido estrictamente "público", como se puede entender hoy en día.

Una de las maneras en que los monarcas lograron mantener sus posesiones a salvo de los nobles y construir, además, mecanismos que les permitieran tener sus propios intereses dinásticos intactos, fueron los matrimonios entre los hijos primogénitos de los reyes y los principales príncipes, forzando progresivamente a que los nobles tuvieran que intervenir cada vez menos en el nombramiento de los sucesores de los diferentes monarcas. Esto implicaba una centralización del poder y que las actividades institucionales fueran cada vez más directas, esto es, que no estuvieran mediadas por unidades políticas intermedias o por poderes locales con capacidad de oponerse o negarse a cumplir determinadas decisiones.

Uno de los ejemplos más importantes en la construcción de los procesos de centralización lo provee Eduardo I de Inglaterra, quien hacia la década de 1390 pudo construir un excepcional sistema de gobierno monárquico para la época. Él fue capaz de poner fin a las rebeliones que sacudieron a Inglaterra en el período anterior; obligó a los nobles a rendirse y a hacer parte del Ejército a través del servicio militar en zonas como Gales, Escocia y Francia; también construyó la cancillería, el tesoro público y un sistema de justicia real que era sostenido por personal experto. Su hijo, Eduardo II, fue el primer rey que subió al trono sin necesidad de contar con el consentimiento de los nobles ni de la Iglesia, aunque fue reemplazado por su hijo Eduardo III, ya que el primero fue asesinado por su esposa y un colaborador suyo. Eduardo III apareció como un monarca fuerte, quien usó el parlamento en sus decisiones, no permitiendo el control de sus acciones políticas. Con los poderes centrales en sus manos y las instituciones heredadas de su abuelo en plena acción, Eduardo III encabezó la Guerra de los Cien Años para reclamar el trono de Francia, lo que en sí mismo era una causa personal y no una causa "pública" o "nacional".

Estas guerras, su conducción y la habilidad para ir institucionalizando diferentes aspectos de la vida de las sociedades gobernadas hicieron que los Estados dirigidos por monarcas, con diferentes altibajos, estuvieran habilitados para evitar las rebeliones y lograr construir estructuras de lealtad política, aseguradas por estructuras militares, tributarias y de justicia, que hacían que la figura del rey fuera central; mientras tanto, las figuras de los cuerpos colegiados, como el Parlamento Británico, antes de las reformas del siglo XVII que obligan a la aparición de dos cámaras, una de los "Lores" y otra de los "Comunes, eran asociadas a los nobles y a los poderes locales que limitaban la acción del monarca e impedían la creación de mecanismos más ágiles de gobierno y dirección estatal. Ello explica los procesos de regencia que en el caso inglés surgieron por la corta edad de los reyes herederos, como en el ascenso al poder de Ricardo II y de Enrique VI. En el primer caso, Ricardo II fue capaz, una vez alcanzada la mayoría de edad y habiendo tomado el trono, de dar lugar a un reinado fuerte que sofocó las rebeliones realizadas por los nobles, anulando además el status de los barones en el Parlamento, dando lugar a la imposición de nuevos impuestos y enviando a sus oponentes al exilio y confiscando sus propiedades. En el caso de Enrique VI se juntaron, no sólo las conjuraciones en contra de los nobles sino la lucha por la sucesión que protagonizaron los dos principales brazos que componían la familia de monarcas ingleses, los York y los Lancaster, en la llamada Guerra de las Rosas. Todo este episodio terminó, varios años después, con el aferramiento al poder de Eduardo IV, hijo de Enrique VI, y quien logró, una vez terminada la guerra, reinar en paz y dejar fuera de combate a los nobles por un buen tiempo.

Mucho después, con la llegada al poder de Enrique VII, Enrique VIII e Isabel I, se logró establecer la monarquía de tal modo que la idea de practicar una rebelión era impopular.[25] Los principales instrumentos con los cuales trabajaron fueron la Corte de Requisición, la Corte de Prerrogativas y la Cámara de las Estrellas. Igualmente movilizaron a miles de seguidores y mantuvieron un mando unificado sobre el ejército y las nacientes fuerzas de policía. Ejecutaron a los nobles rebeldes acusados de traición y persiguieron a todos lo que trataban de erosionar el poder centralizado. Además, el uso de los bienes confiscados a la Iglesia, tanto en terrenos como en dinero, les permitieron a los reyes recomponer fortunas y poderes locales, con lo cual se iniciaba una profunda transformación de la nobleza. Cuando Carlos I asumió el poder logró gobernar con tal seguridad que pudo decapitar a los jefes nobles de la oposición y con ello aseguró la transformación comenzada por sus predecesores. Cuando estalló la guerra civil de la década de 1640, entre el Parlamento y el

---

[25] Una historia de carácter constitucional que explica con gran abundancia de datos y detalles el proceso de centralización política en Inglaterra es la escrita por Henry Hallama (2002), titulada *The Constitutional History of England from the Accesión of Henry VII to the Death of George II.*

rey, muchos de los nobles, quienes para ese momento ya no se sentían representados por el Parlamento, lucharon en nombre del rey.[26]

Al contrario de los ingleses, los barones franceses nunca tuvieron el poder suficiente y la capacidad para derrocar a un monarca. Empero, el poder francés fue centralizado mucho más cautamente que en Inglaterra, ya que varios factores actuaban en contra de una centralización efectiva: el territorio era mucho más extenso, las poblaciones muy diversas en lengua, costumbres, instituciones públicas y tradiciones jurídicas. Además, el poder de la Iglesia era suficientemente grande como para ser ignorado, y el papel de los Estados y los principados vecinos era activo para conseguir aliados dentro de los territorios que gobernaba la monarquía de París. Esto hizo que el sistema de gobierno pasara por una amplia política de equilibrios, en la que el rey trataba de mantener controlados y satisfechos a nobles, Iglesia, poblaciones y provincias, a la vez que mantenía una clara red de informantes que le indicaban los pasos del exterior sobre sus territorios. Reyes como Felipe II (1179-1223), Luis IX (1226-1270) y Felipe III (1270-1285), gobernaron con el modelo del equilibrio permanente, aunque para ellos el modelo inglés de centralización, al igual que para su descendencia, se convirtió rápidamente en el modelo ideal, con miras a tener una monarquía fuerte y no sometida a los equilibrios internos permanentes.

Uno de los problemas más graves del rey francés, entre los siglos XII y XV, era el hecho de que la recolección de impuestos difería de una provincia a otra, y que las estructuras de justicia y poder no habían sido uniformadas desde la centralización. Esto hacía que, si bien el rey francés fuera en teoría poderoso, su monarquía fuera porosa en su institucionalización, lo cual tenía como consecuencia que existiera más bien una monarquía de París sobre un conjunto de provincias que conservaban diferentes grados de autonomía, que una monarquía plena sobre todo el territorio. Esto facilitó que para el final de la Guerra de los Cien Años (1337-1453) el reino francés se enfrentara a una desintegración evidente

---

[26] Véase el trabajo de Philip J. Haythornthwaite (2002), *The English Civil War, 1642-1651.*

y a una creciente pérdida de poder tras las cuales las provincias tomaron caminos de independencia, en ocasiones impulsados por el principado de Burgundy y por el Ducado de Saboya.[27] Esto explica que el reino francés, durante los siglos XVI, XVII y XVIII, construyera y expandiera un sistema de justicia unificado, basado en un código real de leyes que permitía que las provincias quedaran dominadas bajo reglas unificadas de gobierno y justicia. Tales procesos, junto con la unificación de la recaudación tributaria, que pasaba por la creación paulatina de un cuerpo de recaudadores, condujeron a una lenta pero segura superación de las estructuras de autoridad y jerarquía feudales, que impedían una real centralización del poder.

Esta situación de crisis, unificación e institucionalización en Francia es observable cuando en 1661 Luis XIV privó a los nobles de poderes provinciales destacados en la dirección del Estado, en especial en la dirección de las gobernaciones, y los reemplazó por intendentes, lo que alteró completamente su estatus y los relegó, cada vez más, a un plano secundario en la conducción del Estado. Esto se complementó con la profesionalización que Francia hizo de su ejército desde el siglo XVI, que impedía que los nobles mantuvieran su propia fuerza armada para ser usada cuando lo consideraran mejor. Los títulos de los nobles franceses perdieron más rápidamente, e incluso más radicalmente, sus significados, haciendo que se convirtieran en parte del pasado en lugar de ser parte de un presente funcional, como en el caso inglés.

Un caso adicional de lucha por el establecimiento de monarquías centralizadas fue la creación de España, como producto de la alianza matrimonial entre dos príncipes herederos, Fernando de Aragón e Isabel de Castilla. Esta unión obedeció a intereses de afirmación del poder de las coronas, empeñadas en una unificación territorial y poblacional, que se había ido ganando en una prolongada guerra contra el califato establecido en Córdoba y gobernado desde Granada. Sin embargo, la unión de las coronas no fue un acto popular entre los nobles, quienes veían en el surgimiento de tal

---

[27] Para una consideración general sobre la Guerra de los Cien Años y sus efectos en Inglaterra y Francia, véase el libro de Desmond Seward (1999), *The Hundred Year War: The English in France 1337-1453.*

proceso una pérdida creciente y directa de sus privilegios, declinados por una naciente monarquía al estilo inglés e incluso francés. Uno de los antecedentes históricos de oposición a las monarquías ibéricas por parte de los distintos grupos de nobles es la batalla de Olmedo, en la que el rey de Aragón trató de asegurarse la obediencia de los nobles, pero que resultó ser un asunto sólo temporal. Una vez dado el matrimonio entre Fernando e Isabel, uno de los primeros actos de los nuevos monarcas de un reino en pleno proceso de unificación fue la creación de cortes de justicia unificadas bajo las cortes de Castilla, de donde los archivos de Aragón y sus competencias quedarían integrados a las primeras. El segundo elemento importante fue la imposición de un sistema unificado de impuestos, a la vez que la corona española asumió un papel de defensor de la Iglesia, lo que le daba una capacidad discursiva especial en la búsqueda de una unificación política bajo la monarquía, sin dudas de legitimidad.

El reino español pronto se convirtió en un Imperio extraordinario,[28] condición dada por su capacidad de formar un Imperio ultramarino, cuyas posesiones bajo Felipe II "empezaban en Madrid, seguían por México, Manila, Macao y Malaca hasta la India, Mozambique y Angola para volver finalmente a Madrid" (Parker, 2001: 28). Este Imperio permitió el surgimiento de una de las fuerzas armadas más grandes y mejor dotadas, por lo menos durante dos siglos, que crecieron, además, por las conexiones creadas por los Habsburgo en el ejercicio monárquico, al tratar de unificar a España con el Sacro Imperio Romano y la defensa de la fe.

España, Inglaterra y Francia recorrieron el camino de la centralización a través de procedimientos similares, aunque con características diferentes y con resultados disímiles en la construcción de la institucionalización que les permitió dar lugar a monarquías fuertes y a acciones institucionalizadas y centralizadas. El elemento clave fue la derrota de los privilegios y prerrogativas que blandían los nobles como de-

---

[28] En tres trabajos diferentes se puede observar la dimensión alcanzada por España como gran Imperio, e incluso como primera forma de Estado moderno en el mundo occidental: Ernest Berenguer (1994), *El Imperio hispánico. 1479-1665*; Henry Kamen (2002), *Empire: How Spain Became a World Power, 1492-1763*; y, finalmente, Hugh Thomas (2004), *El Imperio español.*

rechos indelegables, impostergables y, sobre todo, intransferibles al poder monárquico. Esto condujo a la creación de sociedades que no sólo se deshacían del poder omnipotente de la Iglesia a través de la Reforma sino que también daban lugar al desalojo de las jerarquías medievales junto con sus privilegios. Surgían así los reyes y las monarquías, que marcaban la ruta de la centralización y de la modernidad sobre la idea de una sociedad secularizada lentamente, que además construía las formas institucionales necesarias para recibir al yo individual del mundo moderno.

LA DISPUTA CONTRA LAS CIUDADES-ESTADO Y LOS PUEBLOS

Los pueblos y las ciudades-Estado como formas de vida y de ordenamiento de la sociedad son mucho más antiguas que el Imperio, la Iglesia, los nobles y, obviamente, que los Estados modernos. Es más, las pequeñas y medianas ciudades de la antigüedad fueron las primeras formas de los Estados, y con base en estas formas se mantuvieron por varios miles de años. En contraste con los tiempos modernos y contemporáneos, los Estados han sido más urbanos que territoriales en el sentido occidental moderno (Thomas, 2001 y Turner, 1948).

En esta dirección de la primacía urbana desde la antigüedad, Charles Tilly resucita la historia del dios Marduk, quien inspiró a sus seguidores en alguna pequeña ciudad-Estado de Mesopotamia a conquistar a las demás ciudades-Estado de la región, con lo que el famoso rey mesopotámico Hammurabi conquistó el derecho a imponer códigos iguales para todas las ciudades, a la vez que a imponer obligaciones militares y tributarias. Estas ciudades-Estado fueron, durante varios miles de años, las formas básicas de las diferentes organizaciones que podemos llamar Estados, y alrededor de ellas se organizaron las principales actividades de las sociedades más estables, que crearon y pudieron mantener tradiciones y formas de procedimientos institucionales más o menos específicos (Tilly, 1992: 23). Las ciudades-Estado que se comportaban como Estados, con frecuencia asumían el papel de capital política, económica y militar de un Estado o de un reino cuyas fronteras exteriores estables estaban marcadas por un *hinterland*[29] en lo inmediato, y por fronteras móviles en lo más alejado, que siempre dependían de las habilidades militares y políticas del rey o de la clase de gobernantes que tuviera la ciudad-Estado, pues no siempre eran reyes sino que también podían ser magistrados o grupos de jueces elegidos para tal cargo.

Las ciudades-Estado se han caracterizado, al igual que la mayoría de las áreas urbanas del mundo en los diferentes momentos de la historia, por poseer un *hinterland*. La función de dicha área se puede describir en tres direcciones: de una parte tiene el papel de zona de abastecimiento de productos agropecuarios necesarios para la alimentación de la ciudad, a la vez que provee el agua necesaria para mantener cualquier forma de vida; también suele proveer materiales para la producción de objetos de fabricación artesanal (e industrial en el mundo contemporáneo); y, finalmente, provee tributos por las actividades realizadas por fuera de la ciudad, sobre todo cuando los *hinterlands* han servido de enclave para el comercio exterior. Esto hace que los *hinterlands* hayan jugado y jueguen todavía, el papel de enclaves básicos para el mantenimiento de una ciudad, de forma casi autónoma con respecto a otras de su misma clase y a unidades políticas más o menos fuertes que ella misma.

Las ciudades-Estado son, por razones históricas, cuerpos corporativos:

> Cualquiera fuera la clase de sus privilegios y la forma como hubieran sido obtenidos, éstos fueron otorgados, no a individuos, sino a ciudadanos que, siendo marcadamente diferentes a la población rural, poseían "libertad" —que es un Estado no servil. De esta manera las ciudades contradecían los principios básicos del gobierno feudal basado en los derechos de los superiores sobre los inferiores.[30]

---

29 Entendemos por *hinterland* el territorio que circunscribe el espacio exterior de las ciudades, y que actualmente puede tener un equivalente en la idea de la ciudad región. Los *hinterland* cumplen varias funciones para las ciudades: son las zonas primarias y básicas de aprovisionamiento de alimentos y de recursos para la vida, junto con el aporte de agua y materiales de construcción. También juegan el papel de espacio de seguridad exterior, como una barrera de seguridad, y son lugares cómodos para negociar, más allá de la ciudad misma cuando ésta se encuentra en peligro.

30 "Whatever the extent of their privileges and the way in which they gained, these were granted not to individuals but to all citizens who, being sharply

En otras palabras las ciudades rápidamente se convirtieron, desde la antigüedad, en espacios formales de libertad individual, lo que en la tradición de la historia occidental se identificó como autonomía e independencia con respecto a formas de gobierno externas, como las de los reyes, los Imperios y los Estados modernos, consideradas en ocasiones incivilizadas, toda vez que en ellas los individuos perdían sus formas de libertad y no tenían garantizada su protección. El caso de las ciudades-Estado italianas permite ver con claridad la distancia que siempre pudieron mantener, tanto de la Iglesia como del Imperio y los monarcas, impidiendo, hasta la segunda mitad del siglo XIX, cualquier intentó de unificación política que pudiera acabar con su independencia y autonomía. Entre más acceso tenían las ciudades-Estado a fuentes de capital permanente, ya fuera por poseer puertos comerciales con una actividad significativa o por albergar actividades productivas suficientemente visibles, era más difícil que se sometieran a un poder político externo.

De hecho se ha heredado una diferenciación importante en la consolidación y constitución de las ciudades: la *civitas,* entendida como la organización política y social que le otorga a los habitantes de la ciudad una condición especial y diferenciada de todos aquellos que no eran sus habitantes; y la *urbs*, referida a los espacios que permiten y facilitan la vida de los ciudadanos, que va más allá de los requisitos elementales de la alimentación, el trabajo y la familia, para incorporar el espacio de encuentro y disputa ciudadana como elemento indispensable de la ciudadanía. En esta dirección, la ciudad planteó un desafío importante al Estado moderno, pues sus instituciones y prácticas políticas eran mucho más sólidas y establecidas que el naciente Estado encabezado por los monarcas modernos; este desafío nunca desapareció, sino que fue menguado por la estatalización de las ciudades y su administración, en aras de la centralización que requería la invención de los Estados modernos, territorializados, y además industrializados (Seta, 2002: 191 y ss.). Al finalizar el siglo XX estas tendencias se renuevan y ponen a

---

differentiated from the rural population, possessed "free" —that is, nonservile— status. In this way towns contradicted the very principles of feudal government which were based on the interlocking rights of superior over inferiors [...]" (Van Creveld, 1999: 104).

flote una rivalidad que se suponía solucionada: las ciudades son, en la práctica, más importantes que los Estados modernos, aunque menos estudiadas por los intelectuales de la modernidad, en el sentido señalado.

La posición de las ciudades, en especial cuando eran ciudades-Estado, iba dirigida a construir sus propios mecanismos de gobierno, los cuales, en muchas ocasiones y en diferentes lugares, incluían la elección de uno o más jefes de magistrados, conocidos por una amplia variedad de denominaciones: *echevins* en Francia y Holanda, *consules* en Italia, *Schöffen* en Alemania y *regidores* en España (Van Creveld, 1999: 104). Los ciudadanos tenían un sistema completamente diferente de deberes con la ciudad, y conformaban consejos municipales elegidos por los ciudadanos; realizaban sus propios acuerdos para la recolección de impuestos reales y estructuraban sus símbolos y elementos representativos con base en tradiciones identitarias separadas de las unidades políticas exteriores que pretendían gobernarlos. Además, las ciudades se diferenciaron de los pueblos, ya que poseían fortificaciones que crecieron significativamente con la revolución militar; tenían guardias responsables del mantenimiento del orden público y, especialmente en Italia, milicias mercenarias como fuerzas armadas. Es importante destacar que las ciudades construyeron mecanismos de comercialización y producción notorios, entre otras cosas porque fueron el escenario básico de los adelantos tecnológicos y de las aplicaciones productivas de los mismos (Hall, 1998: 291 y ss.), a la vez que se constituían en las zonas básicas de comercialización, pues las personas que podían comprar y vender se encontraban en sus calles y plazas, lo que generó que las ciudades fueran el espacio para el desarrollo de una actividad de mercado permanente. Las estructuras económicas y sociales de las ciudades, en especial de las ciudades-Estado, reforzaron sus sentimientos y sus tendencias de autonomía e independencia, representados por constantes y prolongadas guerras que frecuentemente buscaron evitar el sometimiento a poderes externos (Hall, 1998: 611 y ss.).

Pero el poder de las ciudades no fue solamente local; en diferentes momentos lograron construir confederaciones y asociaciones de ciudades, que se conectaban a través de extensas fronteras territoriales. Estas formas de organización respondían a diferentes objetivos, a veces a necesidades comerciales, en otras a necesidades de defensa común e incluso al impulso de instituciones colectivas comunes a todas las ciudades. Dos de las más famosas asociaciones, de carácter comercial, que surgieron en Europa estuvieron en el Norte de Italia y en Alemania. En Italia se crearon hacia comienzos del siglo XII, y respondieron, tanto a la necesidad de mantener la independencia política frente a potencias extranjeras de la península como a la necesidad de fortalecer los lazos comerciales en el Mediterráneo. Las ciudades italianas fueron, en general, escenario y testimonio del gran florecimiento dado con el Renacimiento. En Alemania las principales asociaciones fueron las de la Liga del Rhin, la Hansa, la Liga Swabiana y la Alianza de Heidelberg. Como señala Van Creveld, el crecimiento económico y militar de las ciudades las puso al mismo nivel que el poder de los reyes, y las situó, tarde o temprano, en un proceso de guerra continua contra los Estados de los monarcas, en la medida en que el proceso de centralización del poder no podía permitir enclaves locales que desafiaran y contradijeran las disposiciones soberanas de los reyes.

Las guerras, en general, beneficiaron a las ciudades mucho más de lo que cualquiera pudiese imaginar, pues éstas aprovecharon las disputas entre reyes, nobles, Iglesia e Imperio para mantener sus propios privilegios. Las ciudades practicaban su propia política exterior y con base en ella construían alianzas encaminadas a mantenerlas como espacios a salvo, al punto que todos los contendores podían tenerlas como punto de referencia, pero no para su sometimiento. Sin embargo, el surgimiento del Estado moderno, protagonizado en principio por las monarquías, no podía permitir que las ciudades-Estado mantuvieran privilegios que limitaban las decisiones del rey, a la vez que concentraban cantidades considerables de población, recursos de producción y comercialización, y, quizá lo más importante, de impuestos, que desde un punto de vista centralizador, deberían ser obtenidos, administrados y dirigidos por el rey como cabeza de los nuevos Estados. Para poder estar al margen de los conflictos que las rodeaban, las ciudades utilizaron su condición de lugares fortificados, a la vez que aprovecharon su estructura de centros de manufacturación, comercialización y poder político destacable para obtener frecuentes concesiones que las mantuvieran a salvo.

En el caso italiano el origen romano de las principales ciudades, en especial en los casos de Venecia y Roma, hacía que éstas evitaran cualquier intento de sometimiento a una autoridad que se proclamara superior, ya fuera la Iglesia o el Imperio;[31] el papel que jugaron, proveyendo servicios de banca y dinero para la mayoría de las grandes empresas de los reyes y los emperadores, les otorgó un lugar de privilegio, permitiéndoles mantener, no sólo sus formas de vida y gobierno sino la capacidad y el derecho de poseer tropas mercenarias para su independencia, hasta que fue claro que se necesitaban fuerzas militares propias, como lo demostró el mismo Nicolás Maquiavelo.

Las ciudades alemanas tuvieron orígenes diversos: unas nacieron como centros comerciales y de reciente ocupación, creadas entre los siglos XI y XIV; y otras provenían de asentamientos coloniales romanos, y se mantenían como lugares de ocupación urbana constante.[32] En el caso alemán, antes de la unificación de 1871, protagonizada por Otto von Bismarck y Guillermo I, las ciudades y los territorios imperiales fueron gobernados desde el siglo XV con base en modelos de confederaciones interestatales, donde los principales miembros eran ciudades-Estado. Después de la unificación el sistema no se perdió del todo debido al carácter federal del naciente Imperio alemán, fundamentado en que muchas de las prerrogativas de las ciudades-Estado se mantuvieron y no fueron afectadas de manera directa, sino comenzado el régimen nazi, en la década de 1930, el cual sí realizó una centralización efectiva en todo el territorio alemán.

Sin embargo, la apariencia de autonomía de las ciudades fue bastante ambigua, ya que muchas de ellas fueron asiento de los monarcas, a la vez que algunas fueron los lugares predilectos para dirigir negocios o actividades militares necesarias, lo que además las beneficiaba por sus características productivas y comerciales, y las ubicaba en el centro del po-

---

[31] Véase al respecto John Jeffries Martin y Dennos Romano (2003), *Venice Reconsidered: the History and Civilization of an Italian citi-State, 1297-1797*.

[32] Para una perspectiva abarcadora de los procesos de unificación y diferenciación de las ciudades alemanas, véase el trabajo de Mack Walker (1971), *German Home Towns: Community, State and General State, 1648-1871*.

der político. Finalmente, el triunfo de los monarcas se consolidó desde las ciudades que lograron vincular a su ámbito real, borrando las zonas oscuras para su soberanía. El concepto de la soberanía adquiere una dimensión representable en la capacidad de gobierno del territorio y las poblaciones integradas al rey como cabeza de la sociedad. La ciudad se convierte, entonces, no en un espacio aislado sino en la escenificación del poder mismo del rey y sus privilegios, y los de sus ciudadanos; se convierte en la referencia para administrar derechos políticos y hacer justicia por parte de los reyes hacia todos los demás miembros de la sociedad para la que gobiernan; esto es, los reyes extienden los derechos de las personas que viven en las ciudades-Estado a todos los demás miembros de la sociedad bajo la idea de que son derechos ciudadanos. Estos derechos también van a jugar un papel importante en la definición de las características básicas del Estado moderno.

Se debe aclarar que el sometimiento de las ciudades y el triunfo de los monarcas sólo fue posible con el ejercicio de la guerra, que no sólo permitió ganar territorios, vencer enemigos y consolidar el poder monárquico, sino también crear las instituciones del poder centralizador y las formas en las cuales se especificó tal poder. Visto así, los monarcas triunfaron después de casi perder las posibilidades de gobernar el mundo europeo occidental, dado que las ventajas de sus adversarios los superaban en casi todo, y ellos debían construir desde sí mismos cualquier posibilidad de gobierno, pues las ciudades-Estado eran los enemigos mejor organizados y más cohesionados que tenían que enfrentar los monarcas. Más aún, mientras que las ciudades-Estado, dependiendo de su ubicación, comercio, industria y población, podían acceder a recursos casi ilimitados, los reyes tenían que extraer impuestos de arriesgadas empresas y a la deriva de la suerte. Además, las ciudades eran unos de los obstáculos más claros en la centralización, pues aparecían como manchas en los mapas que los reyes comenzaron a confeccionar desde el siglo XVI para representar sus dominios, descubriendo que podían tener Estados y ciudades-Estado en medio de su espacio soberano. Visto así, el triunfo de los monarcas es el triunfo de las tendencias culturales que condujeron a la aparición de la modernidad, toda vez que la construcción de los

Estados modernos permitió la expansión de las formas de vida y las aspiraciones urbanas más sofisticadas que se encontraban concentradas dentro de las ciudades-Estado, a la vez que la centralización y los inmensos esfuerzos militares, tecnológicos, económicos, educativos, jurídicos y políticos emprendidos por los Estados permitían la emergencia del individuo como una noción política real.

Es importante resaltar que el triunfo de los Estados modernos sobre las ciudades es una historia de corta duración, y no es tampoco un acontecimiento general, ni siquiera en el contexto de la historia occidental. Países como Alemania o Italia son el producto de procesos nuevos de centralización reciente, en donde los principales protagonistas fueron ciudades-Estado fuertes, y en donde todavía hoy se sienten los ecos de lazos de cohesión más fuertes y desafiantes que los generados por el Estado en su versión de Estado-nación. La unificación italiana, conseguida a lo largo de las guerras encabezadas por Giussepi Garibaldi en la década de 1860, siempre se enfrentó al desafío de construir una nacionalidad y una ciudadanía fuertes en contra de la primacía histórica de las ciudades y sus historias particulares. Alemania es, principalmente, el producto del II Reich, formado con las guerras franco-prusianas de 1871, tras las cuales las regiones crearon un Estado unitario en forma de federación, de modo que cada núcleo regional y urbano ha mantenido prerrogativas importantes frente a la idea de una nación completa y fuerte.

Capítulo 2
EL PAPEL DE LA GUERRA EN OCCIDENTE

Lo que conocemos como Estado moderno, en la tradición del pensamiento político occidental, es el resultado de acciones institucionales que a lo largo de los últimos mil años[1] han realizado los Estados, a veces de manera titubeante, a veces de manera exagerada. Dos características básicas de esta actuación institucional son la guerra y la instrumentalización de las acciones del Estado, en gran parte derivada de la práctica de la guerra.

A la pregunta de por qué la guerra, Charles Tilly nos ofrece una respuesta directa:

> El hecho central y trágico es simple: la coerción funciona; los que aplican una considerable fuerza sobre sus congéneres consiguen acatamiento, y de dicho acatamiento derivan las múltiples ventajas del dinero, los bienes, la deferencia y el acceso a placeres negados a los menos poderosos (Tilly, 1992: 114).

Aclaremos en qué medida funciona la coerción y cuáles son sus consecuencias políticas más importantes en el proceso de conformar Estados modernos: la práctica de la guerra de forma continua condujo a que el Estado no permitiera que la guerra apareciera y se practicara como una actividad espontánea, sino conteniendo rasgos institucionales, como que la guerra fuera una actividad regida directamente por el Estado para defender y establecer sus intereses, mantener la estabilidad política, derrotar a sus enemigos internos y externos y prohibir el uso de arsenales como derecho político por parte de particulares. Dicho en palabras de Tilly, esto es así:

---

[1] Siguiendo la sugerencia metodológica de Charles Tilly para observar el proceso histórico de formación de los Estados.

La creación de la fuerza armada por parte del soberano generaba estructuras perdurables. Y ello tanto porque el ejército se convirtió en una organización importante dentro del Estado como porque su construcción y mantenimiento originaron organizaciones complementarias: tesorerías, servicios de abastecimiento, mecanismos de conscripción, negociados fiscales y muchas otras (Tilly, 1992: 113).

La guerra fue la forjadora de los Estados, y los Estados se estructuraron a través del ejercicio de la guerra, que aparece en un primer momento como una reacción casi espontánea realizada por los monarcas que entran en el escenario europeo, de manera más específica, hacia comienzos del siglo XIV (Van Creveld, 1999: capítulo 1). La práctica de la guerra surge como respuesta a la necesidad de los nuevos gobernantes de mantener en pie su heredad y darle consistencia a través del tiempo; tal consistencia no residía sólo en un enfrentamiento discursivo y jurídico con sus enemigos, sino en la capacidad de tomar por la fuerza su destino y hacer prevalecer sus decisiones. Esto afecta la manera como se hace la guerra y explica por qué, hasta muy entrado el siglo XVIII, todavía muchos reyes dirigían la guerra en persona, en tanto personificaban no sólo el Estado sino también la fuerza del mismo. La guerra se convirtió en un atributo básico de las instituciones políticas que querían sobrevivir y no ser absorbidas por enemigos como la Iglesia, el Imperio, los nobles y las ciudades-Estado, sin contar con la acción de las bandas de ladrones y forajidos, predicadores descontrolados y las luchas por la sucesión.

La lección de la Guerra de los Treinta Años se aprendió en tres direcciones que han marcado los siglos posteriores del mundo occidental:[2]

1. La guerra, como ya lo había anotado Maquiavelo, no puede ser peleada, y mucho menos esperando una victoria, con tropas mercenarias que trabajan por un arriendo y no tienen compromiso ni responsabilidad política alguna con el Estado y la sociedad por la que hacen la guerra. En efecto,

---

[2]   Martin Van Creveld (2000) publicó *The Art of War. War and Military Thought*, un excelente trabajo sobre el pensamiento militar, destacando principalmente las referencias del mundo occidental en asuntos militares.

Maquiavelo escribe al comienzo de su libro dedicado a Lorenzo de Medici, las siguientes palabras:

> El mejor de los regímenes, sin protección militar, correría la misma suerte que aguardaría a las estancias de un soberbio y real palacio que aún resplandecientes de oro y pedrería, carecieran de techo y no tuvieran nada que las resguardase de la lluvia (Maquiavelo, 2000: 6).

La guerra es entonces el atributo de un cuerpo profesional de guerreros, definidos como soldados, sujetos a la dirección del Estado y a sus necesidades estratégicas y de seguridad (Maquiavelo, 2000: 41 y ss.). Las principales necesidades se fueron dibujando con mayor claridad en la medida en que los Estados definían también claramente cuáles eran sus pretensiones y sus necesidades territoriales, lo que en el lenguaje diplomático de los siglos XIX y XX (en su primera mitad) se llamó el espacio vital. Tal condición hizo que la soberanía, es decir, el poder que ejercía un monarca como soberano en sus territorios y entre su población, adquiriera una definición territorial directa, haciendo que el concepto político asociado a este término se convirtiera en una característica aparentemente indisoluble del Estado moderno.

En uno de los apartados del diálogo sobre el cual Maquiavelo construye su texto *Del arte de la guerra* pone en palabras de Fabricio los siguientes comentarios:

> [...] Y es que las naciones necesitan un ejército y, si no lo tienen, contratan a uno extranjero; y antes dañará el bien público éste que aquél, porque el segundo es más fácil de corromper y más pronto un ciudadano poderoso podrá valerse de él sin grandes dificultades para sus manejos, puesto que tiene frente a él a ciudadanos desarmados [...] (Maquiavelo, 2000: 29).

Al final de la misma intervención Fabricio concluye de la siguiente forma:

> [...] no se puede confiar en otro ejército que en el propio, y que éste no puede constituirse más que como milicia nacional; único modo de organizar una fuerza armada y de mantener la disciplina castrense (Maquiavelo, 2000: 30).

2. La guerra permitió la aparición de una estructura institucional sofisticada que condujo al establecimiento del Estado, más allá de la existencia o no de un rey determinado. Tal condición, derivada de la práctica de la guerra, permitió que la institucionalización de la política y de las diferentes esferas de la vida social fuera mucho más directa e involucrara a los ámbitos de la vida diaria. No era posible hacer la guerra institucionalizando sólo unos aspectos de la vida y otros no, pues ello podía inducir al desaprovechamiento de recursos y esfuerzos. Así, el cobro de impuestos ya no podía ser una actividad desprendida del Estado sino controlada directamente por departamentos especializados, por tesoreros directores y un equipo de asistentes con responsabilidades concretas; las modificaciones de las ciudades dependían también de la necesidad de alojamiento, mantenimiento y desplazamiento a los lugares de batalla de la tropa; las actividades de seguridad se especializaron, es decir, se diferenciaron el ejército y la policía, el primero dirigido a combatir a los enemigos externos y asegurar el control territorial, y el segundo a mantener el orden y la seguridad interna, en especial la de las zonas urbanas.

3. De las guerras se derivan formas de orden que afectan a quienes las hacen, es decir, a los Estados. La consecuencia más visible de la Paz de Westfalia, como punto de partida para el orden internacional moderno, fue la creación de un orden interestatal, que fue el primero de su especie, y que se concretó en el hecho de que la diplomacia interestatal, esto es, no eclesiástica, cambió por completo la noción de orden político internacional que se derivaba de un orden de la Edad Media, y dio lugar a una noción de orden construido sobre Estados seculares y con características políticas e institucionales comunes. En el momento de la negociación del tratado de paz existían dos tipos de decisiones para tomar: pragmáticas y filosóficas. Las primeras trataban de definir los repartos territoriales, de títulos y la reasignación de poblaciones, a la vez que asegurar que cesarían las guerras interestatales por motivos religiosos. Las filosóficas trataban de definir cómo debían ser los Estados que surgirían de dicha guerra y cómo debía ser su estructura diplomática y de política exterior, de manera tal que se asegurara, a través de garantías interestatales, una paz duradera (Kegley y Raymond, 2002:111).

Los negociadores de la Paz de Westfalia tomaron varias decisiones sobre la reasignación de territorios y poblaciones, con el fin de rehacer el mapa político de Europa central, que también involucró a Estados como Francia y Suecia. Esta reasignación se hizo con el fin de allanar el camino contra la anarquía experimentada en el siglo anterior, que había dado como resultado la Guerra de los Treinta Años, manteniendo la paz entre los Estados soberanos. Esto quedó asentado en el artículo 120 del tratado que tomaba como su objetivo "servir como una ley perpetua" (Kegley y Raymond, 2002: 117). Como señalan Kegley y Raymond, el conflicto de la Guerra de los Treinta Años generó una fuerte discusión sobre cómo debería dirigirse el orden internacional de manera efectiva, con el objetivo de conseguir que la paz fuese obtenible. Esta discusión estuvo animada por dos conjuntos de ideas importantes, unas representadas por Thomas Hobbes y otras por Hugo Grotius. Hobbes, que para algunos autores es el inventor del Estado moderno (Van Creveld, 1999:184), propuso que la paz sólo podría ser alcanzada si se concentraba el poder en las manos de una autoridad central fuerte. Grotius propuso que la paz sólo podría ser alcanzada a través de la formación de una sociedad de Estados, que se organizara sobre un consenso moral. Al parecer, los enviados a Münster y Osnabrück giraron más alrededor de la idea de la visión descentralizada de Grotius que hacia la concepción centralizada de Hobbes.

Pero volviendo al punto del papel de la guerra, se debe decir que la Paz de Westfalia permitió el surgimiento de la noción de "estar preparados permanentemente para la guerra", entre todos los Estados y, en especial, entre los Estados que competían directamente por el principal poder internacional y la influencia geopolítica. Esto había sido claro desde el inicio del siglo XVI, cuando Europa comenzó a formar imperios globales con sus expansiones sobre África del norte, hacia Sudán; África del sur, rodeando el continente y llegando hasta la India; y la expansión sobre América, tanto en el norte como en el sur. Así, el siglo XVI presenció una necesaria transformación de las antiguas estructuras de poder y el nacimiento de nuevas formas de Estado que coincidían y se mantenían con el surgimiento de las monarquías. El siglo XVII y el conjunto de guerras de su primera mitad hicieron que los Estados tuvieran que invertir permanentemente en construir más fortalezas, más barcos, más armas de infantería y en la naciente y cambiante artillería. Todo esto trajo como consecuencia la necesidad de aumentar los ingresos en respuesta al aumento de los gastos, la necesidad de mejorar las condiciones para la inversión y la disposición de generar mejores mecanismos de administración política, social, económica e institucional, con el fin de que las guerras fueran ganadas (Parker, 2002b: 24). Todo esto trajo suficientes problemas para los gobiernos, que se vieron rápidamente desbordados en sus capacidades y para las poblaciones civiles, obligadas a cargar con el peso de la guerra.

Una de las situaciones que más claramente escenifican los esfuerzos estatales exitosos por hacer la guerra, y que redundaron en el fortalecimiento inmediato del Estado, es la invasión holandesa a Londres en el año de 1688, cien años después del fracaso de Felipe II sobre el mismo objetivo político-militar, y que le permitió a los holandeses gobernar la City británica por más de tres años continuos. La invasión de Londres por parte de Guillermo III de Orange, príncipe gobernante de Holanda para este momento, iba dirigida a la consolidación de la expansión y del poder internacional conseguido en los años anteriores, construido sobre la independencia contra España y contra Francia, y gracias a la creación de una red comercial que se expandía por África, el continente indio y llegaba a los principales puertos chinos, junto con algunos enclaves americanos. La invasión se preparó en secreto por más de tres años y el grueso de los ingresos holandeses fue invertido en construir una flota apropiada de barcos, reclutar, armar y entrenar un ejército suficientemente grande para ejecutar la tarea prioritaria para la corona; para ello se adecuaron astilleros, armerías dotadas con fundiciones especializadas, dirigidas por ingenieros militares para la fabricación de mosquetes,[3] bombas, armaduras

---

[3] La producción de mosquetes y de artillería es una muestra de cómo las artes de producción y conocimiento de materiales e ingeniería en fundición, balística y adecuación de proyectiles produjo una influencia directa de la guerra en la ordenación y adecuación de la producción industrial, la disposición institucional y la plantación de los diferentes recursos de la sociedad. El mosquete, por ejemplo, fue el resultado de la evolución del arcabuz, que adquirió características especiales como sus 1,8 metros de longitud, siete kilos de peso y 210 metros de alcance. Este desarrollo im-

y jarros asfixiantes que servían tanto para arrojar a los barcos enemigos como a las fortalezas asediadas. También se invirtió en la producción textil destinada a uniformar a los soldados, y en la fabricación de más de 3.000 sillas de montar, arreos y diferentes utensilios de cuero, necesarios para llevar pólvora y armas de forma individual. También era necesario solucionar la forma de transportar, ubicar y disponer eficazmente más de 50 piezas de artillería; garantizar la alimentación para todos los hombres de un ejército, que podían ser más de 50.000 en el punto más importante de la toma de la ciudad (Parker, 2001: 65 y ss.). Estas situaciones plantearon el surgimiento de diseños y dispositivos de logística vitales, pues la movilización de ejércitos profesionales requería la movilización de un dispositivo social, económico e institucional adecuado.

Visto así, la incidencia de la guerra en el crecimiento del aparato del Estado y sus instituciones era, y es, directa. Los Estados no podían dejar los ingresos en manos de simples secretarios, y fue necesario reportar de manera oficial la obtención de recursos y el uso dado a éstos, lo que impulsó la creación de Tesorerías reales, como las tuvieron los ingleses, los franceses y los españoles desde el principio. También se organizaron sistemas cada vez más profesionales de cobro de impuestos, a la vez que se crearon nuevas imposiciones tributarias, en la medida en que se transformaron las maneras de hacer riqueza, como lo demuestra Inglaterra con sus impuestos a las actividades financieras y el seguimiento al papel de la bolsa como centro de la economía monetaria. Lo mismo sucede con la prestación de servicios civiles como la justicia, que permitía nuevas formas de cohesión que respondían a la expansión del Estado y al repliegue de la Iglesia, a la vez que le permitía al Estado construir una legitimidad proveniente de los individuos que se sentían parte del Estado.

La consolidación de los ejércitos profesionales en el siglo XVII trajo consecuencias muy importantes, políticamente hablando, como se trasluce de las direcciones y cambios ad-

---

plicó grandes trabajos de ingeniería que se correspondieron con la producción de la artillería naval y las cañones manuales, como lo usados por los suecos en la Guerra de los Treinta Años.

ministrativos que realizó Gustavo Adolfo de Suecia durante la Guerra de los Treinta Años (Glete, 2002: 31 y ss.). Los ejércitos conformados de manera creciente por soldados, es decir, guerreros a sueldo, mantuvieron cuerpos permanentes de oficiales y suboficiales, lo cual obligó a la aparición de academias militares (McNeill, 1984: 117 y ss.), donde además del uso de las armas los estudiantes aprendían sobre materias relacionadas con la administración del Estado, la administración de justicia y elementos de historia y geografía. De esta manera el Estado encontró gran parte de sus funcionarios más confiables e incondicionales en los oficiales y suboficiales en ejercicio y en retiro, como lo ha hecho por más de cuatrocientos años el Estado británico. La composición de los ejércitos alteró, de esta manera, la vida de las poblaciones por dos caminos: diferenció un orden civil y uno militar, paralelos al surgimiento de la diferenciación entre un orden público y uno privado; y compuso el oficialato de los principales ejércitos, que en principio se había nutrido por nobles y pronto se vio desbordado por las necesidades del servicio y por la pérdida de importancia de los nobles en la mayoría de las monarquías más estables, como España, Francia, Inglaterra y Suecia; de ese modo fueron integrados al servicio oficial miembros de las clases medias urbanas ilustradas, generando una inmediata diseminación social de muchas de las enseñanzas y habilidades militares (Glete, 2002: 56 y ss.).

En este punto debemos separar dos perspectivas sobre la guerra, que nos pueden presentar nociones más amplias sobre su papel y las repercusiones de largo alcance que ésta tiene: una de estas perspectivas es la relacionada con el papel de la guerra como impulsadora del orden político interno de los Estados, a través de la institucionalización de la vida política y la práctica militar, a la vez que impulsadora de los procesos de innovación tecnológica y crecimiento económico. La segunda perspectiva nos muestra cómo la guerra crea órdenes políticos específicos, que en la dimensión internacional establecen las condiciones por las cuales los Estados se adscriben a un sistema internacional y reconocen unas reglas específicas de comportamiento y relación, que suelen explicitarse a través de tratados firmados por los jefes de Estado. Así, en esta última forma de concebir la guerra, aparece un elemento indispensable de la guerra como ejercicio de ordenamiento internacional y de permanente creador de instituciones y teorías políticas que permiten sostener un orden internacional específico.

GUERRA, ESTADO, INSTITUCIONES Y TECNOLOGÍA

En el proceso de institucionalización y expansión de la guerra jugaron un papel destacado las múltiples y variadas relaciones que existieron y existen entre tecnología, modelos productivos, creación de Estados, práctica de la guerra y sistemas financieros. Quizá el proceso más importante es el impulsado por la continua relación entre expansión de la guerra y formación de los Estados, dado que la permanente interacción para el mantenimiento de las sociedades y sus condiciones de vida, a la vez que para el mantenimiento de condiciones institucionales más o menos precisas, condujo a que los procesos de coerción, política tributaria y guerra fueran dirigidos desde las decisiones de los Estados para competir con otras unidades políticas que les amenazaban. En la perspectiva del trabajo de Charles Tilly esta competencia entre unidades políticas diferentes, que se van convirtiendo en Estados, y finalmente, al cabo de varios cientos de años se convierten en Estados-Nación, es una de las claves de la composición de las sociedades, los Estados y las diversas instituciones occidentales, incluyendo dentro de estas instituciones las responsables del desarrollo científico-tecnológico.

La concepción del papel de la guerra como creadora del Estado e institucionalizadora de la vida y la economía de las sociedades parte de dos nociones básicas del Estado, ya mencionadas antes, pero que retomamos aquí de nuevo:

1. Los Estados son instituciones que tienen su origen, básicamente, en grupos armados que asumen el poder de una región, sus habitantes, su comercio, sus prácticas cotidianas, y construyen una representación e institucionalización de las decisiones políticas, a lo largo de un período significativo, a través de dos vías: por una parte, el ejercicio de la coerción para el control de los recursos, las actividades y la eliminación de nuevas competencias políticas internas y

externas, principalmente aquellas que van acompañadas por nuevos grupos armados; y, por otra, la capacidad que tiene el Estado para dirigir la sociedad y la economía por mecanismos más sofisticados como el control y el estímulo de la economía, el mercado, y los impuestos, a través de una "coerción capitalizada" (Tilly, 1992: 21 y ss.).

2. A medida que los Estados creaban fuerzas coercitivas permanentes, creaban cuerpos institucionales perdurables, que generaban nuevas necesidades de expansión económica, reflejadas en el aumento y la estandarización del cobro de tributos y en la expansión territorial, creada sobre el objetivo de la inclusión de ciudades independientes, o en manos de otros Estados, que pudieran representar una ventaja considerable para el Estado que competía por sus recursos (Van Creveld, 1999: 135-137). Visto así, la estabilidad de un Estado va más allá de la conquista militar y del control de recursos de una sociedad, y depende principalmente del control político que es capaz de construir con respecto a la sociedad que gobierna. En este control político juega un papel importante la habilidad del Estado para dirimir los conflictos sin afectar a los individuos y las comunidades en sus intereses y en sus modos de vida, lo que sólo se logra cuando se puede construir un sistema de justicia que funcione y cuyos procedimientos sean reconocidos por todos los asociados al Estado.

En estas dos ideas de la formación del Estado, el asunto de fondo es el papel que cumple la guerra como dinamizador de la estructura de la sociedad, por lo menos en ese largo período de formación del Estado. Este dinamismo está construido por varios elementos interconectados: la guerra asegura dominio y coerción por parte de un Estado sobre un territorio, una población y una o más ciudades.

En la medida en que los Estados se ven obligados a sofisticar en paralelo sus medidas de coerción y la obtención de recursos para mantener la coerción interna y hacer la guerra externamente, deben realizar ingentes inversiones en ampliar la capacidad productiva, especialmente la dirigida a aprovisionar los ejércitos de armas, uniformes, alojamiento, transportes, alimentos y códigos e información (Tilly, 1992: capítulo 2).

Mantener la dinámica de estabilidad y crecimiento político, social y económico, conllevó a que la fuerza bélica del Estado se convirtiera en fuerza permanente, y esto obligó al diseño de políticas de gasto fiscal continuas, con sistemas contables cada vez más precisos y soportados sobre sistemas financieros dirigidos a una mayor captación de dinero y a la colocación del mismo, obligando a que el dinero no fuera una condición fortuita de las ciudades independientes sino que estuviera destinado a funcionar en estructuras financieras integradas entre ciudades de un mismo Estado, o incluso de un mismo Imperio, aunque de diferentes provincias o Estados.

Los efectos de preparación de la guerra se sintieron, desde que ésta se convirtió en una actividad básica para la formación de los Estados (Tilly, 1992: 109-115), en los sistemas productivos, en especial en las actividades que poco a poco se iban involucrando en la producción, mejoramiento e innovación de armas, sistemas de defensa y modelos de seguridad preventiva, lo que hizo que los procesos de industrialización avanzaran en la medida en que el Estado hiciese la guerra y tuviera una fuerza permanente suficientemente preparada para ello. En esto las universidades y los colegios industriales, que progresaron notoriamente con la producción masiva de armas, en especial las de fuego, fueron vitales en la formación de ingenieros y militares conectados no sólo con la guerra sino con todas las actividades asociadas a ésta, convirtiéndola en la generadora de la dinámica social y el ordenamiento institucional (McNeill, 1984: 174-182), pues obligó a que surgieran igualmente actividades encaminadas a ejecutar y asegurar grandes obras de infraestructura como puertos, edificaciones versátiles, caminos, fuentes de agua, caminos paralelos, carreteras estratégicas, embarcaciones con especificaciones diferentes a las de uso civil, etc.

Economía, tecnología, impuestos, comercio y crecimiento urbano se conectan con base en las redes del crecimiento estatal, y se mantienen con base en la coerción y la creación y acumulación de capitales públicos y privados. Estas relaciones se fortalecen en la medida en que los Estados tienen capacidad de inversión, creación de sectores industriales y formación de elementos de ampliación de las unidades políticas sobre las que actuaban (Van Creveld, 1999: 189-192).

La expansión de los imperios industriales significó una revolución completa en la estructura de las sociedades que los emprendieron: Gran Bretaña, Francia, Suecia, Holanda, Bélgica y Dinamarca. Estos países experimentaron, desde el siglo XVIII hasta mediados del siglo XX, justo hasta el tiempo de la Segunda Guerra Mundial, procesos de consolidación de sus economías, garantizados por la creación de la gran industria y el ideal del comercio total, formado sobre las bases de la expansión militar, la producción tecnológica para respaldarlo y la estructuración de nuevos poderes socio-económicos que crecieron a la sombra y con la ayuda del poder de los Estados. En la conformación de los nuevos Imperios y la derrota de viejos Imperios o de Estados de regímenes tradicionales débiles, como Austria-Hungría, fueron importantes los procesos de consolidación de centros productivos dedicados a la producción de armas avanzadas, permanentemente renovadas en sus estructuras productivas y en los materiales usados, que crearon mecanismos de impacto sobre la producción industrial y militar, ligando la capacidad de expansión comercial a las fortalezas tecnológicas continuamente construidas desde la inversión militar y la creación de una infraestructura pública que permitiera la producción privada, en principio, dirigida al mantenimiento del ejército profesional y de la burocracia que se recreaba en virtud de las funciones a cumplir (Tilly, 1992: 192-193).

El Imperio británico es imposible de entender sin la permanente inversión interna del Estado para la consolidación de su fuerza militar. Esta dinámica fue la clave de la construcción de su imperio económico, pues desde la producción de armas hasta la continua renovación de los medios y los mecanismos de transporte masivo, siempre existió el aporte básico del Estado. La intervención estatal permanente hacía, además, que los centros dedicados a la innovación científico-tecnológica tuvieran un claro carácter público; es decir, que el Estado fuera su propietario y administrador, puesto que éste era el primer beneficiario de las innovaciones, en la medida en que le permitían satisfacer las necesidades de sus tropas y de su producción industrial (McNeill, 1984: 187-189).

De este modelo surge la posterior integración entre inversión pública y beneficio abierto al sector privado que se inventa en los Estados Unidos en la segunda mitad del siglo XX. La inversión pública se conecta rápidamente con la capacidad que tiene el mercado para impulsar la renovación de los sectores productivos, en especial de los asociados con el desarrollo industrial y, con ellos, de la renovación que genera el comercio, que a su vez depende de la renovación y la innovación permanentes, en aras de asegurar el protagonismo que le permita mantenerse en los círculos básicos de la generación de la riqueza (Castells, 2002: capítulo 1).

La historia del desarrollo industrial está, desde esta perspectiva, estrechamente relacionada con el desarrollo de las características de las sociedades industriales modernas: formación del Estado moderno, incluyendo el proceso de formación del Estado-Nación; las guerras como motor de desarrollo de los Estados, pero también de sus economías, ya que sólo la competencia entre ellos puede estimular la producción y la comercialización a gran escala; el desarrollo de continuos procesos de renovación industrial, en la medida en que la guerra lo exigía y la expansión comercial lo permitía; y la creación de permanentes políticas monetarias que conectaban el desarrollo comercial e industrial con la fortaleza tributaria de un Estado y con la capacidad de inversión del mismo (McNeill, 1984: 206-210).

¿Cómo más podría entenderse la creación del Imperio británico? ¿O acaso puede explicarse el ingenio holandés para el comercio internacional como un asunto desprendido de la formación de un Imperio fuerte y de una armada y un ejército lo suficientemente modernos para su momento? Esto se ve ratificado con la prioridad que el canciller Otto von Bismarck da a la producción de las propias armas, en principio sólo de infantería para luego presionar la creación de una armada con astilleros y armerías propias, puesto que la creación del Imperio alemán en 1871 no era sólo un problema militar y diplomático, sino un asunto de competencias económicas, tecnológicas, militares, sociales y diplomáticas, que condujeron a que, con la presión de un ejército permanente de varios de cientos de miles de hombres, se tuviera que crear un sistema económico de industrialización pesada, lo que permitía crear un sistema integrado de sociedad, economía, tecnología y desarrollo científico, dirigido por el Estado.

Este conjunto de elementos que alcanza en el siglo XIX un desarrollo notorio en la formación de las sociedades industriales, hace que después de la década de 1930 aparezca la noción de sistemas productivos, que implicaban una profunda integración entre los diferentes elementos institucionales, sociales y económicos, desarrollados durante los siglos previos. Dicha situación hizo que la idea de las máquinas, como elementos centrales de producción y concentración tecnológica, quedara supeditada a su vinculación en un sistema tecno-económico, pues el mantenimiento del poder del Estado y de la unidad de la sociedad, ambos bajo el modelo del Estado-Nación, sólo se podía hacer dentro de la perspectiva de un sistema integrado de actividades productivas y comerciales, intereses políticos y militares y condiciones de dinamismo social, y reflejado en el aumento considerable del papel de las universidades y los colegios industriales, entre los principales países competidores de la escena internacional.

En este punto se puede observar cómo el siglo XIX da lugar a la aparición de complejos productivos de carácter nacional, e impone un sello particular identificable al estilo de la tecnología y a las disposiciones militares y económicas, en la dirección que cada Estado importante del siglo XIX hace de su Imperio o en la conquista y la formación de cada uno de ellos. Así, por ejemplo, la institucionalidad francesa tenía un sello propio, que no sólo dio lugar a una estrecha ligazón entre expansión militar, crecimiento industrial y comercial y dirección institucional hacia la creación de una sociedad industrial, sino que además, desde comienzos del siglo XIX, dio lugar a la formación de su elite, tanto desde contenidos de educación e instrucción militar como desde contenidos de educación "científico-tecnológica" (Thullier, 1992: 113-116).

Esta noción de sistemas integrados de asuntos socio-económicos y político-militares se presenta como el elemento básico de enfrentamiento durante la primera y la segunda guerra mundial, donde el establecimiento y la competencia entre modelos tecnológicos, científicos, económicos y políticos se reflejaron en la capacidad militar y en la capacidad de renovación de la estructura económica, militar y estratégica de los países en pugna en esta guerra. De hecho, los principales logros tecnológicos son estandarizados y mejorados desde que son sólo una idea primitiva hasta que se convierten en objetos normalizados y usables, tales como la creación de los motores de combustión interna, la expansión definitiva del ferrocarril, la creación y aplicación militar de la aviación y, junto con esto, la tecnología de armas modernas como las de infantería, artillería y la construcción de nuevos vehículos de motor terrestres, como los tanques de guerra, y la construcción de vehículos marítimos como los submarinos y los destructores y acorazados de última generación (Van Creveld, 1991b: 235-238).

Estos conjuntos de elementos del desarrollo de las sociedades industriales reflejaron los límites de aquéllas que no podían competir en los mismos niveles: se diferenciaron las sociedades que podían crear o no sistemas integrados, tal como los mencionamos arriba, así como los países involucrados en una dirección de industrialización fuerte, garantizada por una permanente renovación industrial y una fuerte competencia económica, que finalmente se veía en la capacidad militar y política de cada Estado. Así, es comprensible la diferencia entre la Rusia del final del siglo XIX, comparada con el recientemente creado Imperio alemán y con el bien establecido, para el momento, Imperio británico. Esta diferenciación sirve para identificar las líneas geográficas de desarrollo económico que se presentan durante el siglo XX: las de los países industrializados y las de las zonas de industrializaciones tardías y a medias, como es el caso de América Latina.

Quizá la sociedad que escapó, en parte, de esta situación, y sólo hasta la Segunda Guerra Mundial, es la de los Estados Unidos, pues el hecho de que en la primera mitad del siglo XX aún estuviera conquistando el "Gran Oeste", le permitió combinar la inversión interna para el mantenimiento de una fuerza de coerción interna y la creación y el mantenimiento de una fuerza preparada para las acciones internacionales, aunque sometida a las concepciones del aislacionismo. Esta situación hace que los Estados Unidos puedan sentirse independientes del resto de los Estados europeos, y durante mucho tiempo parcialmente alejados de una industrialización motivada sólo por necesidades militares y estatales. Pero, con la llegada de la Segunda Guerra Mundial, las condiciones de desarrollo de los Estados Unidos se vieron profundamente alteradas, a la vez que la idea de la industrialización y el desarrollo tecnológico independiente de los asuntos militares se veía trastocada.

La salida de la Primera Guerra Mundial llevó a una gran competencia económica industrial internacional y a una reestructuración de las condiciones de creación de sistemas económicos relacionados con las prioridades militares y políticas, haciendo que el desarrollo industrial se acelerara y que los modelos de la gran industrialización se acentuaran desde las nuevas necesidades militares: transporte pesado y de gran capacidad, armamento pesado y transportable, nuevos equipos completos de guerra, como la aviación pesada de combate, bombardeo y persecución, y no sólo de reconocimiento, como en la Primera Guerra Mundial; transporte marítimo pesado y de gran capacidad, a la vez que la creación de unidades marítimas para combate abierto con armas modernas de artillería marítima, y la creación de unidades especializadas en conexión con unidades de infantería y aviación, cada una con formas y necesidades de equipamiento específicas (Van Creveld, 1991b: 170-178).

Prepararse para la Segunda Guerra Mundial trajo dos efectos importantes en la economía: uno, la inversión pública era concebida como vital para el mantenimiento de la seguridad del Estado y la independencia en el contexto internacional; y dos, la industrialización y modernización tecnológica cada vez dependía más de la renovación y de las necesidades militares y estratégicas. En este sentido se puede ver cómo inventos con claros orígenes no militares alcanzan los principales grados de perfeccionamiento a partir de la aplicación militar que hacen los nacientes laboratorios de investigación en defensa, en países como los Estados Unidos, Alemania, Gran Bretaña, Unión de Repúblicas Socialistas Soviéticas y Francia. Entre los inventos y los desarrollos tecnológicos se pueden incluir las líneas telefónicas, la radio, los procesos de automatización de la producción y los procesos de conservación de información y elaboración de cálculos.

Esta situación permite, con relación a lo afirmado, entender por qué países como Holanda, Bélgica y Dinamarca pasan de ser grandes Imperios a países importantes en la economía y la política internacional, pero sin la capacidad y el brillo de los siglos anteriores. Sobre todo porque sus condiciones de competencia se ven severamente limitadas a la hora de dar lugar a la creación de una industrialización pesada de nueva generación y a las instituciones necesarias para mantenerlas. Subsanar esta situación es algo que han hecho sólo parcialmente, después de la Segunda Guerra Mundial (Hobsbawm, 1996: 130-137).

Visto así, el escenario de la Segunda Guerra Mundial resulta ser el de mayor competencia tecnológica, militar y económica directa, en un tiempo específico que se haya presentado en el ámbito global, toda vez que la Alemania nazi tenía claro que sólo una modernización científico-tecnológica, acompañada de una industrialización pesada masiva y una renovación urbana de acuerdo con la antigua lógica de las ciudades como enclaves básicos del poder de los Estados, era lo que le permitiría mantener una larga y fuerte guerra, a la vez que llegar a una conquista segura de la Europa oriental y occidental (Van Creveld, 1991a y 1991b).

La Segunda Guerra Mundial impacta, desde la competencia militar, toda la estructura del desarrollo social, transformando la casi totalidad de los campos de las ciencias, los espacios de desarrollo industrial y las maneras de interconexión entre los miembros de las sociedades. Este cambio tuvo un impacto profundo, pues colocó a disposición del uso de las personas y de los usos civiles grandes logros obtenidos en el desarrollo de la medicina y los programas de salud, al igual que en los campos de ordenamiento institucional y desempeño de las organizaciones, toda vez que, como anota Van Creveld, la mayoría de las organizaciones civiles, como empresas, centros educativos, de investigación, hospitales, etc, en el período de entreguerras, pero en especial después de la Segunda Guerra Mundial, asumen como propias la mayoría de prácticas contables, sistemas de información, modelos y sistemas de cálculos y principios de sanidad colectiva, tal como lo hacían los ejércitos, que para el momento habían llegado a uno de los grados de mayor profesionalización en toda la historia occidental (Van Creveld, 1991b: 245-252).

Ejércitos profesionales y profesionalismo militar

Una de las principales consecuencias en la formación del Estado moderno y de sus instituciones centralizadas y diferenciadas fue la creación de ejércitos profesionales, que permitieran enfrentar la permanente amenaza externa generada por otros Estados en consolidación o expansión. Estos ejércitos se caracterizaron por eliminar la presencia de empresarios mercenarios, soldados de fortuna, corsarios y piratas en sus filas, y reemplazarlos por militares de tiempo completo, cuya actividad principal era estar preparados para la guerra y evitar la destrucción del Estado. Pero la columna que sostenía, tanto el sentido como la pertenencia de estos ejércitos profesionales a un Estado preciso, y que no eran ejércitos de alquiler como los medievales, era el vínculo político con el Estado y su lealtad al mismo, cubierta de ritos y creencias patriotas primero, y nacionales luego. También se debe decir que los militares profesionales que surgieron con los Estados modernos no son ciudadanos-soldados, pues sus obligaciones institucionales van más allá de las luchas ciudadanas o civiles particulares, y están, o deben estar, por encima de los compromisos ideológicos que caracterizan a tales ciudadanos-soldados, pues cuando cesan los motivos de la lucha, también cesa su responsabilidad militar y su compromiso con el mantenimiento de la seguridad.

Sin embargo, los nuevos Estados experimentaron, entre los siglos XVII y XVIII, el problema de cómo mantener ejércitos que fuesen efectivos para hacer la guerra exitosamente, y la necesidad, quizá más sustancial aún, de garantizar una fuerza militar preparada y que estuviera sometida al control de los gobiernos civiles, tanto en las postrimerías de los gobiernos monárquicos e imperiales, como en los nacientes gobiernos republicanos.

De esta situación surgieron dos problemas a resolver: hacer que los ejércitos fueran más que fuerzas permanentes, obligándolos a transitar hacia mecanismos de profesionalización, comportamiento ético y compromisos institucionales precisos e identificables, y lograr que si bien los ejércitos, y en especial los cuerpos de oficiales de los mismos, debían permanecer como garantía de seguridad de los Estados, fueran también un respaldo institucional y disolvieran de antemano cualquier amenaza interna, desde mecanismos de control civil y coordinación de las relaciones cívico-militares.

El primer asunto se logró en la medida en que los ejércitos fueron convirtiéndose en instituciones racionalizadas y controladas dentro de los Estados modernos. Esto se asoció con el cambio que evidenció la "mentalidad militar" bajo el influjo de la "Revolución Militar", que condujo a que la guerra fuera dejando de ser vista como una práctica determinada por el azar, dirigida por el genio de los héroes y practicada como un objetivo en sí misma. Desde las últimas décadas del siglo XVIII, pero especialmente en el XIX, se empezó a estudiar y pensar la guerra como un fenómeno que exigía conocimientos y destrezas específicas, asociado a los cambios políticos y a las transformaciones históricas que vivían los Estados y las sociedades. De aquí que la guerra fuera vista como un proceso de uso de la violencia organizada para la consecución de fines políticos más que como un fin en sí misma. Esto queda consignado en diversos trabajos de análisis y de difusión del pensamiento militar del siglo XIX, representados genéricamente por los escritos de Carl von Clausewitz, y la dirección de algunos ejércitos, como el prusiano, realizada por los generales Helmut von Moltke y Alfred von Schlieffen, según las observaciones realizadas por Samuel Huntington, Martin van Creveld, y Jeremy Black (Black, 1999: 58-63).

El conjunto de conocimientos que progresivamente se les exigió a los oficiales de los ejércitos profesionales estaba basado sobre el principio del combate armado exitoso, evitando los desastres innecesarios y evadiendo cualquier destrucción o desastre sobre el Estado defendido. Esto hizo que el uso de la violencia en los ejércitos profesionales no pudiera ser aleatorio ni desinstitucionalizado, sino regido por códigos, protocolos de decisiones y procedimientos de evaluación política y civil (Van Creveld, 2000: 95-99). De esta manera, lograr el éxito en los ejércitos profesionales modernos se derivaba de la observación de procedimientos específicos, haciendo que la violencia no fuese indiscriminada y que estuviese sometida a la obtención de logros políticos identificados en la dirección del Estado. Dicha situación trajo una consecuencia importante en la formación de los oficiales, pues implicaba un alto conocimiento en las estrategias y tácticas seguidas en diversas guerras; de las diferencias entre los diferentes momentos de preguerra, guerra y posguerra; un profundo conocimiento de los procesos históricos de creación de Estados, sociedades, economías y tecnologías; una competencia inigualable en asuntos geográficos; una alta destreza para el uso de las tecnologías apropiadas para la guerra; y un cálculo racional adecuado y vigilante de los peligros de seguridad latentes y directos que penden sobre el Estado, en especial los que provienen del exterior.

Estos conocimientos hicieron que fuera una responsabilidad creciente de los oficiales militares realizar tres tareas permanentes, como lo destaca Huntington (1996: 23): 1) la organización, equipamiento y entrenamiento de la fuerza militar; 2) el planeamiento de sus actividades; y 3) la dirección del funcionamiento de la fuerza militar dentro y fuera del combate. Esto hizo que el núcleo central de los conocimientos y las habilidades del oficial militar fuera la administración de la violencia en las diferentes circunstancias que debe enfrentar, y no el acto mismo de la violencia.

Tales circunstancias produjeron cambios sustanciales en la organización, dirección y control de los ejércitos, que se vieron principalmente en tres procesos propios de las fuerzas armadas: el reclutamiento, la selección de oficiales y la composición de las estructuras de mando. Uno de los principales problemas que se debió resolver en el siglo XIX fue la eliminación de los aristócratas como oficiales de genio e intuición, para reemplazarlos por oficiales de carrera, que se caracterizaban por recibir instrucción académica prolongada y entrenamiento permanente. Ésta fue una de las claves en la formación de las academias militares más importantes del siglo XIX, como la prusiana, entre 1850 y 1910.

La ruptura de la oficialidad heredada de los procesos monárquicos ligados a la aristocracia y, más aún, de las herencias de los ejércitos medievales, se vio agrandada por el hecho de que los ejércitos mercenarios eran individualistas y los compromisos políticos de realizar exitosamente la guerra podían terminar intempestivamente con los argumentos que el contratista podía presentar sobre el peligro de muerte inminente; adicionalmente, la oficialidad de tales ejércitos estaba exenta de responsabilidades, tanto militares como políticas, pues en realidad eran empresarios. En el reemplazo de los mercenarios por aristócratas, que los monarcas modernos hicieron, se logró que éstos perdieran sus viejas prerrogativas de poder autónomo al estilo feudal, y que estuvieran controlados, por lo menos teóricamente, por el monarca (Parker, 2002b: 31 y ss.). Los oficiales que procedían de la aristocracia se caracterizaban por una falta de formación militar estricta, pues dependían más de su intuición y su ingenio, a la vez que resultaban ser oficiales altamente indisciplinados, carentes de las costumbres necesarias para movilizar los nacientes ejércitos masivos, a lo que se sumaba que después de operaciones militares o de un período de desempeño abandonaban sus cargos, al parecer con bastante frecuencia. Una de las razones que ocasionaban esta situación era que los oficiales aristocráticos no recibían pagos por su desempeño, antes bien, en algunos casos, como en el del ejército británico de los siglos XVIII y XIX, tales cargos eran comprados, tanto por aristócratas como por burgueses y funcionarios de la burocracia administrativa del Estado (Black, 1998: 203 y ss.).

Los aristócratas alegaban a su favor como oficiales tener un origen digno y heroico y la riqueza necesaria para sostenerse, de modo tal que no afectaban los fondos públicos. Tales reclamos estaban basados en la idea de que el éxito en la guerra dependía de la intuición y el genio más que de la formación y coordinación de actividades; de esta forma los aristócratas armaban su vida de aventuras y riquezas al vaivén de los ejércitos, asegurándose con ello una clara vinculación política. La vinculación de oficiales por formación y por méritos demostró grandes y rápidos beneficios, aunque las reformas militares del siglo XIX se hicieron lentamente.

Uno de los primeros ejércitos en reclutar oficiales por un procedimiento profesional, y en mantenerlos acumulando experiencia, permanencia y espíritu de cuerpo, fue el creado por Napoleón Bonaparte, en el marco del naciente Imperio francés. En el ejército napoleónico la formación militar cobró gran importancia; es así como se fundaron las primeras academias militares: la Escuela Politécnica, que sirvió como universidad general técnica para las diferentes unidades del ejército, y la Escuela Especial Militar, fundada por Napoleón en 1808 (Black, 1998: 129-134). Después aparecieron algunas academias militares en Rusia; en Prusia, básicamente la Kriegsakademie, creada en 1810; Gran Bretaña, que también había fundado previamente la Academia de Oficiales de Sandhurst, en 1802, mantenía la formación técnica en Woolwich; tímidamente, y bajo otros criterios, aparecieron las academias militares de Estados Unidos, en especial la Academia Militar en West Point, fundada en 1802, y cuyos programas iniciales giraron en torno a la ingeniería.

Para el caso de Prusia, Huntington cita un decreto del 6 de agosto de 1808, por el cual se reglamentaba la profesión militar y se eliminaba la presencia mercenaria definitivamente y, en especial, la presencia aristocrática:

> El único título para la comisión de un oficial será, en tiempos de paz, la educación y el conocimiento profesional; en tiempos de guerra, el valor distinguido y la percepción. En consecuencia, todos los individuos de toda la nación que posean estas cualidades son candidatos aceptables para los puestos militares más altos. Todas las preferencias de clase existentes antes en la institución militar quedan abolidas y todo hombre, sin importar sus orígenes, tiene iguales deberes e iguales derechos (Huntington, 1996: 41).

Este decreto respondió directamente a las guerras napoleónicas, y generó una ola de profesionalismo militar en Europa, en la que los oficiales combinaban conocimiento técnico especializado, compromisos nacionales, adopción de formas institucionales estables y exigencias de autoridades legítimas. Con ello quedaron desplazados, por lo menos durante un tiempo, los aristócratas, aunque reaparecieron con alguna fuerza, en Francia, durante el período pos-napoleónico, y en Prusia entre las décadas de 1830 y 1850; en Rusia y Gran Bretaña los aristócratas abandonaron la oficialidad pero no el alto mando militar ni las comisiones de los ministerios de guerra.

El otro cambio importante que se produce en el siglo XIX, de nuevo principalmente en Prusia y en la Alemania creada después de las guerras franco-prusianas de 1871, es el procedimiento por el cual se reglamentan los ascensos en las estructuras de mando y decisión. En los ejércitos con oficiales aristocráticos, como los de Federico El Grande, el ascenso estaba asociado al origen y a la posición familiar y política del oficial. Tal situación hacía que los conscriptos permanentes fueran los soldados rasos y no los oficiales, haciendo que la habilidad y la victoria estuvieran en manos de oficiales inexpertos, en el mejor de los casos atrevidos y osados, pero que el grueso del éxito dependiera de los soldados de larga experiencia, sin mando ni poder de decisión. De esto se observó que se debía imponer una estructura de ascensos, mando y dirección asociada a procesos de formación, tiempos de permanencia, experiencia registrada, informes de superiores y mecanismos fijados de promoción. Esto también permitió que a lo largo del XIX se eliminaran a los aristócratas y a los oficiales que dependían de su ingenio e intuición. La manera como Von Moltke y Von Schlieffen formaron los comandos y las estructuras de dirección con oficiales de carrera altamente formados y experimentados, explica las victorias prusianas y alemanas entre 1857 y la década de 1890 (Van Creveld, 2000: 121 y ss.).

El tercer asunto importante en la profesionalización de los ejércitos estuvo asociado a la composición del mando general, es decir, a la selección de los comandantes y los comandos supremos, directamente relacionada con los esquemas de control civil. Adicionalmente a estos temas se encontraba el problema de cómo coordinar las acciones de los ejércitos en esquemas organizados que integraran cada una de las partes o "armas" que componían las fuerzas armadas de cada Estado. Éste fue quizá uno de los problemas más graves por solucionar en el siglo XIX, pues los retos de la logística, las comunicaciones y la coordinación de las acciones exigían más experiencia en el campo de batalla y demandaban comandantes formados académicamente, con conocimientos en ingeniería, matemáticas y estadísticas, además de que se ampliaran los conocimientos generales para delinear y ejecutar estrategias exitosas. Junto a dichas exigencias se planteó, con un creciente énfasis, la imperiosa necesidad de evitar a toda costa que los mandos militares se politizaran, pues la seguridad quedaría en ciernes y la política pasaría a manos de éstos. La única salida para evitar tal situación era la profesionalización de los oficiales y la composición de los mandos con personas provenientes y formadas en la misma institución, con lo cual se reforzaba el espíritu de cuerpo y el autocontrol, a la vez que se les daba mayor capacidad de gobierno a los civiles. Esto también ayudó a eliminar a los mercenarios y a los aristócratas del mando militar, tanto como a los civiles, por entusiastas que fueran o por poderosos que se creyeran para comandar a los ejércitos (Van Creveld, 1991b: 17 y ss.). Un paso clave en el control de las relaciones cívico-militares fue que los ministerios de guerra, poco a poco dejaron de ser provincias únicamente de demandas militares para convertirse en áreas de administración, responsabilidad y gobierno civil. El problema de la conformación de los mandos no quedó solucionado con la creación de mecanismos de promoción y unificación de poderes militares en manos de los mismos, como quedó demostrado con el ascenso del fascismo y del nazismo que, si bien eran ideologías militaristas, eran anti-profesionales y abocaban por la guerra en el sentido tradicional antimoderno: la violencia como fuente de poder, en contra del acuerdo político.

Un asunto que surgió de forma determinante con la profesionalización de los oficiales fue el de la ética profesional militar, haciendo que la observación de los códigos y los mecanismos de comportamiento apropiados, por parte de los oficiales, fuera estricta y estuviera sancionada por tribunales especiales, que en ocasiones tendieron a ser supervisados por tribunales civiles, como las cortes supremas de justicia y los tribunales constitucionales. La ética impuso un riguroso cumplimiento de las labores de vigilancia y alerta sobre las situaciones de seguridad, en tanto que limitaba el acceso al poder político por parte de los militares, exigiendo un claro profesionalismo por parte de los civiles para determinar y valorar las necesidades y las acciones de los militares. Tal situación hizo que la responsabilidad de ejecutar la guerra o acciones especiales estuviera cada vez más en las manos de los gobernantes civiles y menos en los comandantes militares. La forma que impone esta distribución de responsabilidades obedece a que el Estado es visto como la organización institucional básica de la sociedad, y el ejército sólo es una institución dentro de ésta.

GUERRA Y ORDEN INTERNACIONAL

Uno de los aspectos más importantes de la guerra es la posibilidad que brinda para construir modelos de orden político específico, en especial en lo referido al orden internacional. La victoria en una guerra va más allá de quedarse con las armas y "hacer lo que se quiera". La victoria en una guerra impone obligaciones políticas, como la de mantener y estabilizar el poder recién conquistado. Este poder sólo se mantiene en pie tras la construcción de una estructura institucional que sea reconocida por los gobernados y que les ofrezca garantías para hacer sus vidas; de lo contrario, la continuación de la guerra será evidente y las instituciones se convertirán en reflejos de los débiles acuerdos conseguidos sobre la victoria.

En el plano internacional la guerra es la competencia que los Estados se hacen por territorio, control poblacional, estabilidad institucional y acceso a recursos.[4] Con la práctica de la guerra los Estados se agrupan alrededor de principios y prácticas políticas más o menos específicos. Así, los grupos de Estados dan lugar a lo que se conoce como sistemas internacionales, que siempre definen unos requisitos específicos para la creación de Estados y para la estructuración de procedimientos políticos que puedan afectar la totalidad de Estados miembros de un sistema internacional en un momento determinado. Las guerras más importantes, es decir, aquellas que involucran a los principales poderes, y que se luchan sobre concepciones políticas de fondo y/o realidades institucionales y estratégicas de fondo, dan lugar a la ruptura de sistemas internacionales más o menos específicos; al final de tales guerras, sobre los convenios que se firman suelen formarse nuevos sistemas internacionales, con nuevas reglas para el ejercicio del poder y con nuevos elementos que determinan las formas válidas del cambio político y de las instituciones construidas.

---

[4] Una discusión asociada a este punto del trabajo es la consideración sobre el inicio de la coerción y las hostilidades militares por parte de un Estado. Para una visión especializada al respecto, remito al artículo "The Iniciation of Coercion: a Multi-temporal Analisys", de Myres S. McDougal y Florentino P. Feliciano (April 1958: 241-259).

De acuerdo con los principales autores que se han seguido para el desarrollo de este trabajo, podemos encontrar dos posiciones diferentes sobre el origen del sistema de Estados que existió hasta el año de 1991, cuando se disolvió la Guerra Fría: una es la de Charles Tilly, quien sostiene que

> [...] el actual sistema de Estados prevaleciente en casi la totalidad de la tierra se configuró en Europa posteriormente al 990 d.c., extendiendo después su dominio hasta lugares remotos, más allá de este continente, cinco siglos más tarde. Con el tiempo, llegaría a absorber, eclipsar o eliminar a todos sus rivales, incluidos los sistemas de Estado centrados en torno a China, India, Persia y Turquía (Tilly, 1992: 23).

La otra posición es la representada por Martin van Creveld, para quien la obtención de la llamada Paz de Westfalia representó el primer logró real del "Triunfo de la Monarquía" (Van Creveld, 1999: 118 y ss.), dado que los tratados de Münster y Osnabrück fueron la primera puesta en escena, de forma directa, de los nacientes Estados modernos. La posición de Van Creveld es reforzada por concepciones como las de Briand Bond (1998) y John Ikenberry (2001), quienes asumen que el final de las principales guerras, desde 1648, ha marcado el origen del sistema internacional occidental imperante desde entonces. Para John Ikenberry el asunto se expresa así:

> En contadas coyunturas históricas, los Estados se esfuerzan por resolver el problema fundamental de las relaciones internacionales: cómo crear y mantener el orden en un mundo de Estados soberanos. Estas coyunturas vienen en momentos dramáticos de ruptura y cambio dentro del sistema internacional, cuando el viejo orden ha sido destruido por una guerra, y nuevos Estados poderosos intentan restablecer reglas y acuerdos de organización básicos.[5]

---

[5] "At rare historical junctures, states grapple with the fundamental problem of international relations: how create and maintain order in a world of sovereign states. These junctures come at dramatic moments of upheaval and change within the international system, when the old order has been destroyed by war and newly powerful states try to reestablish basic organizing rules and arrangements" (Ikenberry, 2001: 3).

En otras palabras, las guerras son procesos de recomposición del poder en la medida en que suponen rupturas y recomposiciones de las reglas con las que éste se ejerce. Así, el propósito de la victoria, sobre todo en una guerra principal, está determinado por la posición del estadista de la siguiente manera:

> El estadista debe estar en una posición que finalice las hostilidades en un momento oportuno, persuada al enemigo derrotado a aceptar el veredicto de la batalla y a alcanzar un acuerdo que sea aceptable tanto por las partes en conflicto como por otras partes interesadas que de otra manera interferirían en contra del acuerdo, y quizás se confabularían en contra del victorioso.[6]

Visto así, y siguiendo los argumentos de Ikenberry, los principales momentos de construcción del orden internacional se han dado en las negociaciones inmediatas de posguerra, después de las principales guerras. Entre éstas se identifican las que culminaron en los siguientes años: 1648, 1713, 1815, 1871, 1919 y 1945. Aquí es de resaltar que la situación generada en 1991 con la disolución real del orden internacional, es decir, el que permitía identificar las fuerzas reales enfrentadas en un período específico, por el fracaso de la Unión de Repúblicas Socialistas Soviéticas, es excepcional, pues no ha existido la construcción de un orden de posguerra que permita definir las reglas a seguir en el sistema de Estados ni las instituciones que las representarán. Los acuerdos de las posguerras, representados por los tratados y elaborados de acuerdo a reglas jurídicas reconocidas por todos los Estados, permiten establecer procedimientos reconocidos como válidos, a la vez que permiten fijar procedimientos identificados como violatorios de tales situaciones. Los criterios surgen de las formas institucionales que conforman los Estados y de los principios políticos que permiten definirlos; así, las reglas de las relaciones dependen de la

---

[6] "The statesman must be in a position to end hostilities at an opportune moment; persuade the beaten enema to accept the verdict of battle; and reach a settlement which is not only acceptable to the warring parties, but also to other interested parties who may otherwise interfere to overthrow the settlement and perhaps even combine against the victor" (Bond, 1998: 5).

naturaleza de quienes son afectados por ellas, esto es, dependen de la naturaleza de los Estados.

Los Estados construyen su poder en la medida en que tienen poder político, militar, económico, tecnológico y diplomático para identificar y definir internacionalmente sus alcances y sus intereses, al tiempo que dan forma a sus instituciones interiores y ejecutan su política exterior, entendida como la forma en que un Estado particular asume su posición dentro del sistema internacional; de aquí que la política exterior siempre debe adaptarse constantemente a los cambios presentados en el sistema internacional. Un Estado que carece de capacidad para hacer la guerra se enfrenta a tres desafíos importantes: 1) cómo mantener su prestigio para que los otros Estados no crean que su territorio, su población, sus instituciones, sus recursos y sus conocimientos están disponibles para el que los quiera tomar o hacer con ellos lo que quiera; 2) cómo mantener su territorio unido, sin permitir que enemigos internos logren desestabilizarlo, ni que otros Estados aprovechen tal circunstancia; 3) identificar y definir cuál es la cantidad y la calidad de fuerza necesaria, sin desbordar sus ingresos fiscales, su capacidad institucional y sus proyecciones demográficas, para responder a los dos puntos anteriores.

De lo anterior, y del seguimiento a la historia de la formación del Estado moderno y de las relaciones internacionales de tales Estados en los sistemas que han existido desde que estos pueden firmar tratados, surge una conclusión importante: un Estado que no puede hacer la guerra y, por tanto, que no tiene la fuerza suficiente para mantener el poder político en sus manos, no es un Estado sino una organización cualquiera que puede ser derrocada con facilidad; de hecho los Estados débiles o titubeantes en el contexto internacional tienden a ser eliminados por la acción de los demás miembros del sistema internacional, o por la implosión interior que provoca su incapacidad, pues conduce a que los grupos internos más fuertes realicen una competencia abierta por definir quién o quiénes pueden construir una institucionalidad fuerte. La guerra no es una decisión que pueda ser vista como aleatoria; la guerra es, básicamente y ante todo, la vía por la que el Estado se mantiene en pie; cuando éste no la puede hacer, o no la quiere hacer, simplemente surgirán enemigos permanentes, tanto internos como externos, dispuestos a derrocarlo sin demora.

En los órdenes modernos creados sobre los acuerdos de posguerra se ha construido una concepción para la cual se han ideado mecanismos de demostración: en la medida que ha avanzado la construcción de un orden internacional moderno las guerras han disminuido en duración pero aumentado en intensidad. Dicho cambio se debe a que la práctica de la guerra se encuentra en una encrucijada importante: de una parte se hace más evidente que la tecnología y el potencial de destrucción en sí mismo hace que la guerra sea más rápida y que los objetivos militares sean más rápidamente realizables. Pero, de otra parte, el ejercicio de la guerra se encuentra cada vez más regulado, y con ello se pretende que exista una disuasión institucional más que propiamente armada. Ello puede ser rastreado, pero lo cierto es que los mecanismos que han permitido mantener cierto equilibrio internacional desde el siglo XIX están determinados por los procesos de modernización en la forma de hacer la guerra y en el papel disuasorio que tienen la ciencia y la tecnología, presentes en las nuevas armas. Así, la identificación de tendencias de disminución de las confrontaciones también va de la mano de la credibilidad de hacer la guerra que tengan los que soportan el sistema internacional. En tales condiciones es visible que el orden internacional surgido desde 1945, por dar un ejemplo, emergió por la credibilidad que tenían las dos potencias que lo soportaron, los Estados Unidos y la Unión de Repúblicas Socialistas Soviéticas, para hacer la guerra y hacerla en una escala tal que no quedara duda de las consecuencias en la posguerra, como sucedió con el fantasma nuclear (Cimbala, 1997: 87-95).

La decisión de iniciar o terminar una guerra es una decisión básicamente política, y en los conflictos internacionales la decisión de continuar o mantener determinados conflictos es también una decisión política.[7] Sin embargo, la duración e intensidad de los conflictos también depende de que existan formas específicas de procedimientos políticos en el sis-

---

[7] Sobre el problema de declarar una guerra, una vez se ha decidido iniciarla, véase el artículo "The Form and Function of the Declaration of War", de Clyde Eagleton (January 1938: 19-35).

tema internacional para buscar un arreglo de posguerra adecuado y garantizable por un tiempo que se considere prudencial. En las consideraciones de mantener o no un conflicto se encuentran las de origen político, institucional, territorial, mantenimiento de la unidad de la población, mantenimiento fiscal y económico y las previsibles condiciones de una posguerra.[8] D. Scott Bennett y Allan C. Stam III, en un trabajo titulado "The Duration of Interstate Wars, 1816-1985", de 1996, intentan demostrar que lejos de aumentar los niveles de duración de los conflictos interestatales, éstos han tendido a una reducción sensible en el contexto de los sistemas internacionales modernos. Para ello intentan tomar varios conjuntos de datos empíricos que les permitan concluir que la duración, en efecto, ha disminuido, y con ello dejan en entredicho que exista una real definición del sistema internacional en cuanto a su eficacia para evitar que los conflictos se propaguen. El último de sus cuadros es el que presentamos a continuación y sobre el que luego presentaremos algunas observaciones:

Duración de las guerras interestatales, entre 1816 y 1985[9]

Nombre de la guerra	Actores	Año de inicio	Año de terminación	Duración (en meses)
Franco-española	Francia vs. España	1823	1823	4
México-americana	Estados Unidos vs. México	1846	1847	22
Austro-cerdeña	Austria-Hungría vs. Cerdeña/Italia, Módena y Toscana	1848	1849	16
1ª Schleswig-Holstein	Prusia/Alemania vs. Dinamarca	1848	1848	6

[8]   Sobre las consideraciones de hacer la guerra, detenerla y establecer compromisos institucionales, es importante revisar el artículo de R. Harrington Wagner, "Bargaining and War" (July, 2000: 469-484).

[9]   Este cuadro aparece al final del trabajo elaborado por D. Scott Bennett y Allan C. Stam III, titulado "The Duration of Interstate Wars, 1816-1985", publicado en 1996 en *American Political Science Review*, página 239 a 257.

Nombre de la guerra	Actores	Año de inicio	Año de terminación	Duración (en meses)
República romana	Francia, Austria-Hungría vs. Estados Papales, Las Dos Sicilias	1849	1849	2
La Plata	Brasil vs. Argentina	1851	1852	12
Crimen	Reino Unido, Francia, Cerdeña/Italia, Rusia vs. Imperio otomano/Turquía	1854	1856	28
Anglo-persa	Reino Unido vs. Persia/Irán	1856	1857	6
Unificación italiana	Francia, Cerdeña/Italia vs. Austria-Hungría	1859	1859	5
Ítalo-romana	Italia vs. Estados Papales	1860	1860	10
Ítalo-siciliana	Italia vs. Las Dos Sicilias	1860	1860	2
Franco-mexicana	México vs. Francia	1862	1867	58
2ª Schleswig-Holstein	Prusia/Alemania, Austria-Hungría vs. Dinamarca	1864	1864	6
López	Brasil, Paraguay vs. Argentina	1864	1869	63
Hispano-chilena	Perú, Chile vs. España	1866	1866	6
De las siete semanas	Prusia/Alemania, Mecklenburgo, Italia vs. Austria-Hungría, Bavaria, Baden-Baden, Sajonia, Wurtenbur, Hesse-Electoral y Hesse-Ducal	1866	1866	1

continúa

Nombre de la guerra	Actores	Año de inicio	Año de terminación	Duración (en meses)
Franco-prusiana	Francia vs. Bavaria, Prusia/Alemania, Baden-Baden, Wurtemburg	1870	1871	10
Ruso-turca	Rusia vs. Imperio otomano/Turquía	1877	1877	9
Del pacífico	Perú, Bolivia vs. Chile	1879	1883	58
Centro-americana	Guatemala vs. El Salvador	1885	1885	4
Serbo-búlgara	Serbia vs. Bulgaria	1885	1885	3
Chino-japonesa	China vs. Japón	1894	1895	9
Greco-turca	Grecia vs. Turquía/ Imperio otomano	1897	1897	5
Hispano-americana	Estados Unidos vs. España	1898	1898	4
Rebelión de los Boxer	Estados Unidos, Reino Unido, Francia, Rusia, Japón vs. China	1900	1901	15
Ruso-japonesa	Rusia vs. Japón	1904	1905	16
Centro-americana	Guatemala vs. Honduras, El Salvador	1906	1906	3
Centro-americana	Honduras vs. El Salvador, Nicaragua	1907	1907	11
Ítalo-turca	Italia vs. Turquía/ Imperio otomano	1911	1912	12
Primera Balcánica	Serbia, Bulgaria, Grecia vs. Turquía/ Imperio otomano	1912	1913	7
Segunda Balcánica	Serbia, Grecia, Turquía/Imperio otomano, Rumania vs. Bulgaria	1913	1913	2

continúa

Nombre de la guerra	Actores	Año de inicio	Año de terminación	Duración (en meses)
Primera Guerra Mundial	Serbia, Rusia, Francia, Bélgica, Reino Unido, Japón, Italia, Portugal, Rumania, Estados Unidos, Grecia vs. Austria-Hungría, Alemania, Turquía/ Imperio otomano, Bulgaria	1914	1918	52
Ruso-polaca	Polonia vs. URSS	1920	1920	6
Hungría-aliados	Hungría vs. Checoslovaquia, Rumania	1919	1919	5
Greco-turca	Grecia vs. Turquía	1919	1922	41
Chino-soviética	URSS vs. China	1929	1929	4
Manchuria	China vs. Japón	1931	1933	19
Chaco	Bolivia vs. Paraguay	1932	1935	36
Chino-japonesa	China vs. Japón	1937	1945	96
Changkufeng	URSS vs. Japón	1938	1938	1
Alemano-checoslovaca	Alemania vs. Checoslovaquia	1938	1938	0.033
Alemano-austriaca	Alemania vs. Austria	1938	1938	0.1
Nomohan	URSS, Mongolia vs. Japón	1939	1939	4
Ruso-finlandesa	Rusia vs. Finlandia	1939	1939	4
Segunda Guerra Mundial				
Alemano-polaca	Alemania vs. Polonia	1939	1939	1
Alemano-belga	Alemania vs. Bélgica	1940	1940	0.11

continúa

Nombre de la guerra	Actores	Año de inicio	Año de terminación	Duración (en meses)
Alemano-holandesa	Alemania vs. Holanda	1940	1940	0.1
Alemano-danesa	Alemania vs. Dinamarca	1940	1940	0.033
Alemano-noruega	Alemania vs. Noruega	1940	1940	2
Alemano-francesa	Alemania vs. Francia	1940	1940	1.5
Ítalo-griega	Italia vs. Grecia	1940	1940	2
Del Pacífico	Estados Unidos vs. Japón	1941	1945	45
Occidental	Estados Unidos, Reino Unido vs. Alemania, Italia	1942	1945	60
Oriental	Alemania vs. URSS	1941	1945	46
Alemano-yugoslava	Alemania vs. Yugoslavia	1941	1941	0.33
Alemano-griega	Alemania vs. Grecia	1941	1941	0.67
Franco-tailandesa	Francia vs. Tailandia	1940	1940	3
1ª Cachemira	India vs. Pakistán	1947	1948	24
Palestina	Irak, Egipto, Siria, Líbano, Jordania vs. Israel	1948	1948	8
Coreana	Estados Unidos, Corea del Sur vs. China, Corea del Norte	1950	1953	36
Ruso-húngara	Hungría vs. URSS	1956	1956	1
Sinai	Reino Unido, Francia, Israel vs. Egipto	1956	1956	1
Chino-india	China vs. India	1962	1962	1
Vietnamita I	Estados Unidos, Vietnam del Sur vs. Vietnam del Norte	1964	1973	121
2ª Cachemira	India vs. Pakistán	1965	1965	5

continúa

Nombre de la guerra	Actores	Año de inicio	Año de terminación	Duración (en meses)
Seis días	Egipto, Siria, Jordania vs. Israel	1967	1967	0.2
Israelí-egipcia	Israel vs. Egipto	1970	1970	0.25
Fútbol	Honduras vs. El Salvador	1969	1969	0.15
Bangladesh	India vs. Pakistán	1971	1971	2
Yom Kippur	Egipto, Irak, Siria, Jordania, Libia vs. Israel	1973	1973	3
Turco-chipriota	Turquía vs. Chipre	1974	1974	1
Vietnamita II	Vietnam del Norte vs. Vietnam del Sur	1975	1975	3
Etíope-somalí	Cuba, Etiopía vs. Somalia	1977	1978	8
Uganda-tanzania	Uganda, Libia vs. Tanzania	1978	1978	6
Iraní-iraquí	Irán vs. Irak	1980	1988	96
Falklands (Malvinas)	Argentina vs. Reino Unido	1982	1982	3
Israelí-siria (Líbano)	Siria vs. Israel	1982	1982	2
Chino-vietnamita	China vs. Vietnam	1985	1990	60

Si tomamos el conjunto completo del período estudiado por Bennett y Stam III debemos observar lo siguiente: el total de años del período estudiado suma 172 años, de los cuales el 60% del tiempo estuvo colmado de conflictos, representado por 1226 meses de guerras. Esto contradice las ideas de los analistas que ponen en duda el papel de la guerra como uno de los cimientos de los procesos de estabilización en el orden internacional, y dejan una sensación de incapacidad en cuanto a las esperanzas de un orden perpetuo de paz.

En resumen, podemos decir que el papel de la guerra es imprescindible, tanto en el proceso de formación del Estado moderno como en el proceso de construcción de los sistemas internacionales que aglutinan a estos Estados. La gue-

rra ha asumido el papel de motor pero también de conjunto
de acciones que destrozan la estabilidad y la permanencia
de los sistemas internacionales y de los miembros que conforman estos sistemas. De una parte, la guerra permite el
establecimiento de estructuras políticas centralizadas e institucionalizadas, y permite el impulso de procesos económicos, industriales, tecnológicos, científicos y sociales. De otra,
la guerra permite identificar los elementos que hacen viable
un procedimiento político internacional, y es la vía por la
que se ve el dinamismo de las relaciones internacionales.

MODELOS DE ORDEN INTERNACIONAL

Como lo hemos afirmado en páginas anteriores, sólo las guerras pueden alterar de forma significativa el modelo de orden
internacional existente en un momento histórico preciso; es
decir, no existen transformaciones internacionales en abstracto, ni las competencias de poder internacional son figu-
raciones venidas de la ilusión. Las guerras conducen a que
los Estados poderosos o líderes de un momento se enfrenten
a nuevas reconfiguraciones del poder, a la introducción de
nuevos conceptos o criterios de gobierno, al dilema de asumir nuevas responsabilidades de gobierno internacional, a
integrar nuevos territorios o a abandonar una actitud de
liderazgo internacional directa. En otras palabras, las guerras conducen permanentemente a la re-creación continua
de los escenarios de poder, y éstos, a su vez, sólo pueden ser
entendidos en procesos de larga duración.

Es importante señalar que una consideración histórica
de las guerras y de las relaciones internacionales hace pensar que los problemas que se suelen tratar o resolver a través
de aquéllas están descritos con maestría en los trabajos de
los primeros historiadores, desde Tucídides, Heródoto y Tito
Livio. Lo que hemos visto después es la continua recreación
de los órdenes internacionales, que han variado en escala,
escenarios geográficos, fuentes de poder internacional, modelos económicos de integración, conceptos y prácticas políticas
para el gobierno y la continuidad del poder internacional,
junto con las tecnologías que han servido para la guerra y la
formación de la fuerza internacional. La guerra ha sido una
práctica constante y unida a la existencia de los Estados,

desde los más antiguos, datados para períodos anteriores al año 5000 antes del presente. De lo que se ha tratado entonces, con la práctica de la guerra, es del reparto o distribución del poder internacional, a la vez que de definir esquemas de seguridad y permanencia. De esta forma la excepcionalidad está en los períodos de paz y seguridad y no, como se cree en algunos ámbitos contemporáneos, en los períodos de guerra. Sobre la necesidad de prolongar tal excepcionalidad, autores pesimistas como Tucídides o Thomas Hobbes apelaron al principio de seguridad, fuerza y poder como un mecanismo ordenador, capaz de mantener bajo control los instintos y los deseos de destrucción del hombre (Ahrensdorf y Pangle, 2001: 579).

Pero la distribución de poder a la que hacemos mención se refiere a la esfera internacional y no al ámbito interno o doméstico. De esta forma, la diferencia que suele establecerse entre la política interna y la política externa es que la política interna de los Estados está basada en el principio de la jerarquía y la continuidad, en donde la prioridad está determinada por la estabilidad del sistema político, mientras que la política internacional está basada en el principio de la anarquía, toda vez que las relaciones internacionales son el espacio de competencia directa por las ventajas que unos Estados puedan tomar frente a otros; y no hacerlo es ceder terreno a las posibilidades históricas de permanencia, estabilidad y continuidad. Visto así, mientras que los sistemas políticos internos estables tienden a mantener como característica básica la predictibilidad de los acontecimientos, las decisiones políticas y, dentro de las democracias, las "reglas del juego" político, en las relaciones internacionales lo que prima es la incertidumbre, la falta de plena información y la posibilidad de una constante variación en las reglas y los liderazgos internacionales. Éstas son características de una condición especial de la competencia internacional: la anarquía (Spruyt, 1994: 527 y ss.). La anarquía tiene lugar en el proceso de creación de los Estados territoriales que se fundamentaron en la soberanía del poder político institucionalizado, y que después de la Guerra de los Treinta Años suponía que todos los Estados competían con condiciones de igualdad, mediados en sus enfrentamientos sólo por sus propias capacidades para la guerra.

Esta situación fue paralela a la ruptura con los intentos eclesiásticos de reconstruir el Imperio romano en la época medieval y a la secularización de la teología política a favor de los monarcas modernos, terminando por crear las filosofías y las ideologías políticas modernas y seculares. El principio de soberanía, en estas circunstancias, se corresponde con el de anarquía en el contexto internacional y, por tanto, permite que la competencia internacional cobre sentido en la negativa de los Estados territoriales soberanos a aceptar un Estado coordinador o gobernante único, como en los casos del Sacro Imperio Romano Germánico, el Imperio Austro-Húngaro, la Francia Napoleónica o la Alemania Nazi. Las relaciones internacionales comportan, desde este punto de vista, una característica complementaria a la anarquía, que es la incertidumbre, constante y permanente, y que pende sobre los Estados como una guillotina para actuar en el futuro y con la angustia de poder mejorar el pasado o mantener sus tiempos de fortaleza.

La incertidumbre se convirtió, entonces, y principalmente desde los acuerdos de posguerra en 1815, en motivo suficiente para intentar crear instituciones y reglas obligatorias donde los países asumieran compromisos ineludibles y estuvieran sometidos a restricciones en el uso del poder y la influencia internacional, incluida la guerra. Dicha situación se repitió con el intento de construir mecanismos institucionales duraderos en 1919 y en 1945, hasta que surgieron tendencias para dar lugar a estructuras internacionales basadas en un modelo constitucional, tal como lo afirma Ikenberry (2001: 23 y ss.). Sin embargo, los modelos internacionales pasan por distintos procesos de creación y disolución, y de acuerdo con la teoría de Ikenberry, es posible observar la preeminencia de tres modelos internacionales: el balance de poder, la hegemonía y el constitucionalismo.

De lo que nos ocuparemos a continuación es de la identificación de los modelos de orden internacional que han surgido en el contexto de la aparición, formación y estabilización de los Estados modernos dentro de la tradición occidental. Como punto de partida para esta tarea es prioritario delimitar qué se entiende por "orden internacional". Siguiendo a Ikenberry, el orden se refiere a la "gobernabilidad" convenida entre un grupo de Estados, incluyendo sus reglas básicas, principios e instituciones. De esta forma los órdenes internacionales se forman cuando los acuerdos básicos son establecidos, ya sea porque un orden anterior se fracturó a causa de la guerra, porque el Estado líder y responsable del mantenimiento del orden perdió su liderazgo y responsabilidad internacional, o porque las instituciones, reglas y principios pactados dejaron de hacer viable un modelo de gobernabilidad explícita entre los Estados incluidos en el acuerdo, sistema u orden internacional. Esta situación hace que en la definición del orden internacional las reglas, los acuerdos y las instituciones sean presentados explícitamente y reconocidos por los Estados firmantes o incluidos en el acuerdo, pues son la base del orden sobre el que se actúa y con ellos se juzgan las acciones futuras de los Estados.

Es importante aclarar que un orden internacional, definido en esta dirección, para ser un orden político estable, no necesariamente requiere un acuerdo formativo estricto entre todos sus miembros. Esto hace que el orden pueda estar basado en mecanismos de intercambio de relaciones diplomáticas, económicas, culturales, tecnológicas y sociales, en la coerción o en la operación de un balance de poder entre los Estados líderes, los Estados que aspiran a sucederlo y los Estados débiles que suelen repartir sus alianzas y sus relaciones entre estas esferas de balance. Aquí surge una diferencia con respecto a la definición que presentamos inicialmente, más institucional, y es que la creación de un orden internacional, cuando las reglas entre los Estados miembros no son explícitas, puede surgir espontáneamente o sobre suposiciones heredadas de los órdenes anteriores al disuelto, haciendo que el balance de poder sea inmediato. Empero, algunos teóricos afirman que cualquier acuerdo internacional requiere, cuando menos, de acuerdos mínimos y de algunas reglas sobre el manejo de relaciones e intercambios, y sobre alianzas militares y de seguridad. Los órdenes internacionales también podrían estar conformados simplemente por un poder hegemónico efectivo o por la capacidad de un poder imperial directo y formal de un Estado. Pero la existencia de numerosos Estados y de diferentes formas de asociaciones entre ellos tienden a limitar las capacidades de las hegemonías consolidadas o de los poderes imperiales reales.

De acuerdo con Ikenberry, los tres modelos más importantes de orden político entre los Estados están organizados alrededor del balance de poder, la hegemonía y el constitucionalismo. Cada uno de estos modelos refleja una forma teórica de interpretar la distribución de poder en las relaciones interestatales, y presenta los aspectos más destacados de las formas y las estructuras de los acuerdos internacionales de un momento determinado. Sobra decir que un modelo de orden internacional, como tantas otras cosas de la vida, nunca se encuentra en estado puro, y siempre combina elementos de diversos modelos.

El modelo de orden basado en el concepto de balance de poder está organizado sobre el principio de la anarquía, que supone la inexistencia de una estructura básica de la autoridad política (Spruyt, 1994: 540 y ss.). Como bien lo anota Ikenberry, según la famosa interpretación de Kenneth Waltz, la concepción anárquica del sistema internacional es la que mejor lo describe. En una estructura anárquica los Estados no tienen posiciones fijas y los principios jerárquicos del poder y la autoridad están en el centro de la competencia, haciendo que todos los Estados se comporten como unidades indiferenciadas, desde el punto de vista de su función. Las condiciones de anarquía están delimitadas por el papel de la soberanía de cada Estado, lo que de hecho constituye el rechazo formal a la jerarquía internacional. En un mundo anárquico el objetivo de los Estados, para la competencia internacional, se encuentra en el balance del poder. Este balance del poder es lo único que puede permitirle a cada Estado mantener su objetivo de seguridad, por lo que los Estados serán permanentemente sensibles a las variaciones en las posiciones relativas de poder.[10]

En este escenario de anarquía los Estados poderosos emergen y los Estados débiles verán en el contrabalance sus garantías de seguridad e independencia, pues la alternativa es el riesgo de dominación, que aumenta entre más débil sea el Estado. Las alianzas emergen como mecanismos temporales de balance, y se desplazan a medida que el liderazgo de los Estados fuertes también se desplace o se modifique.

---

[10] Confróntese con el artículo de R. Harrison Wagner "Peace, War and the Balance of Power" (september 1994: 593-607).

Los Estados fuertes tampoco tienen garantizada su posición, y los factores que los pueden desplazar, a favor de otros Estados fuertes o en camino al poder internacional, son múltiples.

Las alianzas, en un sistema anárquico, no son mecanismos permanentes de organización política, sino que están atravesadas por las posiciones relativas, que tienden a modificarse más allá de los principios, las reglas, los objetivos y las instituciones acordadas en cada una de ellas, pues lo que importa no es la permanencia de las instituciones sino cómo se modifican los poderes internacionales, qué Estados son fuertes y qué reglas o procedimientos políticos practican.[11] En una estructura anárquica los Estados débiles pueden terminar por decidir si hacen parte de alianzas estratégicas con los Estados fuertes, o si resisten a la dominación internacional en alianzas con algunas posibilidades de éxito. La práctica del balance de poder, desde una perspectiva histórica, por ejemplo visto desde Tucídides, es una de las incertidumbres permanentes en la dirección de los Estados, tal y como aconteció en la antigua Grecia, e incluso como aconteció en el antiguo Imperio chino.

Al contrario del modelo de balance de poder, el orden de la hegemonía, también basado en la distribución de poder internacional, actúa sobre una lógica muy diferente: las relaciones de poder y autoridad son definidas por el principio de organización jerárquica (Ikenberry, 2001: 26). La jerarquía introduce el principio de un ordenamiento vertical, donde los Estados están integrados con base en un mecanismo de superioridad y subordinación política. Empero, las jerarquías que imponen un mecanismo de diferenciación funcional en el orden internacional se pueden establecer de diferentes formas y, en consecuencia, actuar de diferentes maneras. Si las jerarquías son establecidas por mecanismos representativos, donde se siguen reglas de derecho y el establecimiento de acuerdos para procedimientos institucionales formales, esto puede ser visto como un orden jerárquico que termina estableciendo un orden constitucional. Pero cuando los órde-

---

[11] Consúltese a Peter J. Ahrensdorf en su artículo "The Fear of Death and the Longing for Inmotality: Hobbes and Thucydides on Human Nature and the Problem of Anarchy" (september 2000: 579-593).

nes jerárquicos son establecidos únicamente sobre el principio de la coerción generalizada, se tienden a establecer mecanismos de sometimiento más propios de un orden hegemónico excluyente, o hegemónico a secas, que de uno constitucional. Ello implica que un poder hegemónico puede establecer principios de gobierno internacional reales y asegurarse la obediencia directa, pues la garantía de su poder reside en las diferentes formas de coerción, convincentes y practicables, por quien las ejerce y por quien las recibe.

La forma extrema de la hegemonía en asuntos internacionales se ha tendido a identificar con el Imperio, pues las unidades débiles del sistema no son completamente soberanas y el control político está basado, en últimas, en la dominación coercitiva. Los Imperios, a pesar de ser presentados como una figura política muy precisa, según la imaginación política del siglo XX son bastante ambiguos, y la característica más común que comparten es la anexión de los territorios conquistados, considerando los territorios imperiales propios, y extendiendo sus prioridades de seguridad hasta los nuevos territorios, obligando a una seria expansión institucional, al crecimiento del gasto estatal, y a la ampliación burocrática. Adicionalmente, la existencia de los Imperios deja en segundo lugar el problema de las jerarquías, pues en un control directo ya no importa saber en qué escala está quién, sino que el problema se simplifica y las acciones políticas se limitan a una lógica simple de poder y oposición.

La estructura de la hegemonía, jerárquica como hemos dicho, se reproduce en el sentido de que, si bien los Estados más fuertes emergen y controlan la autoridad y el orden político internacional, también los Estados que ocupan un lugar secundario ordenan sus relaciones con los Estados aún más débiles, de acuerdo con los mismos principios jerárquicos. De aquí que la hegemonía se adapte a una condición de permanente competencia internacional, estableciendo las reglas y derechos por las capacidades hegemónicas del poder. La obediencia y participación de todas las unidades dentro del orden internacional está asegurada por las capacidades del poder y las disposiciones de uso de las mismas por parte de los Estados hegemónicos, entre las que cuentan las capacidades militares, tecnológicas, culturales, científicas, económicas, políticas, ideológicas y sociales.

Ikenberry destaca, comentando a Robert Gilpin, que las redes de recursos que los poderes hegemónicos utilizan son básicas para asegurar la perpetuación del orden hegemónico. Pero el asunto va más allá de esta situación y pone de relieve que el poder hegemónico se mantiene mientras el Estado líder sea capaz de mantener el predominio permanente, y cuando tal predominio tambalea o declina, el orden se abre en partes diferentes, y con ello surgen nuevos Estados hegemónicos, con lo que se asegura una dinámica política permanente sobre el establecimiento de dichas hegemonías. De ello surgen dos versiones de la hegemonía como modelo de orden internacional: una versión fuerte, basada en la dominación de los Estados débiles y secundarios, y una versión un poco más benevolente y menos coercitiva, basada en relaciones más recíprocas, consensuales e institucionalizadas. De esta manera, si una versión extrema de la hegemonía se acerca a la forma del Imperio, una versión más benigna se acerca a la idea de un constitucionalismo "débil", toda vez que los acuerdos se convierten en la pieza clave de la hegemonía. De todas formas un orden hegemónico se establece y mantiene por la concentración del poder, aunque los grados de coerción y autoridad política sobre los Estados más débiles puedan variar.

El orden constitucional, a diferencia de los dos anteriores, se basa en la posibilidad de lograr acuerdos basados en instituciones políticas y legales que operen para asignar derechos y límites en el uso del poder (Ikenberry, 2001: 29). El modelo del orden constitucional se caracteriza por la creación de procesos institucionalizados de participación y toma de decisión sobre reglas específicas, derechos y limitaciones al uso del poder por parte de todas las unidades que sean miembros del sistema. Una característica de un orden internacional constitucional, y por contraste con los constitucionalismos internos, es que no posee una "carta constitucional" o documento equivalente alguno, sino que la constitucionalidad está asegurada por la existencia de procedimientos institucionalizados de gobierno internacional, establecimientos de derechos, protecciones y compromisos para todas y cada una de las unidades, que permitan delimitar el poder en la totalidad del orden.

Los procedimientos constitucionales son más propios de las estructuras políticas democráticas, y en especial de las democracias occidentales, haciendo que las reglas políticas sean establecidas y conocidas por los miembros del Estado y acatadas como elementos fundamentales del sistema político. Estos sistemas constitucionales han garantizado que la observación de las reglas políticas sea más importante que el hecho de acudir a la violencia como argumento o mecanismo de acción política. La violencia queda reservada para casos internacionales o para momentos extremos de inseguridad institucional, de forma que lo que asegura la permanencia del Estado y la sociedad es la continuidad de los sistemas y los procedimientos institucionales. En el ámbito internacional tal premisa tiende a ser un poco más complicada, pues la institucionalización de los procedimientos y el gobierno internacional pueden quedar sujetos al mayor o menor poder de los Estados líderes, y entre estos factores el prestigio y la influencia cuentan incluso al mismo nivel que la capacidad de coerción o las capacidades de poder que juegan en la hegemonía.

Siguiendo la lógica de Ikenberry, el orden constitucional posee tres características destacadas: 1) una gran parte de los principios y los acuerdos existen sobre los principios y reglas del orden; es decir, los acuerdos y los intercambios establecidos por los miembros del orden internacional se realizan dentro del rango de los acuerdos básicos, haciendo que existan unas "reglas del juego" conocidas y seguidas por todos, contribuyendo a una operación estable y no coercitiva. Los acuerdos básicos y las instituciones adquieren el carácter de legitimidad, pues son el marco de referencia y de juicio sobre las acciones que se ejecutan en el contexto internacional. 2) Las reglas e instituciones establecidas imponen límites de autoridad al ejercicio del poder. Esto tiene sentido dentro del constitucionalismo, en la medida en que las constituciones son de hecho una forma legal de constreñir el poder, a través de una declaración manifiesta de principios que establecen derechos, reglas básicas y mecanismos de protección al uso del poder. 3) Las reglas e instituciones básicas son estructuradas para la totalidad del sistema y no únicamente para algunas partes del mismo. Esto hace que una vez definidos los principios y los procedimientos institucionales, el ejercicio del poder político y la toma de decisiones sólo se puedan realizar dentro de los parámetros definidos. Estas características, junto con las dos anteriores, traen un efecto importante en la estructuración del poder político en el contexto de las relaciones internacionales: limita los efectos de los ganadores en los conflictos internacionales o de los que asumen la primacía en una estructura de hegemonía. En esta dirección el modelo constitucional reduce los problemas referidos a la dominación o al abandono que los Estados líderes realicen de la escena internacional, y asegura un procedimiento político estable para los Estados débiles, permitiéndoles jugar un papel significativo en la gestión y la responsabilidad de dirección de las instituciones internacionales. Una de las claves de su buen funcionamiento está en que las instituciones del constitucionalismo y sus principios y reglas sean de carácter obligatorio para todos los Estados, limitando con ello el escape hacia estructuras de carácter hegemónico o de balance de poder.

Visto así, un orden internacional de carácter constitucional es aquél donde las capacidades de poder de los Estados líderes y de los Estados más relevantes están constreñidas por instituciones fuertes y por acuerdos obligatorios. El constreñimiento del poder internacional depende de la capacidad que tengan las instituciones internacionales obligatorias y los Estados débiles para evitar que las reglas de juego sean alteradas por los Estados más fuertes, o los más poderosos, o los de mayor liderazgo. Para lograrlo es importante crear estructuras institucionales que sobrevivan a las coyunturas, sin que se conviertan en estructuras obsoletas.

El siguiente cuadro sobre los modelos de orden internacional, o tipos, como los llama Ikenberry, permite apreciar gráficamente las diferencias entre los modelos descritos:

Modelos de orden internacional[12]

	Balance de poder	Hegemonía	Constitucional
Principio organizador	Anarquía	Jerarquía	Estado de Derecho
Restricciones sobre concentración de poder	Coaliciones Contra-balance	Ninguna	Instituciones obligatorias
Fuentes de estabilidad	Equilibrio de poder	Preponderancia de poder	Límites al uso del poder

Uno de los asuntos más importantes que resultan de los aspectos que hemos destacado en los modelos de orden internacional es el problema de cómo restringir el uso del poder internacional, a la vez que definir mecanismos institucionales de establecimiento de la autoridad política entre Estados que se dicen y se reconocen, por lo menos en principio, como soberanos. En esta dirección, el significado primigenio de la soberanía, constituido por los espacios y las jurisdicciones en los que legalmente podía gobernar un monarca, sin que chocara con los espacios y las jurisdicciones de otros, cobra sentido permanente, traducido a la actualidad bajo la forma de estructuras territoriales, soberanamente encabezadas por las naciones, como las formas seculares que dieron lugar a los Estados. Por lo tanto, en la perspectiva de las relaciones internacionales modernas, restringir el uso del poder y la autoridad internacional cobra plena vigencia, a la vez que demanda mayores logros institucionales. El siguiente cuadro permite observar en qué sentido estos constreñimientos, limitaciones o restricciones, pueden reproducir esferas específicas:

---

[12] Tomado de Ikenberry, 2001: 24.

Estrategias de restricción del poder internacional[13]

Técnica	Lógica
Reforzar autonomía	Limitación de agrupaciones religiosas e imperiales a través de la fragmentación de unidades políticas.
Distribución estatal	Dispersar las capacidades del poder en múltiples unidades.
Territorio-poder	Restringir el aumento de poder.
Alianzas de contrabalance	Impedir el aumento de poder, a través de bloques de coaliciones estatales.
Control institucional	Unir a los Estados potencialmente amenazantes en alianzas e instituciones mutuamente restrictivas.
Integración supranacional	Compartir la soberanía con instituciones-autoridades políticas supranacionales.

---

[13] Tomado de Ikenberry, 2001: 38.

Capítulo 3
INSTITUCIONALIZACIÓN E INSTRUMENTALIZACIÓN DEL ESTADO MODERNO

La institucionalización del Estado es un proceso que cobra forma durante el siglo XVII, en especial en su segunda mitad, cuando se presenta una profunda separación entre el gobernante, que era el monarca, la institución que gobierna y los gobernados. Esto hace que comience a darse una profunda separación entre los dineros del tesoro público y la fortuna del rey, entre los funcionarios del Estado y los servidores del rey, entre los individuos como sujetos sometidos a la ley y los sujetos que carecen de derechos de ciudadanía, entre la obligación del Estado de brindar seguridad a sus ciudadanos, quienes además construyen sus vínculos políticos con base en el pago de impuestos, y las caprichosas acciones del Estado como un ente de propiedad personal del rey.

Estos desprendimientos tenían como efecto crear el orden de lo público, diferenciándolo de las dimensiones de lo privado y anteponiendo las obligaciones del Estado como obligaciones que cubren el conjunto de la sociedad y las instituciones por las que ésta se gobierna. Siguiendo a Martin van Creveld (1999), este proceso se puede explicar en cuatro aspectos, a saber: la construcción de la burocracia, la creación de la infraestructura, la monopolización de la violencia y la aparición de la teoría política sobre el Estado moderno.

LA CONSTRUCCIÓN DE LA BUROCRACIA

El surgimiento de la monarquía trajo consigo tareas que inicialmente parecían confusas, pues los sirvientes de los antiguos señores con títulos nobiliarios que comenzaron a centralizar el poder en sus manos actuaban como los encargados de los asuntos familiares del Señor. En la medida en que los señores adquirían formas y estructuras reales, sus sirvientes se convertían en sirvientes del rey y desempeñaban tareas nuevas y diferenciadas de las que se ejecutaban en el contexto de la Edad Media. Así, fueron necesarios los sirvientes que estaban encargados de administrar el vestuario del rey, cuyas tareas en principio estaban relacionadas con las de los gastos del palacio, los comisarios encargados de dirigir la guardia real y de resolver los problemas de seguridad dentro del castillo y los encargados de la cocina, la alimentación y el mantenimiento de las provisiones y el agua.

En la medida en que los reyes consolidaron sus posesiones y ganaron la lucha contra la Iglesia, el Imperio, los nobles y las ciudades, las tareas se ampliaron y las dificultades de administración hicieron su aparición. Fue preciso que el monarca consolidara administradores especializados para cada área que requería su atención, unos para adentro del palacio y otros para afuera, unos para los asuntos inmediatos y que requerían la firma y el sello del monarca, como el canciller, y otros para atender los asuntos lejanos. El hecho de que los monarcas se volvieran más sedentarios y fijaran ciudades capitales permanentes para el ejercicio de su reinado, también trajo la necesidad de crear cuerpos de administradores cuya lealtad se debiera al rey y al Estado, para evitar que sus acciones fueran en contravía del rey y del Estado.

Francia, con Felipe Augusto, hacia finales del siglo XI y comienzos del XII, intentó crear un cuerpo de funcionarios asalariados que se diferenciaran de los sirvientes del rey, pero los bajos e irregulares ingresos no permitieron, sino hasta el siglo XV, que esto fuera una opción en la dirección y administración de los asuntos del rey. El Estado que más rápidamente pudo crear un cuerpo de funcionarios y administradores públicos fue Inglaterra. Después de la Guerra de las Rosas el palacio y sus actividades crecieron continuamente, como también lo hicieron las posesiones y territorios cubiertos por el poder del rey. Estos cambios, y lo que se denominó como una revolución en el gobierno de Inglaterra, fueron protagonizados por Thomas Cromwell, representado por la vigencia que adquirieron desde ese momento los sellos oficiales, en detrimento de los sellos personales de los reyes y de los grandes señores. El ejemplo inglés fue seguido rápidamente por España bajo Felipe II (Parker, 2000: 81-89), desde 1566 en adelante, y por Francia bajo el mando del cardenal Richelieu, a partir de las primeras décadas del siglo XVII (Van Creveld, 1999: 130-145). Este cambio de roles de los sirvientes a los funcionarios marcó la ruta del establecimiento de la burocracia moderna y, con ello, como afirma Van Creveld, el surgimiento de un Estado moderno impersonal.

El surgimiento de Estados impersonales se dio desde la separación del rey, sus propiedades y los atributos de su cargo como jefe de Estado, lo que trajo adicionalmente la consecuencia de diferenciar entre sus sirvientes, instruidos por la tradición y la permanencia en los hábitos de la familia real, y la instrucción, tanto de los sucesores reales, como lo interpretó Enrique III de Inglaterra en 1588, como de los funcionarios, para quienes a partir de 1631 proliferaron los manuales en donde se les indicaban sus obligaciones y formas de procedimiento. Esto produjo como resultado que los funcionarios no dependieran de las instrucciones directas del gobierno, es decir, no dependieran de lo que decidía el rey, sino que sus actividades estuvieran pensadas y definidas por un código que institucionalizaba su trabajo. Tal era el sentido del manual escrito por Jean de Silhon en 1631. Rápidamente, diversos países —empezando por Francia desde el año 1600— reemplazaron a sus sirvientes por empleados públicos con tareas asignadas por manuales y con tareas vigiladas y controladas como funcionarios. Este ejemplo fue seguido por Inglaterra, Suecia y Prusia. La existencia de funcionarios, como era el caso de los cancilleres, hizo que las estructuras de gobierno se institucionalizaran, en especial cuando se presentaba de alguna manera una ausencia del monarca. Esto permitió que figuras como el Protectorado y la Regencia adquirieran fuerza jurídica vinculante hacia las instituciones y los funcionarios del Estado como miembros y partes de un todo.

Se debe señalar que el personal que sirvió al Estado en calidad de funcionarios se diferenció muy pronto de los sacerdotes, los esclavos y los aristócratas. En el Imperio español, y en Inglaterra, se dio uno de los primeros ejemplos de esta diferenciación y sus funcionarios construyeron el primer sistema estatal que funcionó completamente como un Estado moderno, toda vez que primaban las órdenes por escrito, el archivo como antecedente de las acciones de los funcionarios y el pago en efectivo a los mismos. Para cada cargo existía una definición administrativa, un manual y un código de actividades y decisiones (Parker, 2000: 45-48). Esto trajo consigo la invención de los códigos de justicia aplicados a los delitos cometidos por los funcionarios públicos, al parecer desde comienzos del siglo XVII. Una de las características más importantes de estos funcionarios era que su retribución debía hacerse en dinero, a diferencia de las épocas feudales, donde el pago se realizaba en tierras, posesiones en fiducia o algún otro mecanismo de pago en especie. Esta situación incrementaba el papel de la recaudación tributaria, pues los impuestos no sólo fueron soportando el gasto fiscal dirigido a las necesidades militares y bélicas, sino que estuvieron cada vez más dirigidos a las necesidades de mantenimiento de la burocracia estatal (Ferguson, 2001: 113-125).

Las necesidades de instrucción de los funcionarios fueron evidentes en la medida en que crecían las complejidades de administración de lo público, y así se llegó a que algunos Estados, desde mediados del siglo XVIII, exigieran que sus funcionarios tuvieran alguna instrucción universitaria. El caso más importante para este momento fue la exigencia que Federico el Grande hizo de que los burócratas pasaran por la Universidad, dando adicionalmente un criterio de formalización y orientación a la educación superior prusa. Con esto se introdujeron, además, criterios meritocráticos de remuneración según la calificación y el desempeño (Van Creveld, 1999: 133).

Uno de los casos más importantes de constitución de un cuerpo de funcionarios es el de la representación diplomática, originada en Italia hacia 1450, cuando los príncipes enviaron a representantes personales a que condujeran sus negocios y asuntos políticos en las cortes de otros príncipes. Esta práctica se interrumpió con los conflictos de la Reforma y la Contrarreforma. Luego, después del año 1600, los principales monarcas escogieron representantes suyos en misiones diplomáticas permanentes, llevados a sus destinos con salarios y con obligaciones políticas específicas. Los primeros en hacerlo fueron Francia, Inglaterra y Prusia, que pronto crearon secretarías de relaciones exteriores con el fin de mantener información suficiente sobre las acciones y los acuerdos alcanzados con los diversos Estados. Estos representantes asumieron acciones que se denominaron diplomáticas, y se les llamó, genéricamente, embajadores; aunque en algunos países, como en los de América Latina, hasta finales del siglo XIX aún se les denominaba ministros plenipotenciarios. Las secretarías de relaciones exteriores surgieron con el propósito de ser un mecanismo de Estado para dirigir la política en sus asuntos internacionales, proveer mecanismos alternativos a los conflictos directos y propiciar negocios e intercambios permanentes; así, en países como España, Francia, Suecia y Austria estas secretarías dependían del canciller como ministro, y sus líneas de acción eran fijadas por el gobernante en concordancia con los intereses exteriores de cada Estado. En Inglaterra no hubo una secretaría sino dos, una del norte, orientada a atender las relaciones con los países protestantes, y otra del sur, con el fin de atender las relaciones con los países católicos (Van Creveld, 1999: 134).

Entre los cambios más importantes que surgieron con los Estados modernos cabe mencionar el papel que jugó la información escrita como memoria y antecedente de las acciones políticas, a la vez que se convirtió en la manera más eficiente de entregar instrucciones, mandos y recopilar la información que iba siendo necesaria para gobernar. Hacia el siglo XVI, la invención de la imprenta permitió una espectacular explosión de información, lo que creó la necesidad de que los funcionarios de los reinos, comenzando por los reyes, sus ministros, sus oficiales del ejército y sus jueces, fueran letrados. Surgieron los archivos y las diferentes técnicas de acumulación, ordenamiento e inspección de los datos contenidos en las series documentales de los archivos. El gobierno, en su proceso de especialización dentro del Estado moderno, dependía crecientemente de la información recolectada, clasificada y procesada. Los secretarios de despacho requerían conocer con antelación las relaciones y las acciones que se habían tomado con respecto a una decisión, en cuanto a sus antecedentes, a la vez que debían estipular las reacciones posibles frente a la misma, como por ejemplo en los casos de aplicación de impuestos específicos.

Dado que una de las características más importantes de los Estados modernos es su territorialización, esto puso de manifiesto la necesidad de aumentar la información disponible con respecto a las poblaciones que se gobernaban; por ejemplo saber cuántas personas vivían en cada territorio, sus principales ocupaciones, grados de educación y habilidades que pudieran ser usadas para el ejercicio del gobierno, niveles de ingresos, pago de impuestos, composición de las familias, formas de propiedad sobre la tierra, actividades comerciales, etc. También aumentó la necesidad de conocer el territorio en sus diferentes fronteras, y su situación de acuerdo con los recursos que iban siendo demandados, tanto en la producción como en la defensa del territorio, que comenzaba a asumir características de territorio nacional. Esto hizo que la información geográfica y económica fuera vital para el mantenimiento del gobierno, como fue el caso del reino francés, uno de los que tendieron a acumular más información. Con la aparición de la recolección de información, el consumo de papel, la práctica del archivo, en especial con el establecimiento de los archivos centrales y los procedimientos para el desempeño de los funcionarios del Estado, hizo su verdadera aparición la burocracia.

El papel de la información en el funcionamiento del Estado por medio de la burocracia hizo que fuera necesario realizar exámenes de ingreso al servicio público, con el fin de garantizar uniformidad, regularidad y medidas estándares de competencia. Federico II de Prusia fue el primero en instituir un sistema de evaluaciones para ingresar al servicio público, y Prusia fue seguida rápidamente por Bavaria, el primer país en crear una red nacional para desarrollar un censo completo, aunque tardó más de diez años para terminarlo. La celebración de los exámenes de ingreso al servicio burocrático condujo a la idea del "espíritu de cuerpo" de los funcionarios del Estado y puso a los reyes en la posición de no poder tomar decisiones libres, al pretender vincularlos en o desvincularlos de los cargos públicos. Esto hizo que la burocracia adquiriera vida propia y demandara derechos específicos como el de tener garantías de permanencia en el cargo en contra de despidos arbitrarios, un pago aceptable, una promoción regular dentro de las líneas de mando y, para los más viejos, el pago de una pensión, al tiempo que se pidió el reconocimiento de una cierta "dignidad" de la que participaban junto con el rey (Van Creveld, 1999: 137-145).

Según Martin van Creveld, el término burocracia fue acuñado en 1765 por Vincent de Gourmay, un filósofo francés que se especializó en asuntos de economía y administración. El uso inicial del concepto fue de carácter peyorativo y tendía a describir cómo el Estado se había convertido en el gobierno de la burocracia, añadiendo una forma de gobierno completamente nueva a las indicadas por Aristóteles, con la monarquía, la aristocracia y la democracia (Van Creveld, 1999:137). El surgimiento de la burocracia y sus demandas como una entidad organizada condujeron a que los oficiales del ejército y los funcionarios no se sintieran como hombres del servicio del rey, sino como miembros del cuerpo invisible de un Estado impersonal.

Dentro de la constitución de la burocracia comenzaron a surgir trabajos especializados, cuya definición se hacía con base en las actividades de cada uno de los funcionarios. La creación de los ministerios, en principio definidos como secretarías permanentes en determinados temas, para los siglos XV y XVI condujo a una continua institucionalización de los servicios del Estado, a la vez que lo burocratizó. En el siglo XVIII, Luis XV creó cuatro secretarías permanentes para el ejercicio del gobierno: secretaría de guerra, secretaría de asuntos exteriores, secretaría de marina y secretaría de asuntos de control general. Cada secretaría dio origen a requisitos específicos para la formación de un cuerpo de funcionarios especializados en los temas y las acciones de cada una. Esta situación hizo aflorar un dilema de gobierno vivido por Federico II de Prusia: para el funcionamiento del Estado se requería de un "sistema" que permitiera el aprovechamiento máximo de los recursos limitados y la creciente actividad que demandaba un país en crecimiento e integración dentro de instituciones seculares que exigían mayor presencia del Estado. Pero esta demanda hacía que los funcionarios y el cumplimiento de los códigos y los manuales se tardaran en la ejecución de las tareas primordiales, ya que primaban el procedimiento y los plazos máximos para la ejecución de las mismas; estos retrasos se convirtieron en tropiezos para el ejercicio del gobierno, y comenzaron a caracterizar al Estado moderno por ser un Estado básicamente burocrático. Tal burocratización condujo a que Estados, como el francés, dividieran a los ciudadanos en dos categorías: ciudadanos y funcionarios del Estado o gubernamentales (Van Creveld, 1999: 139)

Una de las consecuencias más importantes que trajo consigo la creación de la burocracia fue la eliminación del servicio de cobro de impuestos de modo directo, dado que impedía que el Estado tuviera control sobre los ingresos y hacía que quedara sometido a mecanismos de corrupción propiciados por los recaudadores privados, quienes obtenían su remuneración en un porcentaje de lo recaudado. En Inglaterra, en el año de 1773, el Parlamento aprobó en sus dos cámaras la *Regulating Act*, que prohibía que los particulares cobraran los impuestos y obligaba a que esta actividad fuera asumida por la administración de justicia, designando para ello a oficiales asalariados específicos (Van Creveld, 1999: 141). Estas medidas y otras similares se reforzaron a medida que la industrialización trajo consigo la aparición de clases medias fuertes que demandaban más servicios del Estado y la desaparición de los poderes y la administración aristocrática. Entre las nuevas demandas estaban las de justicia, educación y salud, las cuales tomaban como modelo la acción de los ejércitos, diseñados para atender, instruir y sanar a cientos de miles de hombres en poco tiempo y bajo medidas de eficiencia y responsabilidad pública.

En resumen, una de las consecuencias más importantes y a la vez más paradójicas en la creación de los Estados modernos fue la aparición de las burocracias. Ellas permitieron racionalizar la administración de los recursos y la acumulación de la información necesaria para la extensión y formalización de los Estados modernos, en la medida en que extendían sus territorios, unificaban poblaciones y centralizaban instituciones como las referidas a la justicia, la guerra, la defensa, la recaudación de impuestos, el gasto fiscal, la educación, la salud, etc. Pero la burocracia se convirtió en razón política y de Estado en sí misma, haciendo que pudiera pervivir por fuera de las necesidades reales de gobierno y justificándose a sí misma para ser mantenida intacta como la razón de la eficiencia del Estado, justificación que desde el siglo XVII, y hasta nuestros días, ya se ponía en duda.

El surgimiento de la burocracia tiene su antecedente más inmediato en la despersonalización del Estado, pues los sirvientes del rey rápidamente se convierten en funcionarios asalariados con funciones específicas definidas por códigos y procedimientos establecidos. La institucionalización y la instrumentalización de las actividades y de los compromisos políticos del Estado trajeron como respuesta la necesidad de tener funcionarios permanentes, que poco a poco se convirtieron en un poder en sí mismo y que han desafiado desde entonces el poder del jefe de Estado, ya fuera éste un rey, un príncipe, un presidente o un jefe de gobierno, para el caso del siglo XX. La despersonalización del Estado trajo como consecuencia la finalización del patrimonialismo, dejando el poder a la burocracia, que entendida como administración puede ser valorada de forma precisa con la siguiente expresión de Max Weber:

> La administración burocrática significa: dominación gracias al saber; éste representa su carácter racional fundamental y específico. Más allá de la situación de poder condicionada por el saber de la especialidad la burocracia (o el soberano que de ella se sirve) tiene la tendencia a acrecentar aún más su poder por medio del saber de servicio: conocimiento de hechos adquirido por las relaciones del servicio o "depositado en el expediente" (Weber, 1997: 179).

CREANDO LA INFRAESTRUCTURA

La aparición de los Estados modernos, como ya se ha dicho, transformó la mayoría de las prácticas que los Estados tradicionales realizaban. Uno de los motores de dicha transformación estuvo en solucionar los asuntos relacionados con la seguridad en los territorios de los Estados, en especial en las ciudades y en las zonas consideradas estratégicas, ya fuera por sus recursos o por sus características geográficas, que hacían que un lugar tuviera importancia para defender un territorio específico o para tener rutas de ataque disponibles. En los asuntos militares ya hemos mencionado el papel que jugó el criterio político que prefirió a los ejércitos pertenecientes a los Estados en lugar de los mercenarios, propios de la Edad Media. Pero la revolución militar también se profundizó en la medida en que aparecieron nuevas armas que cambiaron completamente la forma de hacer la guerra y de concebir la disposición de las fuerzas para el ataque y para la defensa; igualmente aparecieron nuevos conceptos en la construcción de defensas para las ciudades, como murallas fortificadas, con trampas y fosos para evitar los asaltos de la infantería. También se crearon dispositivos de defensa en campos abiertos para frenar los avances de los ejércitos enemigos, con el levantamiento de murallas en el campo, al estilo del antiguo Imperio chino; igualmente se cavaron trincheras para la defensa y el establecimiento de líneas defensivas, y a veces ofensivas, en los avances de las infanterías y caballerías (algunas de estas trincheras se siguieron construyendo hasta el comienzo de la Segunda Guerra Mundial, por parte de los franceses, quienes conservaban una concepción tradicional de la forma de hacer la guerra, a pesar del cambio tecnológico acelerado en las armas y equipos de transporte y artillería).

William McNeill demuestra cómo el uso de armas de artillería que utilizaban pólvora para estallar era más dañino que las que simplemente arrojaban piedras o proyectiles macizos, como las lanzaderas de la Baja Edad Media o los cañones usados en la toma de Constantinopla. Esta nueva artillería fue construida dentro del amplio espectro de las armas de fuego, y para la cual se había desarrollado un gran sistema industrial entre las ciudades-Estado italianas del norte y en las fábricas de artillería pesada al norte de los Alpes. Las nuevas artillerías derribaban con relativa facilidad las murallas y las defensas construidas en la Edad Media, y aquellas que se mantenían en pie desde las defensas romanas. Tal situación hizo que apareciera rápidamente una suerte de ingeniería militar para el asalto y una ingeniería de construcciones para la defensa y fortificación. Con ello, el mercado de armas y el mercado de planos de fortificación creció rápidamente, y puso a funcionar la economía dentro de las necesidades de una economía de guerra que, si bien tenía que proveer a los ejércitos del Estado, también tenía que proveer el dinero y los recursos necesarios para crear defensas suficientemente aceptables, resistentes y duraderas (McNeill, 1984: 79-86).

Las ciudades dejaron de ser espacios construidos sobre una idea impresionista para pasar a ser planificadas, al igual que las carreteras, los puentes y los puertos, jerarquizados de acuerdo con criterios estratégicos y de seguridad. Entre los criterios de esta jerarquización se tenían en cuenta su cercanía a los principales lugares de mando político, la disponibilidad de armas nuevas junto con su cantidad y calidad, la posibilidad de movilizar rápidamente grandes ejércitos —que crecían en la medida en que iban apareciendo nuevas armas— y la posibilidad de utilizar mecanismos de transporte como los barcos especializados y su cercanía a los astilleros, etc. (McNeill, 1984: 94-96). Para Geoffrey Parker las nuevas armas, en especial la artillería pesada, trajeron como consecuencia que "el siglo XV acabó por transformar el trazado de las fortificaciones" (Parker, 2002: 52).

En el caso de los Estados que crearon grandes imperios, sobre todo ultramarinos, las necesidades de inversión y creación de infraestructura aumentaron fantásticamente, pues debían dotar grandes armadas que dieran movilidad a sus ejércitos a la vez que ellas mismas se constituyeran en fuentes de poder dentro del mar. Los casos más importantes entre los siglos XV y XVIII fueron los de España, Portugal y Gran Bretaña, que se lanzaron a la conquista de América, la penetración paulatina en el territorio de África y la colonización de la India. Estos países se trenzaron, además, en grandes guerras marítimas que obligaban a continuos gastos en innovación de armas y sistemas de transporte, a la vez que implicaban continuos procesos de mejoramiento de los conceptos estratégicos para hacer la guerra. Algunas de las guerras marítimas más importantes de este período fueron las que enfrentaron a España y Gran Bretaña, entre las que se destaca el hundimiento de la "Armada Invencible" de Felipe II de España, y el golpe sorpresivo de la invasión holandesa a Londres en 1688.

Pero la inversión en armamentos y modelos de defensa llegó tan lejos como llegaron los ejércitos europeos. Este es el caso de las inversiones en defensas y amurallamientos en diferentes lugares de la América hispánica, en donde sobresale el caso de Cartagena de Indias, cuyo trazado y estructura defensiva requirió una alta inversión y una concepción destacada de la artillería de defensa (Parker, 2002: 45-50).

En la medida en que la guerra dio lugar a la centralización de territorios y las guerras modernas transformaron las nociones de uso, disposición y despliegue de la fuerza militar, vinieron otros problemas asociados a la forma como los Estados imaginaron sus territorios, los conocieron y definieron sus áreas de influencia. Esto condujo a la necesidad de los mapas y, con ellos, a la definición de los territorios. Identificar los propios territorios permitía también ver los que pertenecían a Estados vecinos, hostiles o aliados, y establecer qué territorios ajenos eran importantes para expansiones futuras. Un ejemplo de esto son los mapas de la totalidad del reino de Francia, dibujados desde 1472 en adelante, que permitieron establecer e identificar los movimientos de Burgundy, mientras se le veía como un territorio que en algún momento debía ser unificado dentro de Francia.

La cartografía era limitada y sólo podía hacer descripciones generales, y a veces incompletas, de las zonas en disputas internacionales. Dar lugar a la cartografía resultó ser un elemento esencial en la construcción de los Estados modernos, pues era el punto de partida para delimitar las fronteras territoriales, de una parte, y de otra para delimitar las fronteras humanas, de recursos naturales y de recursos agropecuarios e hídricos. Esto condujo a que desde el comienzo los gobiernos de España, Gran Bretaña, Francia y Austria emplearan a topógrafos que identificaran y señalaran, por medio de mapas, los terrenos que pertenecían al Estado. De alguna forma se seguía el ejemplo dado por Suecia y Brandenburgo al delimitar sus fronteras, durante el período de la Guerra de los Treinta Años, aunque quizá el ejemplo más importante en la sistematización de la información cartográfica provino de Felipe II de España (Parker, 2001: 100-125). Este rey mesiánico convirtió su poder en una representación activa de sus dominios a través del levantamiento constante de mapas, uno de sus mayores instrumentos de gobierno. Los mapas le permitieron movilizar sus recursos y proyectar su poder, tanto dentro de su territorio como por fuera del mismo. El primer mapa realizado por encargo de Felipe II se publicó en Londres en 1555, elaborado por Thomas Geminus y denominado *Nova descriptio*. El segundo gran mapa de notable importancia fue el elaborado por Abraham Ortelius y denominado *Theatrum Orbis Terrarum*, publicado en Amberes en 1570. Igualmente, Felipe II encargó una serie de trabajos geográficos y topográficos cuyo fin era poner de manifiesto las características físicas y sociales de los territorios bajo su gobierno; uno de estos proyectos fue una serie de planos topográficos denominados la serie *Wyngaerde*; otro era un conjunto de cuestionarios para responder por las diferentes poblaciones, conocido como *Relaciones topográficas*. El tercero era un proyecto cartográfico completo de la península ibérica, comenzado por Pedro de Esquivel, de la Universidad de Alcalá de Henares. Al decir de Geoffrey Parker, España fue, bajo Felipe II, el país de mayor conocimiento y con mayor proyección geográfica de su poder, como lo testimonia el Atlas de El Escorial, que "contiene, con mucha diferencia, los mapas más grandes de Europa de la época sobre la base de una detallada inspección en el terreno" (Parker, 2001: 107-115).

Identificar y definir territorios era vital ya que ello traía consecuencias directas en el censo, las proyecciones demográficas, la consolidación económica, el establecimiento de las necesidades de inversión y la identificación de las necesidades de defensa y preparación militar. En palabras de Parker, el asunto se expresa así:

> La falta de mapas adecuados para preparar las campañas de las que dependía la sobrevivencia de la monarquía no era reflejo de la decadencia, sino desencadenante de ésta. Un gobierno que carecía de las herramientas cartográficas necesarias para organizar sus recursos o para proyectar su poder, y que recurría en cambio a atlas generales anticuados para el planeamiento estratégico, ya no era una potencia imperial convincente (Parker, 2001: 122-130).

Esta situación hizo que muchos reyes pidieran, como en el caso del Rey Sol de Francia, constantes informes sobre las poblaciones y sobre el conjunto de actividades que caracterizaban a las diferentes poblaciones. El uso de la información y su valor se vio en los criterios de cobro de impuestos, inversión estatal y ubicación de fuerzas en las zonas de mayor amenaza o de mayor interés. Islandia, en 1703, y Suecia, en 1739, fueron los primeros Estados modernos que realizaron un completo censo de población, motivados principalmente por el miedo al despoblamiento. Los franceses ordenaron a los párrocos llevar registros minuciosos de los nacimientos, matrimonios y muertes, lo que se hacía en duplicado, de forma que pudieran enviar una copia al archivo central de la provincia o, en su defecto, al archivo central del Estado en París, y otra la mantuvieran en su propio registro. Todo esto condujo el establecimiento de oficinas de estadísticas que permitían seguir los cambios en la población y sus actividades desde series numéricas. De nuevo fueron los suecos, hacia 1748, seguidos por los franceses, en 1791, y los ingleses y los islandeses, desde 1795, los primeros en establecer oficinas centrales de estadísticas y datos de población (Van Creveld, 1999: 146-156), aunque ya desde Felipe II España había establecido una oficina de matemáticas encargada de definir los diferentes cálculos necesarios para la toma de decisiones (Parker, 2001: 110-122). Estas oficinas también se ocuparon de llevar registros de inversión, datos referidos a los asuntos militares y a los movimientos migratorios y las inversiones económicas.

Territorios conquistados, centralizados e identificados, inversiones y gasto fiscal, información sobre las condiciones de la población y seguimiento estadístico de sus actividades condujeron a la práctica de unificar los impuestos bajo el rubro de "impuestos nacionales", dirigidos al mantenimiento del Estado, sus funcionarios, sus fuerzas militares y sus inversiones públicas en infraestructura. Los impuestos que surgen como tales son los que Eduardo I de Inglaterra logró que aprobara el Parlamento sobre la exportación de madera que se hacía desde los territorios ingleses hacia Escocia, Irlanda y Francia, en 1275 (Van Creveld, 1999: 148-151). El cobro de impuestos se convirtió en una medida seguida por otros gobernantes occidentales, y pronto se convirtió en una de las características más importantes de los Estados modernos y contemporáneos, hasta el punto de que un Estado que carecía de impuestos, esto es, de un ingreso constante que proviniera de las actividades privadas de sus ciudadanos, era un Estado sin porvenir. Los impuestos fueron, y son, el sistema circulatorio de los Estados, pues permiten que el Estado pueda hacer inversiones y modificar determinadas tendencias económicas a través de su intervención. Un Estado sin cobro de impuestos es, desde la baja Edad Media, una ilusión más propia de la teología que de la política (Ferguson, 2001: 75-83).

Entre los siglos XIV y XVI varios Estados adoptaron como política básica el cobro de impuestos, entre los que se cuentan Castilla, Provenza, Francia, Florencia, Génova y los territorios papales. El cobro de impuestos trajo como consecuencia la diferenciación entre la renta, un cobro que la jerarquía feudal hacía dentro de sus propiedades y que obedecía a un criterio amplio de ingresos, y los impuestos, que eran un cobro realizado únicamente por los monarcas iba dirigido al mantenimiento del Estado; además otorgaba al que los pagaba derechos políticos, que lentamente se definieron como derechos de ciudadanía, quizá derivados del concepto de ciudadano propio de las ciudades–Estado de la antigüedad y la Edad Media.

Los impuestos representaron y representan las opciones que un Estado tiene para mantenerse en pie, más allá del uso de las fuerzas militares e institucionales, y casi la única posibilidad que tiene para realizar acciones de inversión y control. Esto ha permitido a lo largo de los últimos siglos, desde el siglo XIV, que los Estados busquen definir los impuestos dentro de las posibilidades de realizar de manera efectiva el pago real del impuesto y evitar su evasión. De allí que los impuestos se puedan dividir en "indirectos" y "directos". Los primeros son aquellos que se cobran sobre las actividades que los individuos realizan diariamente y que sólo pueden ser seguidos desde el intercambio de mercancías o en un conjunto de transacciones. Así, uno de los impuestos indirectos más importantes, desde la antigüedad hasta las décadas de 1970 y 1980, fue el impuesto de aduanas, establecido sobre la importación y exportación de mercancías, y generalmente cobrado en puertos y puestos de control en las entradas y salidas de países y ciudades (Ferguson, 2001: 60-84).

La necesidad de poseer ingresos constantes, que experimentaron los Estados a través del mantenimiento de gastos de guerra en permanente crecimiento, condujo a la creación de una estructura de cobros de impuestos que se denominaron "directos" y que eran cobrados directamente al individuo particular y no al grupo de transacciones que se podían realizar en el conjunto de la economía. Entre los impuestos directos más importantes se encuentran cuatro, que son: el de capitación, el que se paga sobre el territorio, el que se paga sobre la renta personal y el que se paga sobre la renta empresarial.

El primero, el de capitación, también conocido como el "poll tax", ha tenido diferentes momentos de aplicación, desde el siglo XIV hasta el año de 1990, cuando Margaret Thatcher intentó resucitarlo y le costó la permanencia en el cargo de Primera Ministra Británica. La capitación consiste en que cada adulto paga un monto en un período específico por vivir y permanecer bajo la protección de un Estado. Este impuesto fue cobrado en países como Inglaterra y Francia durante el siglo XVIII, en Rusia, bajo el nombre de "impuesto sobre las almas" y en Austria, principalmente. Este impuesto, como explica Ferguson, tiene un fuerte carácter regresivo, puesto que supone una mayor salida de ingresos para los pobres que para los ricos, lo que ha provocado diferentes levantamientos y abruptos cambios políticos.

El segundo impuesto directo importante es el que se cobra sobre la tenencia de la tierra, también considerado un impuesto sobre la propiedad. Este impuesto tiene la característica de afectar directamente a las personas que tienen propiedades y dinero con qué sostenerlas. Ello excluye de forma directa a los pobres que carecen de propiedades, y hace que los Estados en distintos momentos acudan a la amenaza de expropiación para propiciar el pago directo de los impuestos. Para los fisiócratas franceses el pago de un impuesto proveniente de la renta neta de la tierra era el impuesto básico necesario para un Estado. Sin embargo, el pago de un impuesto de este tipo plantea dos problemas principales para su cobro efectivo: en primer lugar, perjudica a los titulares de propiedades agropecuarias directamente, y casi independientemente del tamaño del terreno, y no necesariamente vincula a quienes tienen cantidades considerables de dinero o activos financieros asociados a la tenencia de la tierra. De otro lado, se requiere tener un conocimiento preciso y continuamente actualizado de la estructura de la tenencia de la tierra, pues el cambio de manos sobre las propiedades es continuo y casi nunca existe una forma de tenencia a perpetuidad. Además, la producción de la tierra cambia continuamente y se ve afectada por diferentes aspectos que van desde la comercialización internacional, pasando por los factores climáticos, hasta llegar al problema de la comercialización efectiva de las producciones (Ferguson, 2001: 97-101).

Otro de los impuestos directos importantes es el de la renta personal, cobrado sobre los ingresos que una persona registra, y que pueden ser rastreados por los tasadores y los recaudadores de impuestos. Según Ferguson, Adam Smith justificó el cobro de impuestos directos en la necesidad de que el ciudadano participe en el sostenimiento del gobierno, esto es, del Estado que lo protege, en una proporción aproximada a sus capacidades, lo que también concordaba con lo pedido por los revolucionarios franceses. Este impuesto tiene antecedentes directos en cobros como los diezmos, la décima parlamentaria inglesa del siglo XIV, la décima veneciana y otros más. Sin embargo, el antecedente más importante en el cobro regular de un impuesto directo sobre la renta se hizo con base en el valor que se impuso en Inglaterra desde 1798, y que fijaba la tasa en un 10%, en contra del 20% que se cobraba desde 1692. Este impuesto es uno de los más importantes entre los heredados por el siglo XX, y prácticamente la totalidad de los Estados contemporáneos lo cobran (Ferguson, 2001: 99-98).

El impuesto directo a la renta empresarial constituye uno de los que mayores ingresos proporcionan a los Estados, y es una extensión del anterior. Este impuesto fue introducido con el desarrollo de la Primera Guerra Mundial, y tiene por objeto gravar las ganancias de sociedades empresariales de diverso tipo. En países como los Estados Unidos e Inglaterra este impuesto tiene un papel fundamental en la consolidación de las acciones y los ingresos de los Estados (Ferguson, 2001: 104-106).

El cobro de impuestos tiene una característica que se debe destacar: se trata de obtener los mayores ingresos posibles provenientes de los ciudadanos, sin que ello afecte el crecimiento económico; que en palabras de Ferguson significa intentar "quedarse con la gallina de los huevos de oro". Los impuestos son la clave del crecimiento en la capacidad de inversión del Estado, y con ella del crecimiento institucional y económico del mismo. No es posible generar ningún crecimiento sin la capacidad de cobrar impuestos, y éstos han sido justificados por dos acciones importantes: la guerra como elemento constructor de los Estados, tal como lo resaltan las principales observaciones históricas y políticas sobre la formación de los Estados modernos; y el bienestar, que en la segunda mitad del siglo XX surgió como una motivación para el cobro de impuestos que le disputó a la guerra su lugar. Al comienzo del siglo XXI, en medio del vacío internacional que caracteriza a la Posguerra Fría y dentro de la lucha internacional contra el terrorismo, la guerra parece recuperar el primer lugar como motivador político y de política impositiva. Ello trae consigo nuevas necesidades de inversión colectiva en seguridad, información y centralización de decisiones, producción de armas y de cuerpos especializados de seguridad y guerra, y el intento por asegurar las fuentes de terror e inestabilidad estatal.

MONOPOLIZACIÓN DE LA VIOLENCIA

El proceso de monopolización de la capacidad de ejercer y/o usar la violencia, al igual que la neutralización de los individuos u organizaciones que la puedan ejercer fuera de la capacidad o la autorización estatal, ha sido clave en la consolidación de los Estados modernos, en especial en su forma de Estado-nación, y del sistema internacional que los ha cobijado. Sin embargo, muchos teóricos y analistas de la política y de las relaciones internacionales han dado por supuesto, o por obvio, que la monopolización de la violencia era un requisito "natural" para el poder del Estado moderno; pero en la práctica política de los Estados modernos esto sólo fue una característica muy recientemente definida, y es soportada únicamente en la medida en que exista un sistema internacional que reconozca a los Estados como única fuente válida de violencia, amparada en mecanismos legales y legítimos.

Empero, existen dos formas de asumir la descripción y explicación política de la monopolización de la violencia y la neutralización de los agentes generadores de violencia no estatal: una de estas vías está representada por las posiciones de Martin van Creveld y Geoffrey Parker, quienes se han concentrado en el surgimiento de las leyes y los mecanismos de control para ejercer la violencia, con especial énfasis en el desarrollo histórico de las ideas referidas a la guerra justa y las acciones institucionales para proveer un marco jurídico y legítimo a las acciones bélicas. Este proceso condujo a los mecanismos de regulación de la guerra y de aplicación de las leyes, que marcaron los procedimientos y las formas de hacer la guerra, pero, sobre todo, han marcado la imaginación jurídica del siglo XX en cuanto a hacer la guerra se refiere.

La otra vía de examen y explicación del proceso de monopolización de la violencia es la sugerida por Janice E. Thomson (1994), que se concentra en el proceso de política global que permite que durante los siglos XVIII, XIX y la primera mitad del siglo XX, los Estados-nación se concentren en la eliminación de fuentes de violencia no estatal, representadas básicamente en mecanismos heredados del feudalismo, tales como el derecho a utilizar armas por parte de los particulares en procedimientos inventados durante el proceso de formación de los Estados modernos, como lo fueron los corsarios, los mercenarios y los piratas. La eliminación de estas fuentes de violencia no estatal, a veces autorizadas, se vio facilitada, si no proporcionada, por la invención y puesta en marcha del concepto de soberanía, que adquirió sentido y forma en la cobertura territorial que reclamó el Estado moderno como ideal político, y con éste el conjunto de Estados modernos definidos como nacionales, que poco a poco fueron eliminando del escenario internacional y de cualquier espacio territorial a las autoridades u organizaciones que no representaran Estados-nación.

Delinearemos a continuación estas dos explicaciones, a mi modo de ver, complementarias.

LEYES DE GUERRA Y CONTROL DE LA VIOLENCIA

La guerra al comienzo de la era moderna, entre los siglos XIII y XIV, se alteró considerablemente con respecto al equilibrio militar que se había conseguido en Europa occidental desde la caída de Roma, con la introducción de las armas de fuego. Este equilibrio consistió en que el uso de las armas de ataque y defensa era el mismo, básicamente, y variaba en las tácticas de llevar a cabo los sitios o las guerras abiertas entre cuerpos de infantería. Incluso una de las principales formas de innovación se introdujo por influencia de los mongoles y era el desarrollo de la caballería de ataque, que podía arrasar con facilidad a los ejércitos enemigos, dado que la caballería suponía una mayor capacidad de ataque y armas de mayor alcance. En respuesta, una de las innovaciones de defensa fue el desarrollo de los piqueros, infantes armados de largas lanzas con una punta para el ataque frontal y una media luna en la misma cabeza de la lanza que le permitía hacer cortes o golpes de destajo sobre el enemigo. Sin embargo, todo esto estaba más o menos equilibrado, hasta el punto de que en los enfrentamientos eran más bien pocas las bajas e incluso los heridos. Además, era común que la mayoría de las guerras y de los enfrentamientos, en una época en la que no existían Estados como los conocemos hoy en día, fueran peleados con tropas mercenarias, por parte de aquellos que podían pagarlas, o con siervos voluntarios y forzados.

Para el final de la Guerra de los Treinta Años los cambios fueron evidentes, y en parte por las modificaciones que trajeron las armas de fuego cuando su uso se extendió, más allá de la artillería pesada a los soldados de infantería. Al parecer las armas de fuego llegaron a Europa occidental a partir de la segunda mitad del siglo XIII, a través de los guerreros mongoles, quienes las habían tomado de China, y a través de los árabes por el Norte de África y por España. Las armas de fuego, sobre todo en la artillería pesada, aquella dirigida a la toma de ciudades y la destrucción de fortalezas, fueron reemplazando a los lanza proyectiles mecánicos de la Edad Media, como las catapultas y las lanzaderas de piedras o proyectiles metálicos macizos. Esto es visible en el uso que el rey de Francia hizo de la artillería con armas de fuego y no mecánica, hacia el final de la Guerra de los Cien años, para reconquistar Normandía, perdida frente a los ingleses. La caída de Constantinopla en 1453, en manos de los otomanos, demostró que no era posible que los muros y las fortificaciones de estilo medieval resistieran las nuevas armas de artillería basadas en armas de fuego (Van Creveld, 1999: 156).

Por eso, más que la modificación de los procedimientos de las operaciones ofensivas y defensivas en la práctica de la guerra, lo primero que hicieron las armas de fuego fue alterar la construcción de las fortalezas, surgiendo con ello una práctica de ingeniería asociada a las construcciones para la defensa. Así, en vez de construir fortalezas como los castillos medievales se construyeron estructuras más elaboradas que requirieron muros enterrados en fosos para aislar lo suficiente el apostamiento de la artillería enemiga y estructuras angulares conocidas como bastiones, que daban capacidad de defensa sobre los diferentes costados de los muros y que reemplazaron a las torres de defensa. Las fortificaciones resultaron ser mucho más grandes que sus predecesoras medievales y, en consecuencia, el rango y el alcance de los cañones utilizados aumentaron también, tanto para la defensa como para el ataque. La construcción de fortificaciones fue frecuente, e hizo que el proceso de formación de poder político por parte de los nacientes monarcas se concentrara, tanto en hacer la guerra como en construir fortificaciones que permitieran defender sus posesiones.

Pero estas nuevas fortificaciones no eran solamente más grandes sino también más costosas, lo que aumentó la necesidad de obtener mayores ingresos tributarios y de controlar las áreas urbanas que mejor podían proveer estos ingresos. Un efecto institucional fue el surgimiento de las tesorerías dedicadas a las obras públicas para la defensa de las áreas controladas por un Estado. Los nobles que poseían pequeños territorios, que dependían de la protección del emperador o de un señor de mayor poder, o de la protección de la Iglesia, se vieron enfrentados a hacer grandes esfuerzos para mantener sus propiedades y para ejercer su propia capacidad de hacer la guerra, pues los costos para mantener en pie defensas apropiadas, armar sus ejércitos con las nuevas armas y entrenarlos adecuadamente excedían cualquier ingreso regular para todo aquél que no encabezaba un Estado suficientemente grande o suficientemente rico, como fue el caso del naciente Imperio holandés. Las propiedades de los nobles, como en el caso de Francia, que consistían en una construcción con un pequeño foso, o una torre o construcción que podía ser una especie de depósito, demostraron ser improcedentes, indefendibles e insostenibles. Muchos de estos nobles terminaron siendo caballeros al servicio de algún rey, a cambio de que éste les garantizara la protección de sus propiedades, ya fuera por pago, por inversión o por defensa.

Los progresos en las armas de asedio, para esta época ya conformadas básicamente por armas de fuego, hicieron que pronto la "traza italiana" decayera y que mecanismos de defensa como la caballería también fueran entrando en cierta decadencia. Quizá la única excepción fue la caballería española, en la que se dotó al jinete de arcabuces y de cañones, manuales, que causaron un gran impacto en el desarrollo de los enfrentamientos bélicos (McNeill, 1984: 125 y ss.). Esta forma de organizar la caballería les dio a los españoles cierta ventaja frente a las defensas desarrolladas contra las caballerías convencionales, conformada por piqueros, armados de picas y espadas largas de doble filo. Empero, los progresos de formación de los ejércitos obligaron, a lo largo de los siglos XIV y XV, a crear agrupaciones militares altamente disciplinadas, bien armadas y permanentemente entrenadas. Los Estados que no tenían cómo mantener estas agrupaciones acudieron permanentemente a su arriendo, tarea para la cual algunos Estados se especializaron, como Suiza, Escocia e Irlanda.

El continuo progreso en el desarrollo tecnológico militar y las crecientes oleadas de guerras, fueron de la mano con la creciente economía comercial de base urbana que para este momento hacía emerger una nueva Europa. Los cambios se sintieron en el papel que tuvieron los impuestos como financiadores de las principales inversiones y obligaciones estatales, que a la vez se convertían en el motor de la economía y la concentración de la población, la profesionalización de los funcionarios del Estado y la profesionalización de las personas encargadas de tareas como la creación de empresas comerciales o de aprovisionamiento, la producción de armas, la construcción de defensas, la proyección del poder estatal a través de la elaboración de mapas, estadísticas e informes de desempeño económico. La vida de las ciudades se vio adicionalmente afectada por el creciente estado de guerra generalizado, en la medida en que los ciudadanos fueron obligados a pagar impuestos permanentes y/o a prestar servicios militares obligatorios. Empero, para el siglo XVI, jugaron un papel sobresaliente los comisionados encargados de formar a los ejércitos y de hacer cumplir las disposiciones de los Estados con respecto a la práctica de la guerra.

Un comisionado era un empresario privado que podía recibir diferentes tipos de encargos para formar ejércitos y hacer la guerra en nombre de un Estado. Formar ejércitos incluía reclutar tropas, uniformarlas, equiparlas y entrenarlas permanentemente; en algunos casos el comisionado también era el encargado de conducir la guerra. Una situación de este tipo trajo tres consecuencias: 1) un ejército estaba bien preparado en tanto el empresario tuviera suficiente dinero para pagar armamento, equipos, logística, entrenamiento y uniformes; un empresario con poco dinero no lograba hacerlo bien y esto iba en detrimento del buen resultado de la guerra. 2) Los empresarios podían tratar de hacer rendir el dinero lo más que pudieran pues ahí estaba su ganancia, lo que ocasionaba que, o bien los ejércitos estuvieran mal preparados para la guerra, o bien los empresarios y sus hombres evitaran la guerra para no perder las inversiones realizadas. 3) Para el siglo XVI fue evidente que era necesario organizar la guerra de otra forma y con técnicas de ordenamiento militar distintas, que garantizaran a los nacientes Estados las victorias requeridas.

El ejemplo provino de los españoles y de los suizos, quienes crearon bloques compactos de soldados —pagados y dirigidos por oficiales al servicio del Estado, como el duque de Alba— conocidos como "Haufen" o tercios. Estos soldados eran la infantería armada con picas y con arcabuces, organizada para la protección mutua. Adicionalmente, estas organizaciones fueron acompañadas, al principio lentamente, por unidades de artillería especializada, que en la medida en que aumentaron su capacidad de fuego y su potencial destructivo se convirtieron en modelos militares fuertemente efectivos. Estas diferentes formas de organizar los ejércitos, es decir, con comisionados o con oficiales al servicio del Estado, así como las diferentes formas de hacer la guerra, con tropas mercenarias que escogían qué luchaban y cómo o con tropas estatales que definían de forma exitosa la guerra, hicieron que ésta se transformara, por lo general, en una actividad más sangrienta y brutal con respecto a los datos conocidos provenientes de la Edad Media. Tal situación se volvía más explosiva en la medida en que lo que nosotros conocemos como Estado no existía, y menos aún un sistema internacional que respaldara a tales organizaciones. Los reyes frecuentemente debieron entrar en guerra u ofrecer guerra a sus rivales, no importando su rango o poder, para poder garantizar el dominio de una región o de otra. No era posible gobernar sin tener una clara presencia militar, y ésta no se garantizaba sino por medio de la guerra. Una forma de mitigar las disputas surgió con la práctica que, en la mayoría de los tratados de paz, después de cada guerra importante o en aquellas donde la victoria no era contundente, consistía en incluir cláusulas que contenían alianzas matrimoniales pensadas con el fin de consolidar territorios y poder político, al igual que para dirimir los derechos, los impuestos y el establecimiento de alianzas políticas y militares para la política exterior (Van Creveld, 1999: 159 y ss.).

La eficacia y la violencia de las tropas entrenadas profesionalmente para hacer la guerra fue tal, que su función de matar alcanzó niveles importantes como cuando los españoles en 1576, en los Países Bajos, en medio de la espectacular expansión de Felipe II, cansados de esperar su pago, se tomaron Amberes y la saquearon,

> [...] destruyendo un millar de edificios (incluida la nueva sede del Ayuntamiento) y dando muerte a 8.000 personas. Los sobrevivientes fueron apaleados, violados y robados; de acuerdo con una de las víctimas, los españoles llegaron a romper las *spaerpotkens* (alcancías) de los niños (Parker, 2001: 143).

La ineficacia probada o dudosa de los mercenarios, la inestabilidad en los territorios, y el complejo sistema de alianzas garantizadas por matrimonios se vinieron abajo con la Guerra de los Treinta Años, y comenzó a surgir un nuevo sistema construido sobre acuerdos interestatales. Las fuerzas mercenarias fueron desmovilizadas y absorbidas dentro de las fuerzas militares de origen estatal, a la vez que se organizaron mecanismos para que los ejércitos fueran organizados y comandados por oficiales pagados por el Estado y no por comisionados o empresarios privados, como el duque de Wallenstein o el conde de Tilly, durante la Guerra de los Treinta Años. En países como Francia, España, Suecia, Suiza y en diversos Estados alemanes, las tareas de reclutar las tropas, uniformarlas, alimentarlas, entrenarlas, armarlas y equiparlas fueron encomendadas a los nacientes "ministros de guerra". Esto condujo a que los acuerdos de la Paz de Westfalia fueran exitosos, en gran parte, porque la posibilidad de hacer la guerra se fue convirtiendo en un asunto de Estado y no en asuntos promovidos por empresarios o nobles interesados en hacerse con dineros del Estado y de la inversión pública. A la vez, los Estados veían incrementada su capacidad para ejercer la coerción, aunque ésta todavía fuera incierta, en la medida en que eran una forma de organización que todavía no centralizaba o territorializaba efectivamente su poder. La guerra comenzó a hacerse por razones impersonales, es decir, por razones de Estado, a diferencia de lo que aconteció entre los siglos XIII y XVII, que en su primera mitad vivió enfrentamientos auspiciados por y fundamentados en las razones de la guerra de religiones que se desató entre protestantes y católicos.

El Estado que se fue transformando en una organización impersonal entre los siglos XVI y XVII, y los cambios realizados en la forma, la concepción y la práctica de la guerra, condujeron a que ésta fuera cada vez más una actividad planeada y ejecutada por el Estado, lo que permitió que el antiguo derecho de todo señor a usar la violencia y hacer la guerra, o en otras palabras, a ejercer la coerción por su propia mano, fuera desapareciendo. La guerra fue crecientemente un atributo del Estado, y sólo éste la podía hacer, al igual que sólo el Estado podía acumular todo aquello que significara el uso de la violencia. Dicho en palabras de Parker, la concentración del poder de la guerra y la violencia en manos del Estado tuvo un lado muy positivo:

> [...] el creciente poder del Estado en la mayor parte de Europa redujo notablemente el maltrato militar de la población civil al eliminar una de sus causas subyacentes: con paga y comida regulares, los soldados no necesitan lanzarse al pillaje para sobrevivir (Parker, 2001: 145-157).

La excepción se presentó en aquellos Estados que autorizaron de forma expresa a individuos o compañías para ejercer la violencia por su cuenta, aunque no necesariamente en su nombre. Este fue el caso de los célebres tratos entre Isabel I de Inglaterra y sus ciudadanos Francis Drake y Walter Raleigh, quienes practicaban la piratería y el pillaje marítimo y costero en las posesiones españolas de ultramar, y luego cumplían el trato de repartir el botín con la corona inglesa. Para la época de 1648 esto era inaceptable entre los acuerdos interestatales, y los países aliados preveían, de forma creciente, evitar que ciudadanos específicos hicieran uso de condiciones especiales de violencia y coerción para hacer riqueza o para desarrollar guerras irregulares. En el caso de las compañías de ultramar la limitación de sus capacidades de acción llegó a lo largo del siglo XVIII, y en el siglo XIX las últimas en experimentar limitaciones fueron las puestas en África, que vieron limitadas sus acciones en guerras como la Boer, en lo que hoy se conoce como Sudáfrica.

La centralización de la capacidad y la legitimidad de hacer la guerra en manos del Estado trajo una consecuencia importante: definir condiciones jurídicas explícitas tanto para hacer la guerra, usar la violencia y controlar la violencia no estatal, como para definir asuntos como el tratamiento de los heridos en combate y el tratamiento para los presos de las guerras legítimas. Para el siglo XVII, en especial después de la década de 1660, la centralización de la guerra en manos del Estado produjo un efecto de primer orden: quienes luchaban en la guerra no eran individuos particulares ni sirvientes de un Señor con intereses particulares, por fuera de los órdenes públicos, quienes peleaban las guerras eran ciudadanos al servicio de un Estado y, por tanto, éstas eran reconocidas internacionalmente, sobre disputas interestatales identificables. ¿Qué hacer con los prisioneros, los heridos y los extraviados de estas guerras? Lo primero es que al ser miembros de un Estado gozaban de una dignidad y un honor que no tenían los guerreros particulares o los nobles medievales, y lo segundo es que comenzaron a ser cobijados por tratados internacionales específicos, al principio bilaterales y luego multinacionales (Van Creveld, 1999: 163-170).

Las bases de la regulación de la guerra se encuentran en cinco fundamentos que dieron lugar a las regulaciones que actualmente se conocen como el derecho internacional humanitario. Estos cinco fundamentos son, siguiendo a Parker (2001:146):

• Los textos antiguos o de autoridad tradicional que, a partir del libro del Deuteronomio, en la Biblia, y siguiendo con el derecho romano, el derecho canónico, los escritos de Agustín y la *Summa Theologiae* de Tomás de Aquino, dieron lugar a conceptos y codificaciones sobre lo que se puede permitir o no en la guerra, y sobre las condiciones específicas para que algo se permita. Tales codificaciones han tenido repercusión directa en la formulación del derecho natural y en el derecho de las naciones.

• "[...] a partir del siglo XI en Francia, y por doquier un poco más tarde, el Movimiento de la Paz de Dios, encabezado por la Iglesia romana, estableció el principio de que los débiles e inofensivos no debían sufrir ofensa ni daño alguno, mientras que al mismo tiempo la Tregua de Dios intentaba restringir el conflicto armado entre cristianos a determinados días de la semana".

• En la medida en que los ejércitos fueron estatalizados y dirigidos por oficiales en servicio, sus prácticas, organización y relaciones, entre ellos como militares y con la población, se hicieron sobre códigos de honor y principios de lealtad explícitos que, además de determinar el comportamiento en la guerra y en la paz, establecían las formas de trato a la población civil durante la guerra, a menos que se tuvieran órdenes expresas contrarias a ellas.

• La conducta y las formas de conducir la guerra, exitosas y legítimas a la vez, crearon antecedentes importantes, y éstos dieron lugar a formas explícitas de trabajo y transformación de la realidad de la guerra.[1]

• Siguiendo a Parker todavía, se destaca que quienes participaron en los conflictos más sangrientos de Europa reconocieron la ventaja que significaba tener leyes para hacer y conducir la guerra, de modo tal que las rendiciones honorables, el ahorro de heridos y el respeto a las banderas de tregua eran una garantía que no debía despreciarse.[2]

Estos elementos trajeron como consecuencia la centralización de la guerra en manos del Estado y la regulación de la misma. De esta forma el debate sobre la guerra se encaminó, más que a la guerra misma, a establecer qué guerra era justa, o mejor, cómo saber si una guerra era justa o no. Este asunto fue importante porque permitió, tanto a católicos como a protestantes, tener claro, incluso para el siglo XIX, qué guerras podían justificarse de forma que involucraran a toda la población en un momento determinado. De alguna forma, y en parte por la influencia de la Paz de Westfalia, se consideró que la guerra era justa siempre y cuando fuera

---

[1] Algunos autores y analistas han considerado que en William Shakespeare se ha puesto de manifiesto una relación directa entre guerra, honor y legitimidad, en especial en su obra *El rey Lear*. Al respecto véase el artículo de Theodor Meron "Shakespeare´s Henry the Fifth and the Law of War" (January 1992: 1-45). Para una evaluación más amplia sobre los asuntos de la moralidad de y en la guerra, examínese el artículo de Richard A. Wassertrom "Three Arguments Concerning the Morality of War" (October 1968: 578-590).

[2] Un artículo específico y penetrante sobre las leyes de la guerra es el de Josef L. Kunz, titulado "The Laws of War" (april 1956: 313-337).

realizada por un gobierno legítimo y por razones de Estado evidentes. Tal situación condujo a que los Estados que comenzaban un proceso de guerra siguieran un ritual que condujo a reconocer estados y condiciones de guerra definidos jurídicamente, en donde actos políticos como declarar formalmente una condición de guerra contra otro Estado se consideraba una acción formal de acato a las leyes de la guerra, *ius ad bellum*.[3]

Un gobierno legítimo que hace la guerra está obligado a condicionar a sus militares a obedecer una conducta específica en la guerra, es decir, a obedecer las leyes en el ejercicio de la guerra, *ius in bello*. Estas leyes generaron una aplicación general en las leyes sobre las que se practicaba la guerra y condicionaron las políticas y las formas de hacer la guerra, que implicaban conductas específicas en las tomas de las ciudades, el tratamiento a los heridos, el procedimiento a seguir con los prisioneros y el acatamiento de leyes de honor, que adicionalmente resultaban una medida práctica para evitar las venganzas desencadenadas de manera permanente. Así, Felipe II envió a investigar al duque de Alba por los excesos cometidos en la toma de Amberes, y ordenó un castigo ejemplar para los oficiales que los permitieron. Estas leyes y los comportamientos descritos crearon un conjunto de leyes internacionales de aplicación casi universal, que se ha recogido e impuesto como medida internacional básica a través de los códigos de Ginebra. El único caso en que un Estado legítimo puede actuar sin límites en la guerra, proveniente de las consideraciones de un teórico principal del siglo XVII, Baltasar de Ayala, es cuando el Estado debe enfrentarse a rebeldes que amenazan su continuidad y destruyen a la población, para lo cual prima la obligación del Estado de brindar seguridad y garantías institucionales a sus ciudadanos.

Otra de las consecuencias que se deriva de la estatalización de los ejércitos y de la concentración y limitación en el uso de la violencia, al igual que el uso de la violencia no es-

---

[3] Para una consideración contemporánea de la guerra justa y sus implicaciones doctrinales e institucionales, véase el artículo de Iris L. Claude Jr., "Just War: Doctrines and Institutions" (Spring 1980: 83-96). Igualmente ha tenido una gran influencia en el debate contemporáneo el texto de Michael Walzer, recientemente aparecido en español, titulado *Just an Unjust War. A Moral Argument with Historical Illustrations* (1992).

tatal, es la diferenciación que a lo largo de los siglos XVII y XVIII se presenta entre las fuerzas militares, entendidas como ejércitos y fuerzas de control estatal de la violencia, y las encaminadas a la preservación del cumplimiento de la ley, como es el caso de la policía. Esta separación se origina, en gran parte, en asuntos como la diferenciación entre gobierno del Estado, entendido como cuerpo administrativo, fuerzas armadas, entendidas como la concentración estatal de hacer la guerra y de monopolizar el uso de la violencia, y la población, como el conjunto de individuos que ni pertenecían al "cuerpo" del Estado en tanto gobierno y administración pública, ni a las fuerzas armadas. Por tanto, las acciones de la población se definieron en el ámbito de lo privado y en ello se presentó un claro límite al uso de la violencia, que sólo podía ser usada por el Estado; para dirimir sus conflictos, los miembros de la sociedad debían acudir a los mecanismos de justicia, cuyo fin era preservar un orden. Un elemento simbólico y vital para la monopolización efectiva de la violencia viene provisto en la introducción del uso del uniforme en las fuerzas armadas, habilitadas de ese modo para ser las únicas en llevar armas y usarlas en caso de ser necesario; esto estableció una clara diferenciación entre lo militar y lo civil (McNeill, 1984: 137 y ss.).

Uno de los elementos que ayudan a entender el proceso por el cual el Estado moderno logra una monopolización efectiva de la violencia, a través de la creación de ejércitos permanentes, es que dichos ejércitos tienen la característica de convertirse en nacionales, es decir, en representantes de la nación cohesionada y que reconoce a un Estado que la gobierna. Así, sólo en el siglo XIX los ejércitos adquieren un carácter propiamente nacional, en la medida en que el nacionalismo hace su entrada en la escena política internacional, y con ello introduce un giro adicional a la conformación del Estado moderno, convirtiéndolo en una institución que se identifica con una historia particular, con una geografía específica, con unas tradiciones religiosas, lingüísticas y estéticas particulares. Esto es, el siglo XIX es el escenario en el que tanto la cohesión como la secularización de la sociedad se especifican en formas de vinculación que los individuos reconocen como particulares, y en virtud de las cuales ciertos derechos pueden ser definidos y cumplidos por los ciudadanos y por los Estados. Es así como sólo a partir del siglo XIX la nacionalidad de los reclutados en un ejército comienza a ser relevante en el logro de victorias militares y en el establecimiento de modelos de autoridad específica. Desde entonces no es lo mismo un Estado que lucha una guerra a la que se ve obligado, con tropas conformadas por ciudadanos-soldados comprometidos con el mantenimiento de su institucionalidad, que un Estado que lucha una guerra con soldados extranjeros o con ejércitos de intervención o intermediación, siendo ésta una situación más grave que la que se creaba usando ejércitos de mercenarios en los comienzos de la era moderna.

La diferenciación entre fuerzas armadas y sociedad llegó a un punto importante de impacto institucional gracias a dos tendencias opuestas: de una parte, los ejércitos tomaron por su cuenta una serie de tareas que antes realizaban los civiles por ellos, tales como la administración, suministros, servicios médicos y trabajos de ingeniería. Incluso los servicios espirituales fueron servidos por hombres uniformados y todos éstos fueron sometidos a la disciplina y el control militar. De otra parte, los tratados internacionales presionaron para que los civiles o los individuos que no fueran miembros de los ejércitos no tomaran parte en su dirección o sus servicios, toda vez que podían constituirse en amenazas al uso indiscriminado de la violencia, o generar orientaciones políticas peligrosas dentro de los ejércitos mismos. Para tal efecto se firmaron diferentes tratados, desde el siglo XVII, en especial entre Francia, el Sacro Imperio Romano y Prusia (Van Creveld, 1999: 164). Una de las consecuencias más importantes fue preservar a los civiles de las responsabilidades de la guerra y del uso de la violencia, lo que condujo a una continua explicitación de la voluntad de preservarlos también de las consecuencias de la guerra.

Estos desarrollos hicieron necesaria una separación adicional, que ya mencionamos, entre fuerzas armadas y policía; pero ambos concebidos como cuerpos uniformados para el control de la violencia y su monopolización en manos del Estado. El término "policía" surge, según Van Creveld, hacia el año 1450, cuando lo utiliza Melchior von Osse, quien sirvió como canciller del Elector de Sajonia. Pero su definición la hizo Nicholas de la Mare, en 1750, en un tratado titulado

Traité de la police, en donde la define como "orden público"; en las décadas posteriores este término quedó definido de esta manera (Van Creveld, 1999: 166 y ss.). La policía significó, en los Estados en donde se fue constituyendo, una fuerza encargada de hacer cumplir los deberes de los ciudadanos y de los funcionarios públicos; de esta manera estuvo encargada de hacer cumplir medidas de sanidad, de hacer cumplir medidas de educación, de imponer y cobrar sanciones, de evitar el uso de armas ilegalmente o de prohibir su total uso, de controlar a los vagabundos, las protestas y la criminalidad; sus límites eran los contornos de los gobiernos urbanos. En algunos países se inventaron los carabineros, una fuerza intermedia entre los ejércitos y la policía para controlar las zonas rurales. La policía se convirtió así en una fuerza especializada en la seguridad interna y el control de la violencia particular dentro de las fronteras de los Estados, incluyendo el control de los aparatos de seguridad de las crecientes compañías o de los antiguos grupos de campesinos, ya fueran compuestos por señores o por campesinos de bajos ingresos. Los ejércitos fueron dirigidos para el control territorial, sobre todo en zonas despobladas y donde la policía no tenía espacio, y para el control de las fronteras y la guerra exterior. La acción de los ejércitos fue, cada vez más, evitar que personas o compañías pudieran tener acceso a la violencia extraterritorial contra el Estado, y todavía más cuando ésta ni siquiera era originada por otro Estado legítimo.

El papel de acción de la policía ha sido cubierto por el conjunto de leyes que deben ser cumplidas y observadas por la población, en especial por aquellas que generan usos directos e indirectos de la violencia, ya sea por usos criminales o espontáneos. Una forma expedita de control de la violencia es la que el Estado moderno ha podido hacer con la separación de los elementos que lo conforman y que le dan una forma explícita de definirse. Adjunto a la práctica de limitar el uso de la violencia, y de todo aquello que se pudiera considerar como generador de desorden público, hizo su aparición pública la prisión, como una forma de control directa y como una sanción consuetudinaria. En algunos Estados la prisión ha sido complementada, sobre todo para casos graves de violación del orden legal y público, con la aplicación de las penas capitales, los silencios forzosos, el aislamiento

y otros más. Tal situación ha generado algunas veces con-
miseración hacia las víctimas de tales castigos, y en ocasiones
movimientos tendientes a "humanizarlos". Uno de los procesos más importantes para modernizar y poner en términos
de ley el castigo impartido por el Estado se encuentra consignado en el trabajo de Cesare Beccaria (1994).

Con el surgimiento de las fuerzas armadas profesionales,
tanto del ejército como de la policía, la aparición de las pri-
siones, los antecedentes de la burocracia, la impersonaliza-
ción del Estado y la conformación de los ingresos fiscales
propios y permanentes, la estructura del Estado moderno
quedó, más o menos, terminada. Sólo quedaba faltando el
control de la violencia no estatal presente en los territorios
o en las áreas no controladas por Estado alguno y, en especial, por Estados modernos.

LA SOBERANÍA COMO MONOPOLIZACIÓN DE LA VIOLENCIA

Para Janice Thomson (1994) la característica más importante de los Estados modernos se refiere a la forma como
éstos pudieron "desarmar" los mecanismos de violencia no
estatal que amenazaban la permanencia de los Estados modernos. Las principales fuentes de violencia no estatal, iden-
tificadas por Thomson, residen en los ámbitos exteriores de
los mismos Estados y, sobre todo, en aquellos ámbitos que
no eran gobernados por ningún Estado específico. Esto es,
la violencia que existía por fuera de los Estados y que no
podía ser controlada a través de tratados interestatales o a
través de acuerdos bilaterales o multilaterales. La tesis de
esta profesora es que la violencia no estatal, sobre todo la
de carácter transnacional, sólo vino a ser "desarmada" en la
medida en que los Estados modernos se convirtieron en Estados nacionales y, con ello, cerraron el espacio para la existencia de organizaciones o modelos de ordenamiento político
que no fueran Estados nacionales.[4] Como es de suponerse,
para Thomson éste es un asunto de reciente aparición, pues
aún hasta la primera mitad del siglo XX la violencia no estatal
amenazaba la continuidad y permanencia de los Estados

---

[4] En el mismo sentido confróntese con la posición de McNeill (1984: cap. 5).

modernos, y sólo se logró un control efectivo desde la imposición del concepto de soberanía como un modelo de ordenamiento internacional, que implicaba, como forma válida de ordenamiento político, únicamente a los Estados modernos de carácter nacional. La violencia no estatal de carácter internacional siempre ha desafiado a los Estados y a sus sistemas de relación internacional, haciendo prioritario controlar toda acción o fuente de violencia que escape a los Estados y sus acuerdos.

La soberanía se convirtió en el reclamo efectivo y real de control de la violencia desde la territorialización del poder estatal, eliminando las fuentes privadas de uso de la violencia, en especial las que amenazaban al Estado y al orden público construido durante la era moderna. De esta forma los preceptos feudales de uso de la fuerza y de recurso a la violencia por fuera del Estado, por más claras y justas que se consideraran las motivaciones para hacerlo, fueron sistemáticamente eliminados. Esta eliminación tiene que ver más con una voluntad política que implica la aparición de un sistema político global que con las políticas domésticas que un Estado aislado pudiera asumir de forma efectiva. De esta manera, Thomson define al Estado nacional como "[...] una política consistente de personas que viven dentro de unas fronteras geográficas y cuyo ejercicio de la violencia está sometido a la autoridad exclusiva del Estado".[5] La eliminación de la violencia tiene que ver con las características de un sistema político global construido sobre el presupuesto del poder del Estado-nación y sobre el logro de supervivencia que éste tuvo por más de cuatro siglos continuos de formación. Es pertinente aclarar que es fundamental aclarar el papel que jugaron los corsarios, los piratas y los mercenarios en la violencia internacional de fuente no estatal, pues de alguna forma asumieron la condición de armas especiales de algunos Estados contra otros, pero nunca oficiales ni dentro de las políticas de Estado, lo que hacía que sus actividades pertenecieran a las fuentes no controladas ni por los Estados ni por los sistemas o tratados internacionales.

---

[5] "The national state, then, is defined as a polity consisting of people who live within geographical borders and whose exercise of violence is subject to exclusive state authority" (Thomson, 1994: 24).

Los corsarios

Para Thomson el asunto de la violencia no estatal surge en gran parte en el proceso de creación que de ésta hace el naciente Estado moderno, desde los siglos XIV y XV, cuando crea los grupos de corsarios y utiliza de manera abierta y directa a los mercenarios; aunque se deben tener en cuenta los trabajos de Van Creveld, Parker, McNeill y Will que muestran, sobre una sólida base documental, que los mercenarios fueron bastante frecuentes en la Europa medieval. Según Thomson (1994: 44-46), los ejércitos de corsarios dominaron el escenario europeo durante los siglos mencionados arriba, y luego fueron reemplazados por los ejércitos de mercenarios que dominaron el escenario bélico europeo entre los siglos XVI y XVIII. Luego aparecieron otras fuentes de violencia no estatal, constituidas por las compañías comerciales, sobre todo las de ultramar, que florecieron entre los siglos XVI y XIX, e incluso llegaron hasta principios del siglo XX.

Estos elementos muestran un creciente proceso de mercantilización e internacionalización de la violencia, que comenzó con la Guerra de los Cien Años, y cuyo motivo de fondo parece haber sido la escasez de fondos de los gobernantes. Estas prácticas fueron legitimadas con el concepto de la "negación plausible",[6] inventado por los gobernantes que recurrían a tales usos, sobre el principio de que si a un sujeto privado que había sido autorizado para emprender las aventuras del corsario o del mercenario, o de las compañías comerciales, le iba exitosamente, el gobernante podría entonces reclamar una parte importante en los beneficios; pero si, por el contrario, el empresario privado entraba en conflictos o los ocasionaba, especialmente aquéllos de carácter internacional, el gobernante podía argüir que dicha actividad era una iniciativa privada de la que él no era responsable. En diferentes Estados estas prácticas fueron vitales para que los gobernantes pudieran conseguir sus objetivos, tanto porque obtenían ingresos como porque minimizaban los riesgos de las grandes acciones estatales.

Los corsarios fueron creados sobre el principio de que fueran tripulaciones que actuaban en embarcaciones pertene-

---

[6] "Plausible deniability", véase en Thomson, 1994: 22.

cientes, y bajo el mando, de un empresario de guerra privado, quien estaba autorizado para ejercer todas las formas de hostilidad que fueran usadas en la guerra marítima. Los corsarios no eran completamente independientes, sino que estaban sometidos a la inspección de los buques de guerra de los gobernantes que los autorizaban a ejercer la guerra, el pillaje y la violencia en contra de sus enemigos. La piratería, por el contrario, se suele definir como la comisión de actos de violencia en mar abierto o en territorios ajenos al gobernante que los autoriza, pero que se realizan independientemente de cualquier control o autorización de una sociedad políticamente organizada. La diferencia más importante entre un corsario y un pirata es que el corsario actúa bajo la autoridad de un Estado que acepta o carga con parte de la responsabilidad de sus acciones, mientras que el pirata actúa bajo sus propios intereses y con base en su propia autoridad. En este sentido, Inglaterra definió, en 1413, la piratería como una práctica de alta traición (Thomson, 1994: 69-75), debido a los desastrosos resultados obtenidos por la práctica de la piratería que devastó los principales cinco puertos ingleses. Thomson compara el papel de los corsarios franceses e ingleses y destaca dos diferencias entre ellos: para los ingleses los corsarios podían atacar el comercio neutral mientras que para los franceses estaba prohibido hacerlo. Los corsarios franceses y su comportamiento resultaban fundamentales, toda vez que ellos constituían la fuerza naval francesa, mientras que los corsarios ingleses, e incluso los piratas en ciertos momentos, fueron fuerzas suplementarias que no reemplazaban la fuerza naval.

Según los datos de Thomson, en el siglo XVIII se pudieron ver las acciones de los corsarios de forma abierta: después de la Ley inglesa de 1756, que dio origen a la Guerra de los Siete Años, se prohibió que los neutrales comerciaran o llevaran artículos de o hacia las colonias francesas, cuyo comercio tampoco fue garantizado en épocas de paz. Esto trajo consecuencias grandísimas para el comercio alemán, que había comenzado a crecer con buenos resultados económicos gracias a sus tratos con las colonias francesas (Thomson, 1994: 25-28). Los efectos de la ley se sintieron de manera tal que condujeron a la paralización comercial, y consecuentemente plantearon represalias contra los comerciantes ingleses por parte de los neutrales, lo que adicionalmente condujo a un alarmante incremento en las tarifas de los seguros que cubrían las mercancías y los transportes, haciendo que adicionalmente la corona inglesa estableciera un control cada vez más rígido sobre sus corsarios. Durante los primeros cuatro años de la guerra citada los corsarios ingleses tomaron el cargamento de más de 1.000 bajeles franceses. Los corsarios de Nueva York fueron responsables de al menos 300 de los bajeles tomados, y obtuvieron ganancias aproximadas de 1.5 millones de libras al precio de la época (Thomson, 1994: 25). En el proceso de firma del tratado de paz que puso fin a este conflicto, en París, quedó demostrado de una manera formidable el papel y la influencia que tenían los corsarios en el rumbo de la guerra.

En la guerra de independencia de los Estados Unidos, los corsarios jugaron un papel destacado en ambos lados de la confrontación. Los corsarios de la causa rebelde capturaron o destruyeron al menos 600 bajeles británicos, causando pérdidas por más de 18 millones de libras esterlinas, e igualmente tomaron un total de 16.000 prisioneros británicos. De acuerdo con reportes de la época, las tasas de seguros para el transporte de mercancías aumentaron un 30% para las embarcaciones que viajaban en grupos y hasta un 50% para las que viajaban solas. Y las pérdidas causadas en el comercio con las "West Indian" fueron de aproximadamente el 66% con respecto a los niveles alcanzados en la época anterior a la guerra de independencia. Los logros de los corsarios americanos se debieron a que siempre operaron en las aguas británicas, lo que obligó a que la corona tuviera que diseñar sistemas de escoltas para el movimiento de los barcos entre Inglaterra e Irlanda. Empero, la valoración del papel que tuvieron los corsarios en la independencia de los Estados Unidos es bien variada, y se puede contrastar en dos anotaciones que Thomson presenta.

Para analizar el papel determinante que tuvieron en algunos momentos los corsarios durante las guerras se puede observar el efecto que generaron durante las guerras de la Francia revolucionaria, cuando los corsarios franceses tomaron más de 2.100 bajeles británicos. En las guerras de 1812 los corsarios americanos también tuvieron un papel determinante y se apoderaron de cerca de 1.200 bajeles, equivalentes a unos 39 millones de libras esterlinas en precio y mercancías transportadas. Estos corsarios americanos también tomaron más de 30.000 prisioneros y capturaron o destruyeron embarcaciones adicionales por más de 5 millones de libras esterlinas, propiedad de los británicos (Thomson, 1994: 30).

Al parecer, hasta los albores del siglo XIX los corsarios fueron una característica importante en los conflictos y las guerras interestatales. Estos fueron un sustituto y un elemento fundacional en la creación del poder naval de los Estados. Los corsarios, como concluye Thomson, evolucionaron dentro de las armas y fortalezas de los Estados, con capacidad de enfrentar guerras y amenazas específicas, como quedó demostrado en las guerras de 1812 entre Gran Bretaña y Estados Unidos.

Los mercenarios

En el caso del mercenario, a diferencia de lo que sucede con el corsario, no existe un consenso claro sobre cómo definirlo. Generalmente se lo considera como alguien que lucha por un tercero y cuya motivación se reduce a la obtención de un pago, como en una prestación de servicios específica. Quizá la forma ideal de representarlo sea el "soldado de la fortuna". Empero, los mercenarios son formas mixtas que reúnen una o varias de las características de los servicios militares mencionados a lo largo de esta investigación, y que se resaltan en este subcapítulo. Thomson nos provee de algunos ejemplos que ilustran en qué consiste la mixtura mencionada: los oficiales británicos destacados en los ejércitos del Medio Oriente sirvieron como enrolados en un ejército extranjero, pero obedeciendo las órdenes de su Estado de origen, es decir, Inglaterra. Los voluntarios de las Brigadas Internacionales en la Guerra Civil Española pelearon para una fuerza extranjera y fueron pagados sus servicios, pero su motivación principal estuvo asociada a un conjunto de ideas más que a la recepción del pago mismo.

Al otro lado de estos dos ejemplos se encuentran los casos de los ejércitos voluntarios formados por ciudadanos a quienes se les paga, pero a quienes difícilmente se les puede dar el nombre de mercenarios, pues lo que prima en su motivación es su vinculación política. Thomson, Tilly y Van Creveld coinciden en la valoración del origen etimológico del concepto de soldado, como alguien que lucha por una paga. No obstante, la diferencia entre el soldado y el mercenario está en que el primero es un conscripto limitado por las decisiones políticas y hace la guerra por tales motivaciones; lo que quiere decir que en tiempos de paz se prepara para los desafíos de las guerras no declaradas o de los conflictos no evidentes, y en tiempos de guerra hace la guerra. El mercenario, por el contrario, hace la guerra por motivación propia, y su oficio es hacer la guerra, por fuera de cualquier compromiso político o conscripción por parte de alguna autoridad especial; las motivaciones de los mercenarios son difíciles de determinar y no ayudan a definir con más claridad el análisis. Para el desarrollo de su trabajo, Thomson define más generalmente al mercenario como todo aquél que se enlista y recluta para luchar en un ejército extranjero.

La diferencia entre los ejércitos de mercenarios y los ejércitos de conscriptos profesionales cuya actividad principal es hacer la guerra en nombre de un Estado, y con un compromiso político directo, por ser ciudadanos del mismo, fue señalada, desde el comienzo de la historia de los Estados modernos, por los nacientes monarcas, para quienes era necesario romper con los esquemas medievales de guerra, enfocados principalmente en modelos defensivos más que ofensivos, y quienes se sostenían con la incorporación de empresarios privados que ponían ejércitos de mercenarios a disposición del contratante. Los ejércitos de conscriptos se convirtieron, en los últimos siglos, en el respaldo de la autoridad del Estado frente a las amenazas de inestabilidad y desinstitucionalización, que pudieran servir desde un ámbito de política interna o desde un ámbito externo. Los ejércitos de mercenarios no podían brindar ningún esquema de seguridad, y menos aún un modelo de acción que permitiese una afirmación permanente del Estado. Además, los servicios de los mercenarios, sobre todo en la Edad Media, estaban limitados por una serie de derechos que los protegían ante riesgos militares exagerados o ante la posibilidad de cambiarse de bando ante una mejor oferta de pago. Esto hacía que en la necesidad de adelantar campañas militares ofensivas los mercenarios simplemente no fueran de gran utilidad y sí de muy dudosa lealtad.

Los mercenarios como fuerzas prácticas constituidas florecieron a lo largo de Europa entre los años 1300 y 1450, organizados por medio de compañías libres, estableciendo un mercado abierto de servicios para la guerra, que adicionalmente se convirtió en una fuente de ingresos importante para algunos reinos como los de Suecia, los cantones suizos y algunas compañías germanas de mercenarios. Una de las posiciones más destacadas y sin precedentes alcanzada por los mercenarios, en sus ingresos económicos y en la demanda de sus servicios, se presentó con ocasión de la Guerra de los Treinta Años, donde los ejércitos organizados por Wallenstein aparecieron como los mejor organizados por un empresario privado, hasta la llegada de los grandes ejércitos modernos del siglo XX. Empero, estas fuerzas no estaban al alcance de todos los gobernantes y la multiplicación de los servicios se hizo de acuerdo con las amenazas y las posibilidades de pago existentes por parte de cada jefe de Estado en particular. Pero los mercenarios en sí mismos se convirtieron en amenazas para los nacientes Estados modernos, y los ejemplos para sospechar de ellos nunca faltaron: en el año 1311 la "Gran Compañía Catalana" peleó por el duque de Atenas, para luego volverse contra él y crear su propio "ducado de mercenarios", que permaneció en pie por más de 63 años (Parker, 2002: 38). El mismo Wallenstein, poseedor del título de duque, despertó suspicacias acerca de sus verdaderas intenciones, cuando a más de dos mil millas de las sedes del emperador asentó su ejército e hizo creer que quería crear su propio Estado.

La solución fue, como lo hicieron los franceses desde 1445, integrar a los mercenarios dentro de sus propios ejércitos y prohibir nuevos contratos de arrendamientos. Esta política, como lo señala Thomson, condujo a la creación de ejércitos permanentes cuyas capacidades se convirtieron en una verdadera estructura militar multinacional. Esto se observa en las diferencias de composición de los ejércitos entre los siglos XVIII y XIX, donde la disminución de las tropas mercenarias es sensible y éstas se emplean para tareas delimitadas y no para tareas que implicaban correr riesgos políticos y militares directos.[7]

---

[7] Confróntese la explicación de McNeill sobre los modelos francés y británico para resolver este problema (McNeill, 1984: 205 y ss).

Entre los siglos XVII y XVIII se pueden observar los siguientes datos en la conformación de los ejércitos: uno de los grandes abastecedores fue la Confederación de Estados Alemanes, especialmente la Confederación del Norte, que envió a Venecia un regimiento completo, con uniformes y equipos, en la década de 1660. El ducado de Hesse-Cassel tuvo un ejército subsidiado, conformado, entrenado y abastecido por Holanda, Inglaterra y Venecia; en 1727 este ejército fue tomado por los británicos, que fueron percibidos por los dirigentes de este ducado como el "Perú" que los custodiaba. De 1690 a 1716 el ejército de Julie Berg fue pagado por los holandeses. El ejército de Wurttemberg sirvió a Holanda y a la Compañía Holandesa de las Indias Orientales en 1707. Hesse, Hanover, Baden, Brunswick y Walden fueron los principales abastecedores de mercenarios para los británicos. Y los alemanes constituyeron un tercio del ejército de la Francia prerrevolucionaria (Thomson, 1994: 69-75). Pero a su vez los alemanes emplearon extranjeros en sus ejércitos: así, en 1750 dos quintas partes de los oficiales del ejército de Baviera eran extranjeros, básicamente italianos y franceses, a la vez que se recibieron en dicho ejército refugiados irlandeses y aventureros italianos y franceses. De esta forma, se puede decir que un regimiento bávaro incluía a reclutas de más de 16 países. Los franceses proveyeron más de un tercio de los oficiales del ejército de Brandeburgo-Prusia y en el ejército del Palatinado se encontraban soldados y oficiales balones, franceses, españoles, italianos e ingleses. En la Guerra de los Siete Años entre Inglaterra y Francia un número considerable de regimientos alemanes estuvieron en arriendo semipermanente, a disposición de ambos bandos. En 1693 el 30% del ejército de Sajonia estaba compuesto por extranjeros y hacia 1730 este porcentaje había descendido hasta el 11% (Thomson, 1994: 76-77).

Federico el Grande reclutó el ejército del Sacro Imperio Romano Germánico, especialmente en pueblos libres y en los principados eclesiásticos. Al inicio de la Guerra de los Siete Años, trató de incorporar al suyo la totalidad del ejército sajón para acrecentar su poder, y después de la guerra reclutó oficiales en lugares tan distantes como Italia y Suiza, al igual que oficiales de Francia, Hungría y Lituania para incorporarlos a todos en el ejército de Prusia.

Los holandeses fueron, tanto empleadores como proveedores de tropas mercenarias por toda Europa. Sus ejércitos del siglo XVIII estaban compuestos, casi en su totalidad, por oficiales provenientes de Francia, Alemania, Escocia e Irlanda. Después de 1756 los holandeses reclutaron en los territorios y pueblos del Imperio austro-húngaro y prestaron regimientos a los principados alemanes durante la Guerra de los Siete Años, a la vez que proveyeron tropas al ejército británico en esta misma guerra. Junto con los mercenarios de Hannover y de Hessel, los holandeses jugaron un papel importante en la guerra con Francia y en la supresión de la rebelión jacobita dentro de la misma Gran Bretaña. Y cuando Catalina la Grande se rehusó a rentar 20.000 tropas a los británicos en su guerra con las colonias americanas, Gran Bretaña intentó arrendar la Brigada Escocesa de las Provincias Unidas. Esta legión extranjera estaba conformada por oficiales escoceses y mercenarios de todos los lugares de Europa (Thomson, 1994: 78).

Extranjeros en los ejércitos europeos del siglo XVIII[8]

País	Año	Componente de extranjeros (%)
Prusia	1713-40	34%
	1743	66%
	1768	56%
	1786	50%
Gran Bretaña	1695	24%
	1701	54%
	1760-70	38%
	1778	32%
Francia	1756-63	25%
	1789	22%
	Pre-revolución	33%
España	1751	25%
	1799	14%

---

[8] Tomado de Thomson, 1994: 79.

Sin tener una revisión exhaustiva del papel de los mercenarios y los extranjeros en los ejércitos que los tomaban en arriendo, estas cifras ponen de relieve una de las fuentes de violencia no estatal que se mantuvieron en la medida en que un sistema de Estados nacionales aún no arribaba en la instauración de los ordenes internacionales. Ello en parte debido a que el nacionalismo, que se convierte en la medida de la cohesión de una sociedad específica y en el escenario geográfico y social en donde un Estado ejerce su poder, sólo adquiere una vigorosa fuerza política en los siglos XIX y XX. Así, es propio ver que entre los años 1600 y 1800 los mercenarios fueron una fuerza complementaria vital para los Estados que necesitaban librar diferentes guerras, generándose, además, un mercado internacional de oferta y demanda de servicios mercenarios y conformación de tropas extranjeras. La nacionalidad o el origen no determinaban en forma alguna la posibilidad del servicio militar, y menos aún las condiciones para actuar como arrendatario. Los Estados que lideraron los procesos internacionales entre los años mencionados requirieron de forma constante de servicios militares y de abastecimientos suficientes, con el fin de no verse arrastrados en la conformación territorial, social, económica, política o tecnológica de otros Estados.

Las compañías comerciales

Otra de las fuentes de violencia no estatal y de importancia mayor, desde el punto de vista de historiadores y politólogos, es la acción de las compañías comerciales que actuaron en nombre de Estados lejanos, y que dotadas de unidades militares suficientemente diestras, conquistaron territorios, construyeron enclaves económicos y se apoderaron de rutas comerciales específicas. Según Janice Thomson, coincidiendo de nuevo con Charles Tilly, las categorías analíticas comúnmente utilizadas aquí se fragmentan, pues las diferencias entre lo público y lo privado, entre los derechos de propiedad y la soberanía, entre lo estatal y lo no estatal, se fracturan. Esto es así debido a que las compañías fueron una nueva entidad, creada en el siglo XVI europeo, autorizada no únicamente para usar la violencia, sino todos los atributos del poder que otorga la soberanía.

Las necesidades de exploración entre los siglos XVI y XVII condujeron a la conformación de compañías específicas que cumplían tareas específicas en nombre de los Estados que las creaban. En esa medida eran, tanto compañías comerciales como de actividades agropecuarias e instalación de colonias, aunque de hecho también realizaban actividades de corsarios y de mercenarios. El carácter de cada compañía era muy definido al momento de su fundación, sobre todo en los casos de Holanda e Inglaterra, dividiéndolas entre compañías comerciales y compañías de plantaciones. A pesar de sus diferencias las compañías estaban autorizadas a ejecutar las tareas que consideraran necesarias para cada momento.

Al comienzo del siglo XVI estas compañías proliferaron, pero al parecer las tres más importantes eran la Compañía Holandesa de las Indias Orientales, la Compañía Inglesa de las Indias Orientales y la Compañía de la Bahía Hudson. En Inglaterra las compañías comerciales fueron predominantes, y su constitución favoreció a los gremios de comerciantes profesionales, quienes hacían parte de los mismos a través del pago de una modesta cuota, aunque tal membresía sólo era otorgada con la aprobación de los organismos que conformaban los gremios. Los miembros aceptaban cumplir con las reglas y regulaciones de la compañía, pero las aventuras y riesgos sólo los asumían quienes los emprendían. Los privilegios comerciales de las compañías fueron otorgados a cambio del pago de unos derechos especiales, por lo que adquirían derechos ilimitados para sus empresas individuales. Este tipo de compañías vieron su fin en el ocaso del siglo XVI, y se presentaron primordialmente en Rusia, Turquía y la mayoría de las llamadas Compañías Orientales.

En el inicio del siglo XVII la corona inglesa otorgó cartas de funcionamiento y permisos a las compañías conformadas a través del sistema de acciones, tales como la Compañía de India Oriental, la Compañía del África Real, y la Compañía de la Bahía Hudson. La Compañía Holandesa de las Indias Orientales fue una forma intermedia entre las dos clases descritas, y estaba constituida por una "estructura federal" con seis cámaras, una por cada provincia, cuya pertenencia se definía por medio de un principio que decía: "cualquier (persona) sin restricción de raza, sexo, religión, u origen nacional puede ser accionista de cualquier cámara que él escoja" (Thomson, 1994: 87). Cada una de las seis cámaras organizaba y equipaba los barcos de su propiedad, a los que adicionalmente enviaba por su propia cuenta, y cada cámara mantenía sus propios libros de registros; se obedecían unas reglas y unos procedimientos comunes establecidos desde el principio, que además eran supervisados por la oficina de los directores de la compañía en Ámsterdam.

Esta compañía holandesa fue autorizada, en principio, sólo a los tratos comerciales, y así, durante el siglo XVII tuvo puestos aislados de comercio sin establecerse de manera permanente en parte alguna; pero a medida que avanzó el siglo la Compañía estableció bases permanentes en Batavia, Ceylan —Sri Lanka— y un número grande de pequeños puestos de comercio alrededor del Cabo de Buena Esperanza. Otras compañías fueron autorizadas a establecer colonias o plantaciones. Uno de los ejemplos brindados por Thomson es el de la Compañía Inglesa de Plymouth y el de la Compañía de Virginia, que tenían licencia para establecer colonias en Norte América. Generalmente las compañías de comercio fueron ubicadas en los países del Oriente, mientras que las compañías de plantación y establecimiento de colonias fueron enviadas al Nuevo Mundo. Los principios de dirección y de iniciativa privada y control estatal en la conducción de tales compañías variaron de país en país. Las compañías holandesas fueron, por su carácter fundacional y su composición, compañías completamente privadas, mientras que las compañías francesas y portuguesas fueron siempre compañías estatales con propósitos estatales. Las compañías inglesas estuvieron en un nivel intermedio entre las holandesas y las francesas y portuguesas. Estas diferencias tenían que ver con los diferentes procesos de consolidación de los Estados y de creación de las estructuras públicas de gobierno (Ferguson, 2001: 419 a 432).

En Francia y Portugal, con Estados altamente centralizados y fuertes, y con los gremios de comerciantes altamente divididos, fue el Estado el que lideró la conformación de las compañías privadas. El Estado francés obligó a sus comerciantes, banqueros y financistas a participar de sus compañías comerciales en Oriente, a la vez que a asumir las deudas del Estado, que este último desconocía cada vez que se encontraba en aprietos fiscales. Al otro lado estaban las Provincias Unidas, en donde los comerciantes crearon las compañías y las construyeron como pudieron, y sólo acudiendo al Estado para crear una compañía de medida nacional. El caso inglés varió por la existencia de las tensiones de poder, enfrentamientos y controles mutuos entre el monarca y el parlamento, donde el primero buscó constantemente dar lugar a nuevos ingresos a través de compañías comerciales que tuvieran ciertos derechos monopólicos sobre el comercio. Tal situación obviamente iba en contra de las decisiones de los parlamentarios y el enfrentamiento se hizo presente en las guerras parlamentarias, donde los miembros del parlamento trataron de limitar los monopolios y de creas compañías para el servicio y la obtención de ingresos para el parlamento mismo.

En diferentes partes de Europa la creación de las compañías comerciales y el funcionamiento adecuado de las mismas pasó por la demostración del poder efectivo y real del monarca, lo cual además garantizaba, en algunos casos, ingresos directos y cuantiosos para los fiscos del Estado. Tales diferencias hicieron que las compañías tuvieran diferentes objetivos: así, las compañías de origen estatal, como las francesas, estuvieron más interesadas en incrementar el poder del Estado que en los beneficios económicos de la compañía misma, mientras que las compañías holandesas, por su origen privado y por sus acciones, estuvieron concentradas en la obtención de su propio beneficio. Las compañías inglesas se enfrentaron a la necesidad de dar respuesta a diferentes objetivos: se trataba de obtener beneficios para los inversores y los comerciantes privados, de obtener ingresos y poder políticos para la Corona y el Estado, y de mantener su independencia del Parlamento. Pero aparte de las variadas formas que las compañías comerciales tomaron, la necesidad de delegación de poder fue evidente, e incluía la autorización y el reconocimiento explícito del uso de la violencia, a la vez que se empeñaban en obtener cartas de autorización directas por parte de los Estados.

En el caso inglés obtener una carta real fue considerado un prerrequisito formal indispensable, toda vez que suponía un respaldo para cualquier acción comercial por tres razones fundamentales: 1) sin una autorización no se podían pedir o ejercer actos punitivos con respecto a situaciones peligrosas o desventajosas; 2) contar con una carta que por medio de un acto aprobatorio del Parlamento o del rey confería derechos comerciales sobre rutas no explotadas por occidentales hacía posible que se pidieran derechos y se pudieran hacer inversiones con cierto respaldo público, y hasta político; 3) las asociaciones de comerciantes requerían de un status legal, de modo que pudieran firmar contratos, obtener propiedades y enfrentar disputas legales en los sitios de asentamiento o de comercio. Se pueden señalar dos puntos adicionales igualmente importantes: de una parte, la teoría legal inglesa del momento implicaba que los empleadores ingleses, para poder tener trabajadores a su cargo, incluso en el extranjero, requerían de la asignación de una jurisdicción legal específica. De otra parte, se debe indicar que una carta real inglesa quería decir que las compañías autorizadas operaban bajo la égida de la corona inglesa y, por tanto, cualquier injuria o agresión contra la compañía o sus miembros sería tomada como un acto contra la corona (Thomson, 1994: 32-40).

En el caso holandés las cartas del gobierno se convirtieron en vitales, una vez los portugueses amenazaron con usar la fuerza militar para mantenerlos fuera de las rutas y los enclaves del comercio de Oriente. Esto trajo como reacción que los comerciantes organizaran formas de protección militar para defenderse de las fuerzas armadas portuguesas; lo que en la práctica significó que una carta del gobierno holandés le garantizaba a la compañía el acompañamiento militar y el uso del derecho a responder a las agresiones militares de los portugueses. Adicionalmente, los comerciantes holandeses autorizados recibieron un subsidio del tesoro nacional para ir a la guerra contra las unidades españolas y portuguesas si era necesario.

Las compañías fueron dotadas de todas las características de la soberanía para cumplir con sus propósitos, que en la práctica fueron más que comerciales y se convirtieron en propósitos económicos, políticos y militares. Adquirieron poder y autoridad para firmar tratados, hacer la guerra, tomar posesiones, firmar acuerdos de paz y agenciar asuntos económicos y políticos, según fuera el caso. De esta manera, quienes dirigían las compañías en el exterior asumían las responsabilidades de gobernadores, haciendo que las estructuras políticas de la soberanía y de la responsabilidad militar fueran creciendo en la medida en que la compañía se consolidara y se expandiera, o se encontrara en situaciones hostiles. De acuerdo con la carta que autoriza a la Compañía Holandesa de las Indias Orientales, ésta estaba autorizada para concluir tratados de paz y alianzas, adelantar acciones de guerra defensivas, y para construir fortalezas y baluartes en cada región (Thomson, 1994: 93). Las compañías también podían enlistar civiles, marinos y militares, y tomar juramentos de lealtad a la Compañía pero también de lealtad a los Estados Generales. Así, la Compañía estuvo autorizada para hacer la guerra a los pueblos indígenas, mantener las fuerzas navales y militares, y ejercer los poderes judiciales y administrativos de cada región.

En 1670, la Compañía de la Bahía Hudson recibió la autorización, mediante carta a "el Gobernador y la Compañía de Comerciantes Aventureros de Inglaterra en la Bahía Hudson", para ejercer el derecho absoluto de administrar las leyes y juzgar todos los casos, civiles o criminales en su lugar de influencia (Thomson, 1994: 33-36 y 60-61). Igualmente se le permitía defender todos los intereses públicos y privados de Inglaterra, utilizar sus propios ejércitos y armadas y construir fuertes. Los mismos poderes y algunos más le fueron otorgados al gobernador de la compañía inglesa destacada en India, a partir de 1661, incluyendo la autorización para hacer la guerra o establecer tratados de paz con los príncipes o los pueblos no cristianos, para construir fortificaciones y para exportar municiones y armas desde Inglaterra.

Lo anterior ilustra no sólo el extraordinario poder de estas compañías sino el alcance en la delegación del poder soberano de los Estados a las soberanas compañías de ultramar. Sin embargo, dicho poder y dichas delegaciones de capacidades militares variaron de una compañía a otra, y esta variación dependía de la misión que cada una tenía asignada; así, por ejemplo, la Compañía Holandesa de las Indias Occidentales tenía como objetivo hacer el máximo daño posible a los españoles, lo que hacía que el daño a los barcos, la práctica de los corsarios autorizados por la Compañía y el asalto a las ciudades y los puestos españoles fueran un objetivo definido, pues de lo que se trataba era de acabar con el Imperio ibérico-atlántico. En contraste con ésta, la Compañía Holandesa de las Indias Orientales sólo estaba autorizada al uso defensivo del poder militar en tiempos normales y sin agresiones explícitas.

Un debate importante sobre el carácter de estas compañías se desarrolló en varias partes de Europa: para algunos se trataba de prácticas monopolizadoras ilegales, que contaban con fuerza propia, desestimulando toda posibilidad de competencia económica y de formación de mercados nuevos; así, lo que se atacaba era el uso de la fuerza, más que el monopolio económico de ultramar (Ferguson, 2001: 467). Quienes defendían las empresas y sus monopolios decían que éstas representaban la expansión del Estado y el conjunto de sus bienes públicos, pues los fuertes y la infraestructura construida por éstas, en las diferentes zonas de comercio, plantación o colonización, eran bienes públicos e inversiones públicas que se auto-costeaban. Este argumento hizo que el mantenimiento de las capacidades militares de las compañías fuera justificado como un elemento preventivo y defensivo contra los "nativos rampantes", los piratas de diversas procedencias y las acciones de los otros europeos, en especial de los españoles, portugueses y franceses. Lo más importante es destacar que las compañías actuaron como elementos europeos enviados a irrumpir en áreas no europeas, y en esa irrupción se construyeron los mecanismos de poder que hicieron que el espacio no europeo fuera disputado mediante mecanismos de diversos tipos, que en este caso se trata de la violencia no estatal ejercida por las compañías de comercio, privadas como en Holanda, públicas como en Francia y Portugal, o mixtas como en Inglaterra (Thomson, 1994: 97-105).

Podemos concluir que al igual que en el caso de los corsarios y los mercenarios, sólo cuando el sistema internacional occidental de Estados-nación logra extenderse por todo el mundo e imponer un conjunto de conceptos referidos a las formas de ejercicio del poder político en esos Estados nacionales se hace necesario eliminar las fuentes de violencia no estatal. Estas fuentes se eliminaron, además, sobre la base de un copamiento de los espacios internacionales "sin príncipes ni pueblos legítimos", quienes lograron ser legitimados o poseer el derecho a tener territorios y bienes, sólo en la medida en que daban forma a los conceptos políticos y a los modelos de ordenamiento occidental. Dicho en otras palabras, los sistemas de relaciones internacionales creados por los Estados occidentales, en especial desde el siglo XIX, han impuesto el modelo de lo que hemos llamado el Estado moderno, más tarde concebido como Estado-nación, como única forma válida de ordenamiento político, independiente de la filiación política que se tuviera. Esta situación condujo a que uno de los requisitos para que un Estado obtuviera reconocimiento político era que fuera un Estado moderno, y otro, que los nuevos Estados cumplieran con todos los acuerdos internacionales que dieron lugar a la creación de sistemas internacionales. De esta forma se puede concluir que cuando existían territorios que no cumplían con estos requisitos o características, se consideraban zonas de conquista y copamiento por parte de los Estados occidentales o en proceso de occidentalización. La violencia no estatal fue efectiva en la medida en que permitió que los países europeos obtuvieran ingresos económicos y beneficios geopolíticos territoriales sin correr grandes riesgos. Pero su control se convirtió en una de las principales exigencias del ingreso a la sociedad internacional para los Estados que aspiraban a ser reconocidos y a disfrutar de derechos políticos plenos.

Capítulo 4
IDEAS POLÍTICAS PARA EL ESTADO MODERNO

Llegados a este punto en la estructura argumentativa de la presente investigación, hemos afirmado que las relaciones internacionales han sido atributo específico de los Estados, y que la naturaleza y las transformaciones que éstos experimentan afectan, positiva o negativamente, las relaciones que ellos puedan establecer. En esta dirección es importante señalar que son determinantes de tales relaciones las ideas y los procesos políticos que dan forma a los Estados; así, las ideas y los procesos políticos que han sostenido la aparición y conformación de los Estados modernos occidentales explican y a la vez justifican sus acciones en el plano internacional.

Dos de las ideas más importantes en la conformación de los Estados occidentales están estrechamente vinculadas: la idea del poder político moderno construido sobre el poder y los acuerdos de los ciudadanos, y la idea del Estado como una estructura institucional necesaria para el mantenimiento de la sociedad, que además sólo puede ser construido sobre el consenso explícito y reconocido de los ciudadanos. La idea de la ciudadanía es un atributo político especial que toman los hombres modernos occidentales una vez son constituidos como individuos. De esta manera la idea del individuo, mas no necesariamente la del individualismo, o mejor aún, la realidad cultural del individuo, es una marca crucial de la civilización occidental, permitiendo los procesos claves de secularización, interiorización y explicitación de los valores de libertad, bienestar y libre albedrío. Los individuos son seres pensantes que adquieren valores y existencia política cuando se articulan en sociedades o comunidades, y cuando establecen compromisos que conducen a construcciones institucionales.

De acuerdo con lo anterior, y antes de continuar con la precisión de los eventos políticos que forman las relaciones entre los Estados, resulta básico en este capítulo hacer una revisión, tanto de la idea de individuo que nuclea la vida política de Occidente, como de las ideas que permiten construir el Estado como realidad política definida. El Estado surge, como ya hemos dicho, hacia finales del siglo XIV, y se constituye en la medida en que se convierte en una institución central que protege a individuos, es decir, a ciudadanos, y que adquiere la personalidad que éstos le otorgan. Como Martin van Creveld afirma, el Estado moderno es una invención con nombre propio: Thomas Hobbes.

EL INDIVIDUO, LA MARCA OCCIDENTAL

La creación del sujeto individual es la principal huella cultural de la civilización occidental, y es éste, el individuo, el que da sentido a la mayoría de las reivindicaciones políticas de nuestras sociedades occidentales y a las nociones de libertad, justicia, ordenamiento y cohesión social que conocemos y que se debaten políticamente.

El individuo es el producto de la invención del yo, una característica básica de las personas occidentales, que ha pretendido formarlas como únicas e irrepetibles, con derechos específicos y con aspiraciones delimitadas, que permiten que las personas relaten sus vidas en términos de primera persona y construyan identidades particulares, incluso en medio de modelos de cohesión colectiva como los nacionalismos.

La identidad moderna, la del yo individual, es una construcción que se ha presentado desde los inicios mismos de la civilización occidental, configurándose como un largo proceso a través del cual se ha obtenido una imagen del individuo, con rangos motivacionales supuestamente precisos, y con objetivos y modos de vida más o menos claros, más allá de los diferentes períodos de la historia, como si de hecho se pudiese poner tierra de por medio entre la modernidad y la premodernidad, respecto al individuo, su vida y sus aspiraciones.[1]

---

[1] Un desarrollo relacionado, en parte, con la línea de trabajo que seguire-

Esta identidad es la afirmación de tres elementos que interactúan, incluso en una situación perlocutiva hacia la idea de realidad, y que son: los procesos de interiorización del yo, la afirmación de la vida corriente y la aparición de la naturaleza como fuente moral. Esta parte del trabajo se realiza siguiendo de cerca al filósofo canadiense Charles Taylor.

LA INTERIORIZACIÓN

La interiorización es la posibilidad que tuvo la civilización occidental de pasar de una forma de narración y comprensión del mundo en tercera persona, tal y como sucede en el *Génesis*, a una en primera persona, como se ve en las *Confesiones* de San Agustín, donde el mundo deja de ser un mandato abierto a todo el universo y se convierte en uno específico y esencialmente bueno para el hombre.

Esto es, el mundo adquiere significación específica para el hombre en tanto esta significación comienza a integrar el conjunto de los bienes del hombre, lo que en principio sucede en forma de revelación. Entre los muchos cambios que la *Biblia* registra, aparece como básico el que los evangelios son una conversación directa entre Dios y el hombre, y su referencia, o su plano referencial, es el mundo, pues hasta la idea orientalista de la resurrección tiene como escenario la vuelta al mundo de los vivos, que en la imaginación cristiana está mediada por la temperancia en el cielo hasta el día del juicio final, cuando nuestros actos serán juzgados por nuestra manera de proceder ante el mundo, es decir, por nuestra manera de proceder desde el bien con respecto al mundo.

Este proceso de constitución de la interioridad se da desde el giro al yo, representado en la primera persona individual, que da San Agustín,[2] obispo de Hipona Regia, basado en la cristianización de Platón, tomando como referente su teoría de las Ideas y su conexión con las bases del pensamiento

---

mos en este capítulo está asociado a lo que se ha dado en llamar la subjetividad y su historia. Para tener una versión más o menos amplia de esto, véase el texto de Alain Renaut, *La era del individuo* (1993).

[2] Al final del capítulo VI del libro de las *Confesiones*, San Agustín dice: "Existía yo, por cierto, y vivía para entonces y, ya buscaba el fin de mi infancia, buscaba señas con que dar a conocer a los demás mis sentimientos".

dispuestas para su percepción, y dando como resultado la diferenciación entre el conocimiento del mundo y una posible opinión acerca del mismo. El conocimiento de las Ideas, en Platón, conduciría irremediablemente a la formación de una idea del cosmos, del orden; lo que necesariamente se reflejaría en el desarrollo de Teorías, es decir, de modelos de orden interiorizados.[3]

Para San Agustín esto es vital en el proceso de constitución del sujeto que ve al mundo y que por la gracia de Dios lo descubre, creando en sí su propia imagen de éste.[4] En Platón la observación del cosmos y la interiorización de su imagen conducían directamente a la necesidad que tienen los hombres de proceder con sentido o, mejor aún, con razonabilidad. Esta posición llevaba directamente a la creación de un orden social sin desequilibrios de fuerzas y que pudiese reflejar un orden natural: un orden racional. El conocimiento del mundo y el procedimiento para dar lugar a una forma particular de la sociedad tenían sentido en la dirección de ser elaborados desde la razón y no desde el instrumento de la pasión, pues ésta hacía que nuestras versiones de la realidad fuesen un tanto equívocas y desequilibradas. En esta dirección se puede afirmar que cuando aparece *La República* de Platón lo que se quiere subrayar es la dirección de un orden justo en la sociedad, que esté conectado con los más altos valores del conocimiento y de la forma del ordenamiento de la sociedad. Así, *La República* es la consolidación de un orden justo, en consonancia con el orden cósmico.

Lo importante de las nociones de Platón es el papel que la razón cumple como origen de los ordenamientos: la razón tiene sentido ligada a una idea del orden o, mejor aún, ligada a una representación del orden y del cosmos, donde la armonía y la concordia son los resultados de los modelos creados desde la razón.[5] La razón es entonces una visión del orden natural, que por ella es interiorizado y visto como correcto cuando se comprenden los modelos desde los que actúa; de

---

[3] Según la lectura de Charles Taylor, Platón elabora su teoría moral en *La República*. Por lo tanto, aquí se sigue la misma línea de trabajo.

[4] En San Agustín el internamiento en el mundo comienza por la adquisición del lenguaje, y con él se llega a la inmersión en la sociedad a través de la escuela. Véase el capítulo VIII de las *Confesiones*.

[5] Al respecto véanse los numerales 425 a 435 de *La República*.

esta forma, cuando se actúa regido por la razón es como si se actuara regido por dicho orden (Taylor, 1999b:137).

Platón consolida dos posibilidades que van a ser importantísimas en la vida de la civilización occidental: permite la interiorización, como construcción de los órdenes externos dentro del alma, desde el papel que la razón cumple como develadora del orden natural, y permite que se derive la contemplación del cosmos, como orden inmutable, desde los modelos de la teoría.[6]

Las ideas platónicas rinden su fruto más brillante en San Agustín, quien crea la noción de la primera persona con base en el reflejo de las ideas interiores que llevan al descubrimiento del orden cósmico. Pero estas ideas interiores en San Agustín son formas de la memoria que están a la disposición del hombre, quien cultivando la razón podrá encontrar la luz interior, la presencia del Señor, del Dios que está dentro de todos los hombres que vienen al mundo.[7]

De esta situación surgen dos cosas interconectadas en San Agustín, según la lectura que Taylor hace de él: las condiciones del *cogito*, que representan las formas en las que podemos interiorizar la realidad, a través de la aprehensión que hacemos del mundo desde la razón; y el surgimiento de la teoría de los dos amores que nos pondrán en dos posiciones casi irreconciliables en la vida: el amor dirigido a las pasiones y por el que no podremos encontrar ninguno de los elementos formadores del mundo, y el amor dirigido a las cosas que se elevan o que va hacia el Señor, dando lugar a las posibilidades de conocer el mundo, tal como lo podemos descubrir por la razón y desde la iluminación interior que nos proporciona el Señor en su contemplación. Esta ubicación de las formas del conocimiento entre el acto del pensamiento individual y la revelación del Señor, a través de la contemplación, nos deja a mitad de camino en el proceso de la desvinculación plena, pues las fuentes de la acción moral siguen siendo externas al hombre, aunque las sienta desde el interior de sí mismo.

---

[6] Examínese en Platón el numeral 444 de *La República*.
[7] Las *Confesiones* es un texto que mantiene un tono de análisis y exposición permanente en primera persona.

Pero quizá lo más relevante de este recorrido es la manera como Taylor relaciona a Platón, a San Agustín y a Descartes para, de alguna manera, culminar una parte relevante del proceso de la interiorización con este último.

En Descartes la interiorización conduce, de acuerdo con la interpretación de Taylor, a un cambio radical en las medidas de la comprensión del mundo y del lugar en donde se encuentran las fuentes morales. En Descartes el mundo tiene coherencia en tanto sea iluminado por la razón, pero no supeditado a las Ideas platónicas, sino en relación a la construcción de modelos racionales autónomos plenos, cuya idealización más alta es la de la racionalidad matemática, dando lugar a una escenificación de lo racional como descripción, relato del mundo y medida de la vida. El hombre, de esta manera, sólo puede encontrar sentido para sí en la medida en que lo descubre en la razón, y ésta es la que le asiste, en la vida misma.

La razón es entonces la que asiste al hombre en la aparición del problema de la dignidad como asunto vital. La dignidad humana es relevante en la medida en que separa al hombre de las demás criaturas del mundo, pues es la condición conferida por la dignidad de la razón, expresada en términos de autonomía con respecto a las fuerzas incontrolables del mundo. De esta manera el famoso *"cogito ergo sum"* es la escenificación de las formas de la autonomía proporcionada al hombre por la razón, presentada por la ciencia y viabilizada por la reflexión.

Descartes desvincula al individuo, según Taylor, de las formas en las que éste puede conocer al mundo: lo desvincula de la imagen de Dios como dador de la verdad del mundo, a la vez que lo desvincula del idealismo platónico; pero también lo desvincula de la condición de ser dependiente de los relatos de la sociedad tradicional europea para conocer el mundo, pues lo coloca en dos direcciones totalmente nuevas: la de los nuevos vehículos de la razón dados por la ciencia, y la de la independencia de la sociedad, desde la soledad de la razón.

Mi sugerencia es que la imagen del sujeto desvinculado que presenta Descartes articula la comprensión del hacer humano que es más compatible con dicho movimiento; y esto es parte de las bases para su enorme impacto, tanto en su siglo como en los sucesivos (Taylor, 1999[a]:176).

Lo que Descartes crea es una desvinculación que va a tener como consecuencia inmediata la aparición del autocontrol del hombre, dirigido tanto hacia sí mismo como hacia el mundo. El autocontrol crea un cambio de perspectiva o, mejor, de nivel de existencia del mundo, pues conduce necesariamente a la objetivación de éste. Objetivar algo es ponerlo en la proporción justa de lo que es, de lo que tiene planteado normativamente sobre nosotros: cuando consideramos al mundo como un conjunto de fenómenos que son susceptibles de ser descritos, nos topamos con el mundo como un conjunto de hechos que podemos comprender y que de alguna manera aspiramos a dominar, rompiendo con ello el orden de la contemplación, propio de toda la Edad Media, cuyo ideal de vida para la contemplación era la vida monacal, que permitía realizar el ideal ético de la salvación de todos a través de la consagración de unos pocos a la vida contemplativa, es decir, de aquellos que estaban llamados al cuidado de la vida contemplativa.

Este orden de la desvinculación llega a una expresión mayor, o más definida, con la incursión de Locke en el espacio formativo del proceso que conduce a la consolidación de las sociedades modernas. Locke procede con un criterio de conocimiento que vincula de manera destacable el valor de lo sensorial y de lo experimental en la aparición de los conjuntos de ideas que nos dan cuenta de las nociones a las que podemos dar lugar con respecto al mundo.[8] De este modo se obtienen tres puntos desde los que se da el conocimiento del mundo:

1. La reificación de la mente, determinando que nuestro pensamiento está elaborado por bloques de ideas simples, producto de nuestro contacto con los fenómenos que constituyen el mundo; esto es posible en tanto las ideas son asuntos materiales en relación con los cuales se presentan los procesos de pensamiento; el poder del hombre frente al mundo reside en su capacidad de generar cambios en estos procesos. Esta situación, al entender de Taylor, es la apari-

---

[8] Véase en John Locke, en el libro *Ensayo sobre el entendimiento humano* (1994), el capítulo III del Libro Cuarto, titulado "Del alcance del conocimiento humano".

ción en escena de un atomismo en el proceso de conocimiento y en los procesos de pensamiento y de la mente.

2. "Los átomos existen en un proceso cuasimecánico, una especie de grabado en la mente a través del impacto sobre los sentidos. Las ideas 'se producen... por la operación de partículas insensibles sobre los sentidos'" (Taylor, 1996: 183).

3. Las asociaciones de los átomos para producir las ideas se dan en la imagen de ensamblajes cuasimecánicos, que son plenamente compatibles con la imagen que la nueva ciencia experimental comenzaba a relatar: un mundo mecanicista, al que subyace un orden que es necesario descubrir.

Locke destaca el conocimiento al igual que Descartes, según la mirada de Taylor, como un logro de la voluntad individual, lo que rompe con la imagen platónica y medieval de la revelación y que está dado de antemano en la forma del cristianismo antiguo. Esta postura de Locke es la adhesión al ideal de la independencia y la autorresponsabilidad del hombre, donde la razón está libre de la costumbre y de las autoridades, cualquiera sea su origen. Esto es compatible con el principio según el cual la racionalidad es propia del proceso del pensamiento, más que de las características sustantivas del pensamiento. Locke apunta a una desvinculación radical del individuo desde la introducción de la voluntad, aunque da origen a las posturas del deísmo como paso intermedio entre las antiguas creencias religiosas y las nuevas actitudes del protestantismo y el naciente y militante ateísmo, que encuentra su justificación en la desvinculación radical. Locke introduce los entornos del voluntarismo teológico, pero básicamente crea un cambio de posición y de postura de las fuentes morales, en tanto sólo el conocimiento individual y proporcionado por nuevos marcos de referencialidad podría llevar a la consolidación de la realidad.[9]

Estos cambios de Locke son factibles por la posibilidad de dar al yo una existencia definida e independiente de asuntos como la sustancia o la gracia, y lo hace depender de la conciencia; esta última se presenta como la posibilidad de objetivar un elemento adicional al mundo: al hombre mis-

---

[9] En el libro citado de Locke (1994), examínese el capítulo IV, titulado "De la realidad del conocimiento", del libro Cuarto: 561-571.

mo, dándole sentido a las afirmaciones del quehacer dentro de la realidad en la que se inscribe, y proporcionándole una nueva sensación de independencia.[10]

Pero si Locke fue vital para profundizar la interiorización desde la desvinculación del individuo, se debe aclarar que fue el puritanismo el que dio un escenario mucho más rotundo de ese cambio, permitiendo la aparición directa del individualismo radical. Este individualismo radical, iniciado de forma abierta desde el luteranismo y con los diferentes elementos de la Reforma, rompió la unidad que había creado la unificación de la experiencia religiosa colectiva que se presentaba desde la Iglesia como institución abierta y general, experimentada en un gran mandato político y en el logro de una unidad cultural más o menos clara, en una gran diversidad de pueblos. Aquí quiero señalar que Taylor no reconoce apropiadamente el papel particular de Lutero y de Calvino en este cambio, y los deja difuminados en una alusión indiscriminada a la experiencia puritana. Recordemos que la Reforma en general parte de un hecho religioso para afirmar uno político y otro económico: la negación de la mediación de las relaciones con Dios es la introducción de la autonomía de estas relaciones, donde la voluntad del individuo, sumada a la posibilidad del conocimiento de la palabra de Dios de manera directa, crea los entornos de la independencia práctica, en la que los individuos se mueven o deciden sobre su proyecto de vida.

Aquí aparece un rasgo importante de la vida moderna: el fin teleológico no reside en el mundo sino en la voluntad individual; el que se salva no es el mundo sino el individuo. Con esto, la Reforma afirma un rasgo adicional de la identidad moderna: el de la particularidad; pues la salvación ya no depende de las acciones que otros podían ejecutar por mí, sino por las formas en las que las acciones de mi propia voluntad dan lugar a la acción salvífica de un yo individual. Esta situación del individuo de cara a Dios, responsable de sí mismo y de las consecuencias de sus acciones, definido por los rasgos particulares sobre los que debe formar su voluntad, la cual lucha contra una naturaleza antropológi-

---

[10] Al respecto debe leerse el planteamiento de Locke sobre la existencia, desarrollado en el capítulo IX del Libro Cuarto, del libro citado.

camente perversa, conduce a que el hombre sólo pueda sobrevivir en su soledad desde el compromiso radical consigo mismo. Esta situación influye en los procesos que en la cultura de la modernidad dan lugar a la creación e imaginación del propio yo y de la personalidad, haciendo que los elementos referenciales de la interiorización estén en función del yo individual para escenificarlo en la sociedad, y no como era visto en el mundo medieval, donde el yo no era más que una extensión del grupo social al que estaba vinculado, haciendo que la interiorización fuera un proceso de percepción colectiva de la realidad (Giddens, 1991: 70 y ss.).

Taylor se siente bastante asombrado por una situación importante: él cree que los efectos del protestantismo son determinantes, y que están diluidos en el conjunto total de las realizaciones culturales de la transformación occidental. Y reconoce la trascendencia de este conjunto de cambios de una manera singular:

> Este individualismo a tres bandas es central en la identidad moderna. Ha contribuido a establecer el sentido del yo que se despoja de la ilusión de estar anclado en su ser, un ser perenne e independiente (Taylor, 1999a: 201).

Esta afirmación del individualismo trae también una consecuencia definida: da origen a la idea del hombre como sujeto independiente de las condiciones externas, pues la conciencia permite pensar, por ejemplo, que las ideas están en la mente y no en otro lugar independiente, y con esto se radicaliza el giro cartesiano a las formas del pensamiento y al papel del individuo independiente, en la elaboración de las formas en las que vive y se ubica en el mundo este individuo. Esto significa un desplazamiento del *logos óntico* y un reconocimiento de los aspectos más variados de la conciencia, amparados bajo la forma de la *psique*. En este sentido es inevitable la asociación entre el cambio ontológico que se dirige hacia la seguridad del individuo y la inevitable angustia moderna por asumir la existencia, como lo señala Anthony Giddens, ahondando más profundamente en las consecuencias de la autopercepción ontológica del yo, y la inevitable angustia de la modernidad (Giddens, 1991: página 35 y ss.).

Quizá lo más interesante de la revolución cultural que supone la conformación del individualismo moderno y sus efectos sobre la confección de la identidad moderna es que ubica al hombre en medio de un mundo desencantado (Taylor, 1996: 208), declinando las explicaciones divinas y las prácticas y creencias mágicas como explicaciones del mundo, y dando una prioridad mayor a los conocimientos del mundo desde la razón, la conciencia y la experiencia del mundo, respaldados por los papeles que sitúan al nuevo sujeto: el individuo.[11]

Cabe destacar dos características de las nacientes sociedades protestantes: 1) la práctica social iba encaminada a mantener la independencia de los individuos, asegurando además la dignidad del trabajo como procedimiento para la consecución de la salvación, lo que de hecho constituía una derrota a la ética militar y cortesano-caballeresca, ligada a la afirmación de la vida corriente, como el mismo Taylor lo afirma;[12] 2) las sociedades protestantes mostraron desde el comienzo una fuerte vinculación a las explicaciones científicas y a la consolidación política de las sociedades de formas no tradicionales, creando una diferenciación de hecho con las sociedades contrarreformistas y católicas.[13]

Aquí existe una consecuencia importante operada en la imaginación y el pensamiento de las nuevas sociedades: la aparición del atomismo, gracias al papel cumplido por las ideas de los sujetos desvinculados, autorregulados, independientes, particulares y autocomprometidos. Esta situación facilita que se construyan situaciones autorreferenciales para las sociedades, en el sentido en que los mandatos que se operan para su constitución no están dados por fuentes divinas, mágicas o externas a la voluntad individual, sino que provienen de las decisiones que los individuos quieran to-

---

[11] Eugenio Trías ha tratado sobre este asunto en el estudio titulado *La edad del espíritu* (1994). En especial debe leerse del Tercer Libro, llamado "De la razón al espíritu", el contenido del apartado "La revelación de la razón. La idea de infinito y su exposición alegórica": 507-558.

[12] Al respecto examínense la introducción y los capítulos 1 y 2 del trabajo de Jürgen Habermas: *Historia y crítica de la opinión pública* (1975).

[13] Una de las formas de ver estos asuntos se encuentra en el proceso de creación de universidades dedicadas a la investigación científica y a la promoción de la tecnología como mecanismo de intervención en la realidad. Como prueba de ello se puede revisar la historia de la fundación del King´s Colleges, hoy Columbia University, del College of New Jersey, hoy Princeton University, y del Harvard College, hoy Harvard University.

mar y sumarse a ellas como producto de una discusión racionalizada.

Los hombres aparecen así como agentes humanos responsables, constructores de su propio orden y en posesión de sus juicios, sus bienes y su futuro. El futuro se vincula desde lo que Taylor quiere señalar como los poderes *poiéticos*, esto es, desde la capacidad productiva, no sólo de condiciones económicas siño también de condiciones sociales, morales y éticas, como luego va a quedar demostrado con las explosiones literarias y artísticas de los siglos XIX y XX. Esta *poiesis* es la posibilidad de generar modelos nuevos para la vida, en donde las narraciones estén encaminadas a dar respuesta a una necesaria fuente moral nueva, dado que poco a poco los puritanos, los ateos y los representantes de la nueva sociedad van a crear nuevas formas de relaciones sociales, superando las fuentes de la referencialidad universal católica. La literatura encarna gran parte de este ideal *poiético*, dando lugar a nuevas formas políticas, sociales, morales e incluso institucionales.

Con todo lo anterior se opera un cambio radical, que en ciertos momentos parece pasar desapercibido: la identidad se ha alterado totalmente, se ha transformado de manera radical y ha dado como resultado un nuevo sujeto individual:

> La identidad moderna surgió porque los cambios ocurridos en las autocomprensiones vinculadas a un amplio ámbito de prácticas —religiosas, políticas, económicas, familiares, intelectuales, artísticas—, convergieron y se reforzaron entre sí para producirla: por ejemplo, las prácticas de la plegaria y el ritual religioso, la disciplina espiritual como miembro de una comunidad cristiana, las del autoexamen como miembro de los regenerados, las de la política del consentimiento, las de la vida familiar y del matrimonio de compañerismo, las de la nueva forma de crianza de los niños, desarrollada a partir del siglo XVIII, las de la creación artística bajo la exigencia de la originalidad, las de la demarcación y la defensa de la privacidad, las de los mercados y los contratos, las de las asociaciones voluntarias, las del cultivo y la demostración del sentimiento, las de la búsqueda del conocimiento científico. (Taylor, 1999a: 222).

LA APARICIÓN DE LA NUEVA VIDA: LA AFIRMACIÓN DE LA VIDA CORRIENTE

Otra de las causas y consecuencias más sensibles en el proceso de consolidación de la vida moderna es el cambio que la vida tuvo, principalmente en el significado y la trascendencia que la vida corriente experimentó desde los aspectos de la vida cotidiana: el amor como eje de la vida, la educación de los niños y su consecuente importancia en las formas de la vida familiar, el surgimiento de las relaciones conyugales como compañerismo y el auge del amor romántico, escenificado por la introducción de los sentimientos en la vida diaria.

Estos asuntos tienen su lugar en la fractura de las fuentes morales que permitían el mantenimiento de formas particulares de encontrar la salvación: léase, de encontrar sentido para la vida. El antiguo orden implicaba un sentido para la vida desde el ideal de la santidad, marcado por una profunda orientación agustiniana, y determinado por las formas de consecución del conocimiento con fines contemplativos. Así, el conocimiento y la santidad no eran para todos los individuos y, por tanto, sólo unos cuantos podían alcanzar los niveles de la vida piadosa: la vida monacal era el ideal, complementada por otras esferas y formas de vida que nada tenían que ver con la vida ordinaria, que se distanciaba de los héroes laicos que complementaban a los ordenes monacales, como era la vida de las cortes, los reyes y los guerreros, que a su vez se sostenían con prácticas económicas como las del saqueo, el cobro de impuestos y la renta. La vida ordinaria estaba excluida de todos los órdenes de las relaciones sociales y no constituía referente alguno para un ideal de vida ni mucho menos era motivo de ideal de vida. En la Edad Media los individuos de vida corriente eran vistos como sujetos irrelevantes para la sociedad.[14]

En este tema, como en otros, el papel de la Reforma, y el de los puritanos en general, fue determinante; creo que muchísimo más de lo que Taylor quiere reconocer. El hecho de romper los referentes teocráticos y eclesiásticos para echarlos

---

[14] Para tener una idea aproximada de cómo funcionaban estos procesos véase, en el libro de Norman Pound, *La vida cotidiana: historia de la cultura material* (1992), el capítulo I, titulado "Prolegómenos": 13-29 y los capítulos IV a VII.

por tierra, como lo hace Martín Lutero cuando clava sus 95 tesis en las puertas de la iglesia de Wittenberg, en una desesperada búsqueda de consuelo espiritual a través de la propuesta de una reforma a la concepción espiritual de la Iglesia, crea una ruptura de enormes proporciones al dar al traste con las fuentes morales que habían permanecido intactas durante toda la Edad Media:

> Una vida humana plena se definía ahora en términos de trabajo y producción, por un lado, y matrimonio y vida familiar por otro. Al mismo tiempo, las actividades antes consideradas 'superiores' ahora son duramente criticadas (Taylor, 1996: 229).

Con esta ruptura se cambia el centro de la vida religiosa, pasando de la institución a la experiencia privada, de la interpretación oficial a la conversación directa con Dios, de la obediencia ciega al compromiso consigo mismo, de la intrascendencia al protagonismo callado y asegurado por el atomismo político, representado por los primeros pasos hacia el liberalismo. En últimas, aparece el objetivo básico de todo este cambio: aliviar la condición humana. Esta transformación es captada por William James en la ruta del protestantismo a finales del siglo XIX, cuando concibe la experiencia religiosa como un asunto individual,[15] privado, laico, garantizado por un orden social y político secular, que deja intactas las experiencias religiosas.

Los individuos que protagonizan estos cambios no son sólo espectadores pacientes que observan con cautela lo que sucede, sino partícipes de lo que sucede en estos cambios, dando lugar a nuevas formas de vida. Fundamentalmente, ocurre un cambio extraordinario: los individuos pueden tener formas del sentido pleno de la vida, determinadas por nuevos rangos morales y éticos, que se debaten entre la felicidad, el gozo y el placer. El cambio es rotundo, en tanto el individuo no es una separación entre el necesario sacrificio de la carne y la consecuente salvación del alma, sino que el giro hacia la valoración del cuerpo y la salud del alma implica parte del autocompromiso. Este autocompromiso se expresa mejor

---

[15] Al respecto examínese el clásico libro de William James, *Las variedades de la experiencia religiosa* (1986). En especial el capítulo VIII, titulado "El yo dividido y su proceso de unificación": 131-148.

cuando se llega a las dimensiones de la interrelación entre los individuos, que se expresa en los términos del mercado, el cual pone de manifiesto dos condiciones importantes del cambio: el comercio y la producción son, desde la perspectiva protestante, el rechazo a las prácticas guerreristas de las cortes medievales, las que además se tranzan rápidamente en una guerra de religiones. Pero el mercado también es la posibilidad de expresar la condición de igualdad de la competencia que los individuos van desarrollando, y que se expresa de manera clara cuando las reglas del mercado deben escapar al control estatal asociado a los intereses aristocráticos. Aquí se debe aclarar, en contra de abundantes interpretaciones estrechas, y como lo hace Taylor, que la afirmación de la vida corriente no se queda sólo en la afirmación de la vida burguesa sino que entra directamente en el reconocimiento del papel de las vidas sencillas, que son las que protagonizan los cambios más importantes.

El cambio que introduce la vida corriente trae consecuencias imborrables para el desarrollo de las sociedades católicas que se ven duramente enfrentadas a la suerte de los individuos que se autoafirman y que, por tanto, desconocen aquello que se ve como superior, como suprahumano. El ideal luterano-calvinista del trabajo y la austeridad permite que el hombre individual conozca sus límites y pueda valorarlos y evaluarlos de acuerdo con las nuevas formas de los bienes, donde la vida debe vivirse cuidando de sí, de forma seria y desapegada. Sólo los hombres corrientes pueden hacerlo; en cambio, quienes miran al mundo desde la grandeza de los héroes o desde el santoral están incapacitados para asumir con realismo la vida.[16]

Esta afirmación de la vida corriente basada en los elementos heredados de la desvinculación hace que el puritanismo juegue un papel fundacional en la cultura de la modernidad, como lo afirma Taylor, pues de allí parten dos conjuntos de situaciones determinantes: el papel político de la democracia, como manifestación de la igualdad de los hombres, principalmente de los corrientes, y el altísimo valor que adquiere

---

[16] Véase el libro de Max Weber, titulado *Sociología de la Religión* (según la edición de 1997), en especial los capítulos X y XI, dedicados al problema de la redención y la ética, y la forma de la influencia de éstas sobre el mundo.

la explicación científica como modelo de orden y transparencia del mundo.

Ello es comprensible por el papel que jugó la imagen de un mundo mecanicista para escapar de las determinaciones del poder y, de esta forma, hacer accesible el mundo a todos los que quisieran verlo como razonable y reconocible. La razón instrumental fue vital para lograr este cambio, y procuró ofrecer permanentemente nuevos elementos de ampliación del conocimiento disponible, sin enredarse en los asuntos de las esencias y de las explicaciones que escapaban a la comprensión humana. El propósito de Dios no escapaba a estas indeterminaciones sino que era un modelo racional asequible al hombre.

En esta aparición-afirmación de la vida corriente se forma un núcleo básico de la identidad moderna, que tiene tres niveles interconectados:

1. La ética de la vida corriente, cuyo fin es establecer los criterios con los cuales cada individuo puede dirigir su vida dentro del contexto de los nuevos marcos referenciales o, mejor aún, con respecto a los nuevos hiperbienes y a los nuevos marcos de las fuentes morales.

2. La filosofía de la libertad, en tanto es el único soporte en el que los individuos podrían autodeterminarse y ser autorresponsables, y que haría mantener sus libres relaciones con Dios, evitando la mediación y las manipulaciones de estas relaciones. A su vez esta filosofía de la libertad sirve de fundamentación para el atomismo político que caracteriza a las sociedades protestantes, dejando claro que sólo una sociedad pensada entre iguales, sin instituciones mediadoras, es la que tiene sentido para individuos que se relacionan directamente con Dios. La filosofía de la libertad es la afirmación de los límites de las instituciones, como hacen los liberales clásicos, casi todos comprometidos con las creencias protestantes o deístas; esta filosofía lleva a afirmar que las instituciones sólo son aceptables por el reconocimiento de los individuos; de donde el Estado cambia sustancialmente su valor de patrimonio de la monarquía, para las sociedades medievales, a valor público en las sociedades modernas.[17]

---

[17] Este es el sentido del trabajo de Montesquieu, *Del espíritu de las leyes*, en

Aquí el discurso de la democracia, siguiendo el camino de Taylor, no es el de la independencia sino el de la cohesión de las sociedades protestantes y, por tanto, la esfera de valores que vincula es determinada, parcializada, no neutral, tal y como sucede con el discurso de otro concepto vital de la cultura moderna, como es el de la sociedad civil (Taylor, 1999a: 269-172).

3. La racionalidad desvinculada, que sería la forma como el individuo operaría frente al mundo, es ante todo la posibilidad de la reafirmación de su independencia ante cualquier sometimiento, como lo logra Locke al maximizar el papel de la mente en el conocimiento, reafirmando a la vez la voluntad. Así, el conocimiento no puede ser la expresión del poder sino de la voluntad que se forma por la razón y por el conocimiento científico.

Este núcleo crea dos consecuencias vitales para la modernidad: de un lado da lugar a la justificación de la propiedad privada, en tanto se argumenta que vivir de la manera como la libertad lo señala y de acuerdo con la voluntad de Dios, se debe hacer "con tesón y eficacia, para cubrir nuestras necesidades, pero con la mirada puesta en el bien común" (Taylor, 1999b: 256). De otra parte, surge un paralelo entre la ley natural y la ley de la razón, como si jugaran un papel equiparado, de donde se dan las claves de las interpretaciones naturalistas de la vida moderna y se justifica la primacía del valor de la naturaleza, quizá tratando de buscar una nueva fuente moral en donde todo quede explicitado como espacio básico de la vida.

Sin embargo, la aparición del naturalismo lleva a la puesta en marcha de las creencias deístas y teístas, donde la religión razonable de Locke queda para prueba moral y ética de todos los individuos modernos: para Locke, vivir la libertad de forma plena es obedecer los mandatos de Dios, donde se debe dar una compenetración entre el bien individual y el bien común, sin disminuir las obligaciones religiosas colectivas.[18]

---

donde establece los límites del poder a través de su institucionalización jurídica, a la vez que fundamenta la legitimidad política en el reconocimiento político de la libertad individual.

[18] En el libro ya citado de Locke, véanse los capítulos X y XVIII del Libro Cuarto.

Las explicaciones sobre el deísmo, ofrecidas por Taylor, muestran un exagerado esfuerzo por minimizar la irrenunciable salida al ateísmo que implica la creciente y rápida secularización y desvinculación. El deísmo fue importante en tanto permitía vehiculizar los desarraigos de la modernidad y trataba de proporcionar nuevas fuentes morales para los miembros de las sociedades modernas. Este afán de Taylor por mostrar la fe como algo permanentemente presente en los actos y hechos constitutivos de la realidad muestra, a mi entender, que Taylor siente una profunda nostalgia por el mundo perdido, y que lamenta, más de lo que reconoce activamente, el que los hombres vivan en una diversidad de fuentes morales. Taylor personifica la tragedia moderna en el desconcierto.

LA NUEVA CULTURA: LA CULTURA MODERNA

La desvinculación, la racionalidad instrumental, la ruptura de las viejas fuentes morales, la aparición de la vida corriente, la formación de los cambios sociales desde lo productivo y el ahorro, y la estructuración de nuevas relaciones e imágenes políticas desde el atomismo resultante, son una gama bastante extensa de antecedentes históricos, políticos y morales para obtener las formas de la cultura moderna, y en especial en la mirada de Taylor.

La cultura moderna se constituye con varios elementos (Taylor, 1999a: 440 y ss.) que la representan y la escenifican: la novela como presentación y valoración de la vida corriente, junto con la exaltación de los sentimientos como expresión de las emotividades humanas y de sus alcances de formación de la vida corriente. También alcanzan grandes niveles de expresión y representación las manifestaciones plásticas del arte y las capacidades creativas de la literatura y la poesía. Sin embargo, lo más importante en los cambios que dieron lugar a la aparición de la cultura moderna está en el giro que se hizo en el referente básico de la vida y, por tanto, en el referente básico de las fuentes morales que permiten crear diversidades en las formas de la vida: es el cambio que se protagoniza con el giro de Dios hacia la naturaleza, donde la naturaleza aparece como el sustrato real de la vida; para entender qué era lo correcto bastaba con acudir a la interpretación de las reglas y condiciones de la naturaleza, a través de la razón.

En cuanto a la naturaleza, debe recordarse el papel que ésta juega en Goethe,[19] tanto en el *Fausto* como en *Las aventuras del joven Werther*, donde se asume como espacio único y real de existencia de la vida humana, y donde el hombre, como producto de su capacidad de uso de la razón y sus instrumentos, ocupa un lugar principal dentro de la creación. Pero con la introducción, cada vez más radical, de la naturaleza como referente propio de las sociedades, de la cultura y, en especial, de nuevos valores como la imaginación política, los sentimientos y las ciencias naturales y experimentales, en la reafirmación de la desvinculación, la naturaleza ha venido consiguiendo una equiparación con los hombres, tanto en sus derechos como en el hecho de ser tomada como valor cultural en la modernidad.

La cultura moderna se recrea en el espacio de la naturaleza: la referencia a los jardines —un ejemplo bastante caro a Taylor—, a sus formas de vida, ya sea en los de París o en los de San Petersburgo, según el relato de Berman,[20] o en los jardines construidos en Londres, tiene por propósito subrayar que los fines de la vida se encuentran dentro de la naturaleza y nunca más allá; por eso no es importante buscar en otros lugares fuera de la acción humana. En otras palabras, la cultura moderna pone en el centro de la actividad humana, de manera antropocéntrica, el fin mismo de la vida, pero diciendo que allí no existe ningún fin como tal, sino la interpretación de la voluntad de cada uno frente a la vida.

De este giro se desprenden dos consecuencias para la formación del mundo moderno: se afirma el carácter no teleológico de la vida y la naturaleza, en tanto ya no están animadas por la voluntad de Dios sino por procesos mecani-

---

[19] La edición de las obras completas de Johann Wolfgang Goethe tomada como base para la presente lectura es la de la Editorial Tusquets (2001 y 2002).

[20] Véase el trabajo de Marshall Berman, *Todo lo sólido se desvanece en el aire. La experiencia de la modernidad* (1991). En los capítulos 4 y 5 de este libro, Berman pone de manifiesto las formas como la cultura moderna trata de recrear su propia versión de la vida y de la naturaleza, a través de los jardines y de los espacios que escenifican y representan las formas simbólicas de la realidad. En especial están las páginas dedicadas a San Petersburgo, París y Nueva York.

cistas desvelables por la ciencia y la razón, es decir, comprensibles por los mecanismos de la explicación científica. Y se afirma una ruptura de la unidad de las fuentes morales, lo que de hecho había comenzado con los procesos y los cambios impulsados por la Reforma y la introducción de la vida corriente como parámetro de la vida misma. Esta diversidad en las fuentes morales, además, permite mostrar cómo de la pluralidad de las formas de la vida se toman las expresiones de significación y sentido moral y ético de la vida. Los cambios en las formas de la vida se desarrollan desde los sentidos en los que se depositan los contenidos de la vida, y las maneras en que procedemos ante las formas del sin sentido histórico de la vida.

Si bien Taylor reconoce los cambios básicos de la vida moderna, como el surgimiento de la noción de los individuos, la afirmación de la vida corriente, la aparición de la naturaleza como sustrato de lo no teleológico de la existencia, no acepta como un asunto positivo la aparición de la diversidad de las fuentes morales, y mucho menos de la diversidad de los bienes que las fuentes morales múltiples traen consigo.

Para Taylor lo importante son las consecuencias que impone esa diversidad de las fuentes morales: no es posible aceptar la neutralidad liberal del Estado, la política o la justicia, pues detrás de cada acto y de cada formulación de las mismas se esconden juicios morales y, con ellos, perspectivas culturales y omnicomprensivas del mundo y de la vida, que resaltan perspectivas determinadas de valoración; esto es, detrás de la discursividad de la neutralidad liberal se esconde algo básico: lo imposible de la neutralidad, porque esconde valores morales particulares y con ellos densidades culturales particulares, moralmente comprometidas.

¿Qué es para Taylor la cultura moderna? Un conflicto (Taylor, 1996: 517 y ss.). Es un desequilibrio de la sociedad y una pérdida de referentes básicos y de modelos de validez en la aceptación de las apreciaciones del mundo. Lo contemporáneo es una constante búsqueda de fuentes y sentidos, de significados y riquezas culturales para la vida moderna; tal es el sentido que Taylor le asigna al modernismo, sobre todo en la medida en que es éste el que reemplaza al romanticismo y crea nuevos entornos de significación de la vida moderna.[21] Es decir, el modernismo supone una superación de la tragedia, la angustia y la melancolía por el mundo mejor e inalcanzable que en general caracterizaron al siglo XIX, tal como lo presenta Isaiah Berlin.

Pero, para Taylor, lo significativo de la vida moderna es una desconexión profunda entre los individuos y en el seno de la sociedad, tal como acontece frente a la reflexión y la búsqueda continua de fuentes morales válidas y legítimas. Esto se da porque, si trazamos un mapa de las fuentes morales, como lo sugiere Taylor, nos encontraremos con que están distribuidas en tres grandes ámbitos para el mundo de hoy:

> La original fundamentación teísta para dichos parámetros —los de las fuentes morales—; un segundo ámbito que se centra en el naturalismo de la razón desvinculada, que en nuestros tiempos adopta formas cientificistas; y un tercer haz de opiniones que halla sus fuentes en el expresivismo romántico, o en alguna de las sucesivas visiones modernistas (Taylor, 1996: 517).

CONSECUENCIAS POLÍTICAS DEL INDIVIDUO: ESTADO Y CIUDADANÍA

Al parecer, y siguiendo a Van Creveld (1999), ninguna de las variadas formas de ordenamiento político que existían durante la primera mitad del siglo XVII distinguía de forma acertada entre la persona del gobernante y su gobierno. Esto hacía que el ejercicio del poder del Estado aún estuviera atrapado por las diferentes teologías políticas que animaban las confrontaciones de las guerras civiles, con motivaciones radicadas en los contenidos religiosos de la Reforma o de la Contrarreforma. No existía diferencia entre trabajar para un gobernante y trabajar para un Estado. Van Creveld lo ilustra de forma precisa con la siguiente afirmación:

> En ausencia de la política como una esfera separada de la actividad, los gobernantes tendieron a ser presentados en términos del dominio de un padre sobre su familia, un amo sobre sus esclavos, o —desde San Agustín— de un pastor sobre sus ovejas.[22]

---

[21] Examínese el excelente estudio de Isaiah Berlin, *Las raíces del romanticismo* (2000).

[22] "In the absence of the political as a separate sphere of activity, government

189

El poder del monarca y la dirección de sus asuntos privados hacían parte de la misma esfera y no sufrían en realidad ninguna separación, de modo tal que la fortuna del rey, de acuerdo con el conjunto de significados dados a esta palabra en la Edad Media, era la del Estado y viceversa. No existía separación evidente tampoco entre los juicios que los monarcas hacían en asuntos referentes al gobierno de su familia y los elementos necesarios para el gobierno del país. En esta dirección surgieron los manuales dirigidos a los príncipes que exaltaban las virtudes y las habilidades necesarias de éstos para el gobierno, entendido como un atributo personal o acaso familiar, como en el caso de los Habsburgo, quienes asumieron que los Imperios y los territorios sobre los que gobernaban eran una especie de don otorgado por Dios. La mayoría de estos textos, identificados como "espejos para los príncipes",[23] resaltaban los atributos de la personalidad, y uno de dichos atributos era la posibilidad de gobernar una sociedad, para lo que era necesario exaltar atributos como la piedad, la clemencia, el entendimiento y el conocimiento de las comunidades. Muchos de estos libros no eran estrictamente dirigidos para educar príncipes en un sentido riguroso, sino para que la gente del común moldeara sus vidas y deseos de acuerdo con los criterios y valores de los gobernantes. Según Van Creveld uno de los principales textos de esta clase es el escrito por Erasmo, en 1517, cuyo título es *The Ways of a Christian Prince*,[24] donde argumenta que el príncipe es puesto en su lugar de gobierno por Dios, y es responsable ante él por sus actos; de esta forma todo gobernante debe designar un tutor para que eduque a su hijo moralmente y le enseñe a distinguir el bien y el mal. El conjunto de los consejos presentados por Erasmo iba más allá de su simple formulación y se constituyeron en la prepa-

---

tended to be presented in terms of the dominance of a father over his family, a master over his slaves, o even —from Augustine on— a shepherd over his sheep" (Van Creveld, 1999: 170).

[23] Véase el tratamiento que sobre este asunto realiza Martin van Creveld, en el libro *The Rise and Decline of the State* (1999: 170-176).

[24] Se encuentra una edición comentada de este libro de Erasmo, bajo el título *Erasmus: The Education of a Christian Prince with the Panegyric for Archduke Philip of Austria (Cambridge Texts in the History of Political Thought)*, con estudios analíticos de Quentin Skinner, Lisa Jardine y Raymond Geuss (1997).

ración de las virtudes personales de los príncipes para asumir esa condición especial otorgada por Dios, que era la de ser gobernantes; lo que significaba que sus propiedades, su fortuna y sus responsabilidades lo diferenciaban de los demás, a la vez que lo obligaban a llevar el gobierno con entereza y sabiduría, como su principal atributo personal.

El mejor ejemplo de esto lo constituye Carlos V, quien considera que el monarca, y con él sus príncipes herederos, deben mantener unas normas de vida que le faculten plenamente para ejercer el gobierno; por eso debían abstenerse de las prolongadas juergas sexuales, evitar caer en los desmanes y en las inmoralidades del poder y tener claro que los límites de su persona son los del poder de su Estado, por lo que la dirección del Estado era un asunto personal y no un asunto delegado. Otro ejemplo importante es lo que sucedía con la concepción de la corrupción, consistente en el pago que alguien, en especial extranjeros, podía realizar a funcionarios de un rey para obtener favores especiales o influir en determinadas decisiones. El delito se constituía cuando el receptor de los beneficios era alguien diferente del monarca, y se consideraba un acto de traición o de lesa majestad; pero si este último era quien se beneficiaba el delito no existía ya que se convertía en un asunto de Estado, en tanto el Estado era él mismo. Carlos V no distinguía, al parecer, entre lo público y lo privado, dado su constante uso del posesivo "mi", complementado con el "nuestro", en alusión a la familia Habsburgo, hablando de "mis" recursos, "mis" sirvientes, "mis" comandantes, "mi" ejército, "mis" países, y "mis" pueblos (Van Creveld, 1999:173). Los monarcas, los políticos, los militares y los escritores contemporáneos de Carlos V asumían que los militares, los ministros, los sirvientes de palacio, los funcionarios reales, los príncipes y las princesas, eran activos de los que se podía disponer, intercambiándolos, ubicándolos o casándolos, de acuerdo con las crecientes necesidades diplomáticas, políticas o de seguridad.

Siguiendo el argumento de Van Creveld, uno de los más interesantes ejemplos de incapacidad para la distinción entre lo público y lo privado, y principalmente entre los asuntos del gobernante y los asuntos del gobierno, lo provee el conjunto de trabajos de Nicolás Maquiavelo (1469-1521). Al parecer Maquiavelo escribió sus textos haciendo que la dife-

191

rencia entre los magistrados, a quienes estudió en el período de la antigua Roma, y los nuevos monarcas no fuera notoria; sin embargo, este autor escribió para lo que él denominó el "nuevo príncipe",[25] que es aquél que llega al poder por su propio mérito, muy diferente del príncipe electo al que se dirige Erasmo.[26] Esta situación hace que los planteamientos de Maquiavelo lo ubiquen en el contexto de su tiempo, pero no en el sentido revolucionario en el que se ha querido ver tradicionalmente, pues une la esfera privada de la vida de los príncipes con las acciones necesarias para llevar a cabo el ejercicio del gobierno. En el contexto de una Italia de feroces tiranos lo que hace que *El Príncipe* sea diferente es su fuerte tono secular, puesto que el príncipe tampoco era responsable ante él, y mucho menos encontraba su fin en el infierno. Maquiavelo también rompió con las sutilezas de sus predecesores, como las recomendadas por Erasmo, e introdujo el juego de la política, que por primera vez desde la antigüedad fue un conjunto de reglas y procedimientos donde primaba el interés del Estado, aún ligado al gobernante, y que en el siglo XVII fueron llamadas las reglas de la "razón de Estado" (Van Creveld, 1999: 175). Estas reglas se diferenciaron de las que se recomendaban en la dirección del hogar y de los asuntos entre amos y siervos o esclavos, para privilegiar en importancia y uso la razón y la astucia.

Maquiavelo también retiró dos criterios de teología política asociados al papel de Dios en la fundamentación del gobierno de los príncipes, como eran la justicia y el derecho. Con esto hacía que la exigencia de que el Estado o, mejor aún, el gobernante, se concentrara en el uso de la fuerza y la aplicación de la malicia y demás nuevas reglas políticas se hiciera central y urgente. Así, el éxito de la acción política se reflejaba en la grandeza y la riqueza del país, surgidas de las habilidades del gobernante, y las consecuencias positivas derivadas de tales bienes estaban asociadas a las proezas

---

[25] Véase la parte III del libro *El Príncipe* de Maquiavelo (1998), titulada "De principatibus mistis".

[26] Es importante anotar, como señala Manuel Rivero Rodríguez, que la inspiración y la observación de Maquiavelo estaban fundamentadas en las guerras italianas, que desde la caída del Imperio romano se movían entre líneas de alianzas, contra-alianzas y balances de poder, a la vez que pudo crear una categorización y valoración de formas explícitas de principados.

exaltadas del gobernante; por lo tanto, éste no le debía nada a Dios en cuanto a su posición. Maquiavelo insistió en que la virtud era la capacidad que tenían las personas para avanzar en la consecución de ciertos logros u objetivos de su vida y en que ésta sólo puede alcanzar su plenitud si los ideales del gobernante están basados en los ideales de la patria; por esto Maquiavelo les insistía a los Médicis para que expulsaran a los bárbaros de los territorios italianos.[27]

La publicación de *El Príncipe*, en 1513, y la propagación de sus ideas, tuvieron un cierto terreno fértil gracias el ambiente que se produjo públicamente con las acciones de Martín Lutero en 1517, al ubicar sus 95 tesis en las puertas de la iglesia de Wittenberg, pues coincidían en reclamar órdenes seculares, reglas políticas para el gobierno y mecanismos de decisión, que al unirse, crearían una nueva cultura. En palabras de diferentes expertos, los cambios que se presentaron en el comienzo del siglo XVI, entre los que hay que contar las consecuencias culturales, económicas y políticas del descubrimiento de América, condujeron a una profunda revolución cultural, enmarcada en las luchas religiosas, principalmente teológicas, entre la Reforma y la Contrarreforma, haciendo que los gobiernos de los principales países del momento se vieran profundamente alterados hasta el punto de llegar a la desintegración y la guerra civil, tal como ocurrió en casi toda Europa occidental.

El ambiente de las guerras civiles, inspiradas abiertamente en motivaciones religiosas, hizo que aparecieran, en el contexto del siglo XVI, nuevos pensadores que replanteaban y reconstruían los conceptos políticos. Uno de estos nuevos hombres fue Juan Bodino (1530-1596), quien se vio atrapado en medio de la guerra, dirigió su trabajo a intentar buscar una solución, a través de una vía intelectual que no lo atrapara en los contenidos de las vías teológicas, que se basaban en Dios y en unos modelos definidos de justicia y poder, y que se encontraban en las disputas protagonizadas por la guerra, ni en las vías proporcionadas por las teorías del príncipe, que no habían sido útiles a los gobernantes franceses

---

[27] Este es el sentido que toma *El Príncipe* en el apartado XXVI, titulado "Exhortatio ad capessendam Italian in libertatem que a barbaris vindicandam".

para imponer orden y justicia en Francia, su país de origen. De acuerdo con esto, Bodino se enfocó en el problema de la naturaleza de la *República*,[28] un tema que había sido dejado de lado, tanto por Erasmo como por Maquiavelo. El modelo de partida de Bodino fue la política de Aristóteles, buscando una nueva forma no religiosa de gobierno, y convirtiéndose en el primero en el mundo occidental que escribió sobre las diferencias entre el gobierno del hogar, que ejercía un padre sobre sus hijos o un Señor sobre sus sirvientes,[29] y el poder político, que prevalecía entre personas que a pesar de no ser iguales poseían una persona legal propia. Juan Bodino rechazó los principios maquiavélicos de la fuerza y la astucia como elementos superiores a la justicia y a la ley para dirigir los asuntos políticos. Como respuesta, adoptó la propuesta de Cicerón acerca de la definición de la *res publica* como una comunidad de personas gobernadas por la ley.[30] De esto derivó la proposición de que la tarea más importante de cualquier gobernante es establecer la ley; sin embargo, sin el orden la ley por sí sola no funciona y, por tanto, se debe gobernar sobre la guerra y la paz, designar los oficiales más importantes, definir las principales recompensas y castigos, actuar como corte suprema de justicia para apelaciones y determinar el valor de la tierra (Van Creveld, 1999: 177). En principio no se pensó en la división de poderes para el ordenamiento del gobierno de acuerdo con estas ideas, pues para evitar conflictos estas funciones quedaron concentradas en las manos de una sola persona, el monarca, pero bajo el principio de soberanía, entendido como el espacio y los atributos por los cuales un monarca toma decisiones libres de otras jurisdicciones, provenientes principalmente de otros gobernantes igualmente soberanos;[31] de esta forma la soberanía adquirió las connotaciones de indivisible y perpetua.

---

[28] La definición y naturaleza de la República, Bodino las establece en el capítulo 1, "Cuál es el fin de la República bien ordenada", de su libro *Los seis libros* de La República (2000).

[29] Bodino explica este asunto en el capítulo 2, "De la administración doméstica y la diferencia entre la República y la familia", del libro antes citado.

[30] El desarrollo de la definición de Bodino acerca del significado y sentido político de la República, aparece a lo largo de los capítulos que componen el Libro Tercero de su disertación.

[31] Al respecto léanse las elaboraciones sobre la soberanía y sus diferentes formas, presentadas por Bodino en los capítulos VIII y IX del Libro Primero, y las observaciones realizadas por Manuel Rivero Rodríguez en su texto

Bodino buscó reemplazar el fundamento divino de la política por el de la soberanía.[32] Este cambio iba encaminado a que la ley fuera una fuerza vinculante entre el gobernante y los gobernados, pues ésta dependía, en gran parte, de la naturaleza humana, y como tal sus posibilidades de ser cumplidas por imposición desfallecían si no tenían una fuerza política necesaria, como la que proveía la República, y si no había un equilibrio entre las leyes divinas y las leyes naturales. La ley divina surgió de la *Biblia*, y por ella se explicó en gran parte el origen del poder; la ley natural decía que las personas no podían ser privadas de sus posesiones naturales por motivos diferentes a la naturaleza, como sería el caso de las motivaciones caprichosas de un gobernante. De hecho, y en correspondencia con lo que hemos dicho de Bodino y la soberanía, es importante citar directamente la definición que aquél hace de ésta:

> Dado que, después de Dios, nada hay de mayor sobre la tierra que los príncipes soberanos, instituidos por Él como sus lugartenientes para mandar a los demás hombres, es preciso prestar atención a su condición para, así, respetar y reverenciar a su majestad con la sumisión debida, y pensar y hablar de ellos dignamente, ya que quien menosprecia a su príncipe soberano, menosprecia a Dios, del cual es su imagen sobre la tierra.[33]

En este contexto es comprensible la defensa de Bodino del concepto de soberanía como el atributo básico de un Estado,[34] pues la ley sólo es vinculante u obligatoria cuando existe un poder soberano que la hace cumplir, o que necesita hacerla cumplir, como en la Francia de su época. La soberanía necesitaba una justificación profunda para el momento, dado que los reyes de los siglos XV y XVI murieron frecuentemente por causa de la guerra continua para poder centralizar sus poderes y concentrar y unificar sus dominios. Esta

---

Diplomacia y relaciones exteriores en la Edad Moderna. De la Cristiandad al sistema europeo, 1453-1794 (2000), anteriormente citado, en las que el autor permite diferenciar entre soberanías concurrentes y soberanías plenas.

[32] Véase el estudio preliminar elaborado por Pedro Bravo Gala a *Los seis libros* de La República, según la edición de 2000: LIV-LXI.

[33] Tomado del capítulo X del Libro Primero, titulado "De los verdaderos atributos de la soberanía".

[34] Examínese al respecto el Libro Segundo del citado texto de Bodino.

justificación provino de las ideas del cuerpo místico, como lo vimos en el primer capítulo, pero a partir de una idea amplia de los dos cuerpos del rey: el *corpus republicae* y el *corpus mysticum*, al que se ataban los deberes y los atributos del rey pero que no desaparecía con la muerte del rey sino que era heredado por el sucesor que ascendía inmediatamente al trono, haciendo surgir en la práctica la idea de que a "rey muerto, rey puesto".

De esta explicación de los dos cuerpos del rey, y de la representación que necesariamente fue generando sobre la existencia de una corona, como en Inglaterra o Francia, o de un Estado, como en Alemania, Italia, y a veces en Francia, diferente del cuerpo mortal del rey, surgió lentamente la noción de que existía una separación entre las características y las propiedades privadas del gobernante y sus responsabilidades públicas. Al decir de Van Creveld (1999: 184 -188), esta situación condujo a pensar el Estado como una institución cuyos atributos iban más allá de la persona del rey y, por tanto, el conjunto de acciones políticas que centralizaban el poder fueron superando, con mucho, en complejidad, capacidad y ejecución la dirección que el rey mismo realizaba. Esto configuraba una realidad nueva en cuanto al ordenamiento político posible para una sociedad de finales del siglo XVI y comienzos del XVII, lo que Bodino intentó definir como la *res publica.* Esta definición puso la monarquía frente a sus consecuencias políticas, e intensificaron la lucha entre los nacientes Estados por centralizar territorios, poblaciones, ciudades, culturas, instituciones, e integrar nuevos espacios en donde no existieran Estados fuertes, como la mayoría de Estados que desaparecieron entre los siglos XVII y la primera mitad del siglo XIX, a la vez que se ocupaban las posesiones que los Estados más fuertes no eran capaces de controlar, centralizar o defender efectivamente. En la imaginación penal del momento surgió la idea de que una acción cometida contra el rey era una acción cometida contra el Estado, pues el rey era el respaldo de la existencia y estabilidad del Estado, pero se comenzaban a separar la persona del rey y la realidad institucional del Estado.

En busca de la separación entre la persona del rey y el Estado surgieron nuevos pensadores[35] que limitaron el poder

---

[35] Para este tema consultar los trabajos de Thomas Hobbes, John Locke,

del rey, a la vez que idearon la configuración del Estado como una construcción social que requería algo más que la dignidad del rey para exigir el reconocimiento de todos los miembros de una sociedad en una calidad especial: se comenzó a exigir el reconocimiento casi explícito de todos los miembros con responsabilidades políticas, sociales, económicas y militares en una sociedad, en virtud de una condición política básica e igualitaria, la condición de la ciudadanía. En esta dirección avanzó el trabajo de filosofía y derecho elaborado por Thomas Hobbes, quien pensó el Estado como un "hombre artificial" separado del cuerpo del rey. La metáfora política de Hobbes dio lugar a una nueva y fecunda imaginación política que ha sustentado las bases del edificio teórico e institucional de los Estados occidentales contemporáneos. Tal mecanismo lo hizo en tres pasos, y con la publicación de sus libros, principalmente *De Cive*[36] —conocido en español como *Del Ciudadano*, o como *Tratado sobre el ciudadano*— y el *Leviatán*,[37] amarrando sus procedimientos a un objetivo básico: ubicar el lugar del soberano en un punto máximo de poder, de tal forma que existieran estabilidad y permanencia en el Estado. La primera tarea de Hobbes fue crear un entorno conceptual "científico" que le alejara de las ambigüedades, de las discusiones teológico-políticas y de las discusiones aún precarias sobre los fundamentos jurídicos del poder del rey y el de los parlamentarios, para el caso específico de Inglaterra.[38]

Para lograr tal entorno científico Hobbes creó un sistema basado en los conceptos galileanos de movimientos y observaciones físicas, de modo que pudiera crear un lenguaje y unos conceptos que le permitieran una evaluación "objetiva" de las realidades políticas. En el libro *De Corpore*,[39] en su intento de descripción "científica", define al hombre como una máquina cuyos éxitos están basados en complejos mecanismos de movimientos y que puede obtener mejores resulta-

Voltaire, Jean Jacques Rousseau y otros que de alguna forma estaban relacionados con la Ilustración.

[36] En español, hay una edición de 1999, titulada *Tratado sobre el ciudadano*.

[37] La referencia para este trabajo es la edición de *Leviatán* de 1997.

[38] Véanse los numerales 5 a 12 de la primera parte de *Leviatán*, titulada "Del hombre" (Hobbes, 1997: 33-104).

[39] De este libro también existe una versión en español titulada *Tratado sobre el cuerpo humano* (2000).

dos en sus movimientos o en sus formas con respecto a otros seres que habitan el mundo.[40] Divide los cuerpos en dos clases, los naturales y los artificiales. Los segundos se dividen a su vez en dos cuerpos principales, los privados y los públicos. Los cuerpos privados surgen por la iniciativa de los individuos, y los públicos por la iniciativa del Estado. En este sistema el Estado es el cuerpo de carácter público más importante. El Estado, además, autoriza o promueve la relación entre los diferentes cuerpos, pero él en sí mismo no tiene ninguna autorización. De este modo Hobbes puede ser considerado como el "inventor" del Estado, entendido como una entidad abstracta separada, tanto del soberano, quien asume temporalmente la dignidad y el poder del Estado, como de los gobernados, quienes transfieren sus poderes y derechos por medio de un contrato al primero. Y al igual que en Bodino, el jefe del Estado o los magistrados supremos podrían ser una asamblea o una persona particular, prefiriendo principalmente la última forma por los criterios de unidad de gobierno y prevención de conflictos (Hobbes, 1997: 267-281).

El segundo paso de la elaboración política de Hobbes es dar lugar a la existencia del Estado a través de un procedimiento metodológico novedoso: justificar la existencia del Estado como producto de un pacto celebrado entre ciudadanos para abandonar el estado de naturaleza. Tal pacto se justifica por la característica básica de los Estados modernos occidentales: la introducción de la ley y el derecho como los marcos para la decisión y la acción, tanto de los gobernantes como de los gobernados. El estado de naturaleza es la situación en la que se encuentran los hombres sin más ley que la de su propia fuerza y el mandato de cuidar de su propia vida. Esto hace que todos deban y puedan tomar lo que necesitan sin que medie ninguna autoridad o acuerdo entre los individuos. La naturaleza impone las condiciones básicas para la existencia de los miembros de una sociedad o de un conjunto de sociedades, y en semejantes circunstancias la guerra es un recurso necesario e indispensable, al que todo el que quiera vivir debe acudir. Para evitar tales consecuen-

---

[40] Esta exposición aparece en los capítulos VIII a XI, de la parte segunda, titulada "Filosofía primera", del libro antes citado.

cias violentas, que para muchos son alusiones realistas de Hobbes a la Inglaterra que vivió entre las guerras de religiones y las guerras entre la monarquía y los parlamentarios, es necesario dar lugar a un pacto en el cual los individuos, en pleno uso de sus facultades y derechos políticos, para lo cual se han convertido en ciudadanos, deciden renunciar a los derechos naturales que los facultan para la guerra, y ceder tales facultades a un soberano.[41]

Este soberano es el cuerpo abstracto formado por todos los ciudadanos, y encabezado por un gobernante, cuyas obligaciones van más allá de la satisfacción personal, y están determinadas por la seguridad de sus miembros, la libertad que todos pueden profesar con base en unas libertades públicas y la seguridad de que los ciudadanos no estarán en peligro de perder sus bienes por las acciones arbitrarias de quienes están por fuera del pacto. El pacto y el poder absoluto del soberano son complementarios y fundamentales en la medida en que el hombre siempre está inclinado a actuar por su propia cuenta, es decir, siempre está inclinado a hacer valer sus derechos por su propio poder. Esto justifica el poder absoluto del soberano, y su acción sobre los que rompen de alguna forma el pacto. A su vez, el pacto sólo existe en la medida en que se ejerce a través de la ley, entendida como ley natural. El derecho de los hombres a hacer lo que desean o a ejercer la justicia por sus propias manos también se justifica por el principio de igualdad que Hobbes introdujo en su formulación política, porque él suponía que todos los hombres nacían iguales en sus atributos físicos y mentales. Esta igualdad supuso iguales derechos políticos, por lo que las únicas posibilidades de vivir son las que se dan cuando los hombres dan lugar a inventarse el Estado como un cuerpo colectivo. Dicho en las palabras del profesor José Olimpo Suárez:

> Ese deseo de vivir, de perdurar es, en última instancia, el derecho a la vida, derecho que al reconocerse se reconoce igualmente bajo el principio del derecho a utilizar todos los medios disponibles para garantizarlo. Es decir, en el estado de naturaleza todos los individuos comparten su idéntica desnudez y poseen igualmente el mismo derecho para utilizar todo lo que consideren necesario

---

[41] Véase Hobbes (1997: 141-154 y 173-183).

para sobrevivir, originándose así, y ésta es una de las más importantes tesis de la filosofía política, la "guerra de todos contra todos" que gobierna la vida de todos los hombres en tal estado de naturaleza: *homo hominis lupus* (Suárez, 2003: 81).

El frontispicio de las primeras ediciones del *Leviatán* presenta una imagen metafórica que representa el conjunto de sus ideas, compuesta por un gran hombre cuyo cuerpo está formado por la imagen de pequeños hombres, que representan a los ciudadanos en el pacto celebrado, creando con su unión al Leviatán. Este hombre reúne en sus manos la espada que representa el poder del Estado y el báculo que representa el poder de la Iglesia, también en manos del Estado. Este gran hombre surge detrás de una montaña delante de la cual hay una ciudad, y sobre ella su imagen ocupa el espacio del gran protector. Debajo de esta imagen hay tres pabellones, entre los que se destaca, en el centro, un emblema que enuncia al Leviatán como la mejor forma y poder de una comunidad eclesiástica o civil. Al lado izquierdo están los elementos que representan el poder del Estado: el castillo, la corona del rey, el cañón, las armas, las banderas y, en la parte más baja, los ejércitos en tropel. Al lado derecho inferior están los elementos que representan el poder de la Iglesia, que en realidad es plural: la basílica, la mitra del obispo, los signos de los cardenales y los obispos, y una reunión de obispos como colegio cardenalicio.

Esta imagen es complementada con el texto que Hobbes escribe en la introducción del *Leviatán*, y que define los términos en los que concibe su propuesta política:

La NATURALEZA, arte por el que Dios ha hecho y gobierna el mundo, es imitada por el *arte* del hombre, como en tantas otras cosas, en que éste puede fabricar un animal artificial. Si la vida no es sino un movimiento de miembros cuyo principio está radicado en alguna parte principal interna a ellos, ¿no podremos también decir que todos los *autómata* (máquinas que se mueven a sí mismas mediante muelles y ruedas, como sucede con un reloj) tienen una vida artificial? ¿Qué es el *corazón* sino un *muelle*? ¿Qué son los *nervios* sino *cuerdas*? ¿Qué son las *articulaciones* sino *ruedas* que dan movimiento a todo el cuerpo, tal y como fue concebido por el artífice? Pero el *arte* va aún más lejos, llegando a imitar esa obra racional y máxima de la naturaleza: *el hombre*. Pues es mediante el arte como se crea ese gran LEVIATÁN que llamamos REPÚBLICA o ESTADO, en latín CIVITAS, y que no es otra cosa que un hombre artificial. Es éste de mayor estatura y fuerza que el natural, para cuya protección y defensa fue concebido. En él, la *soberanía* actúa como *alma* artificial, como algo que da vida y movimiento; los *magistrados* y otros oficiales de la judicatura y del ejecutivo son *articulaciones* artificiales; la *recompensa* y el *castigo*, por los cuales cada articulación y miembro que pertenecen a la sede de la soberanía se mueven para desempeñar su misión, son los *nervios* que hacen lo mismo en el cuerpo natural; el *dinero* y las *riquezas* de cada miembro particular son la *fuerza;* la *salus populi*, o *seguridad del pueblo*, es su *finalidad;* los *consejeros*, por quienes le son sugeridas a este cuerpo artificial todas las cosas que le es necesario conocer, son la *memoria;* la *equidad* y las *leyes* son una *razón* y una *voluntad* artificiales; la *concordia* es la *salud;* la *sedición*, la *enfermedad;* y la *guerra civil*, la *muerte*. Por último, los *pactos* y *alianzas* en virtud de los cuales las partes de este cuerpo político fueron en un principio hechas, juntadas y unidas, se asemejan a aquel *fiat*, o *hagamos al hombre*, pronunciado por Dios en la Creación (Hobbes, 1997: "Introducción").

Visto así, con Hobbes llegamos al punto máximo de partida con respecto al Estado; después de él se construyeron varias teorías y formas complementarias de ver, entender y formar el Estado, que necesariamente lo tomaron como referencia. Pero quizá el mérito de Hobbes como inventor del Estado moderno, según Van Creveld, es acertado por cuatro razones importantes: inventa la imagen del Estado como un cuerpo artificial separado del gobernante y conformado por todos los miembros de una sociedad que tienen responsabilidades políticas. Con esto da sentido a la ciudadanía como una forma activa de la realidad política de los individuos que forman a los Estados y los dota de poder y capacidad de decisión. El poder de los ciudadanos, y éste es el tercer argumento en favor de Hobbes, reside en la conformación del pacto o contrato que da sentido a la formación del Estado, o gran Leviatán. Y el cuarto elemento es que el pacto y el Estado sólo pueden existir en función de la ley, pues sin ella lo que habría sería una continua presencia del estado de naturaleza y, por consiguiente, la creación del estado de sociedad sería en vano.

Con estos elementos los individuos, como fuerza política y principal invención de la civilización occidental, no sólo existen sino que cobran forma y se vuelven una cierta unidad de pensamiento y acción política. La invención del individuo no queda suelta o como un logro menor, sino que explica y justifica las principales peticiones políticas occidentales: la libertad, la justicia, las instituciones y la cultura que alimenta el espíritu de los individuos.

Capítulo 5
SISTEMAS INTERNACIONALES DE OCCIDENTE
EN EL SIGLO XX

El siglo XX representó el período de mayor expansión y extensión en el cubrimiento de las instituciones de la civilización occidental, y esa expansión se cifró en tres elementos: el Estado moderno, la economía occidental con base en la industrialización y la creación de un orden internacional basado en el modelo de Estado moderno. Adicionalmente, el Estado moderno se convirtió en Estado-nación durante los siglos XIX y XX, sobre el principio de constituir el mecanismo de vinculación social fundado sobre un mecanismo de identidad política activa, dirigida a viabilizar los procesos de integración social, política y económica, en el seno de la nación.

Sin embargo, en la consolidación del Estado destacaba su estructura política como mecanismo de integración, y la nación le daba el contenido necesario a la articulación entre ciudadanos e instituciones. Tal situación hacía que la vida política estuviera impregnada de cinco conceptos claves: secularidad, laicismo, soberanía, poder militar y relaciones internacionales.[1] Estos conceptos se convirtieron, no sólo en una precondición de la política sino en la única vía para llegar a lo que se consideró en el siglo XX como los máximos ideales y niveles de progreso político: la democracia, la ciudadanía, el estado de derecho secular y laico y la libertad individual construida sobre los procedimientos y los argumentos de la razón.

Pero el ámbito internacional destacaba una situación de fondo mucho más determinante: en la medida en que los

---

[1]   Dos grandes obras dan razón del proceso de formación y estructuración de estos conceptos claves: *Auge y caída de las grandes potencias* (1989), de Paul Kennedy; y *Del amanecer a la decadencia. Quinientos años de vida cultural en Occidente (de 1500 a nuestros días)* (2001), de Jacques Barzún.

poderes europeos más modernos, es decir, que más se aferraban a los conceptos descritos arriba, se expandían, principalmente desde el imperialismo del siglo XIX, más imponían criterios específicos de reconocimiento político a los Estados que aparecieran en cualquier lugar del mundo, tal como sucedió con los procesos de descolonización y construcción de Estados y naciones en la segunda mitad del siglo XX. De esta forma las reglas que se impusieron para las relaciones internacionales, dentro de un sistema denominado "moderno", han girado sobre la extensión del modelo del Estado moderno como un modelo universal de ordenamiento político, junto con la discursividad y el intelectualismo que lo racionalizan. En otras palabras, el orden internacional que se ha construido desde la paz de Westfalia, como punto de partida institucional, hasta los acuerdos de 1945, está apuntalado sobre la idea de que las relaciones internacionales son el soporte de las interacciones entre Estados modernos, lo que supone altos grados de modernidad y, con ello, de occidentalización.

El siglo XX es, entonces, el contexto en el que surgen los modelos de relaciones internacionales que responden plenamente a las exigencias creadas en el gobierno de Estados modernos. En otras palabras, el siglo XX atestigua cómo las relaciones internacionales son expandidas a todo el mundo, con base en los conceptos occidentales que dieron lugar a la creación y mantenimiento del Estado moderno, teniendo en cuenta que éste fue un invento básicamente europeo (Van Creveld, 1999: 209).

En este capítulo nos detendremos en los alcances del internacionalismo occidental del siglo XX, en especial en sus formas institucionales, de modo que nos sirva de puente para la explicación de las consecuencias del fin de la Guerra Fría, en cuanto se presentan posibles procesos de des-occidentalización.

INSTITUCIONALIDAD Y ORDEN DESPUÉS DE 1919

La llamada Primera Guerra Mundial trajo aparejados varios cambios de importancia trascendental: dejó atrás la creencia de que los vínculos del comercio internacional, los esfuerzos diplomáticos y el permanente intercambio de información, inversiones y tratados eran motivo suficiente para evitar la guerra; las nuevas armas, las nuevos procedimientos militares y las nuevas tácticas de combate no sirvieron al propósito de hacer las guerras más rápidas, menos dolorosas y con menos muertos; por el contrario, dejaron infinidad de muertos y prolongaron el conflicto a niveles de duración y crudeza insospechados con respecto al nivel tecnológico obtenido; la guerra condujo a una intensa movilización de la "opinión pública" de los países de Europa occidental y los Estados Unidos, con el fin de opinar y participar en los debates acerca de cómo debería ser el orden internacional que sobrevendría al final de la misma (Holsti, 2000: 175 y ss.).

Adicionalmente, el final de la que fue llamada la Gran Guerra, desde la firma del armisticio, en noviembre de 1918, por parte de Austria, Alemania, Hungría y Turquía, hasta la firma del tratado de paz un año después, planteaba una doble cara a enfrentar: de una parte los Aliados, quienes habían salido victoriosos de la confrontación, discutían y definían los términos que impondrían a Alemania, considerada como la causante de la guerra, a la vez que buscaban la forma de establecer mecanismos que permitieran una paz internacional estable y duradera. Esto último era una exigencia sentida por los dirigentes de las democracias que negociaban la paz, y pesaba sobre la percepción que los ciudadanos crecientemente formaban sobre sus partidos. De otra parte, la conferencia de paz tenía en sus manos decisiones trascendentales para millones de personas, pues reformaría los mapas de Europa, Medio Oriente, África y China (Grenville, 2000: 120 y ss.). A la vez debían ser suficientemente creativos para dar lugar a una estructura institucional internacional fuerte que respondiera a las nuevas necesidades del gobierno internacional.

Mientras tanto, los países de Europa central, oriental y del sur experimentaban un creciente desorden social y un alto vacío institucional y de poder; Turquía hacía frente a una revolución nacionalista que podría terminar rechazando los términos de la paz propuesta; China continuaba en un creciente proceso de desintegración, fracturada internamente y presionada por invasiones japonesas y por la permanencia en su territorio, desde mediados del siglo XIX, de varias potencias occidentales. Rusia era tomada por los revolucionarios soviéticos y era incierto el rumbo que seguiría en asuntos internacionales, a la vez que angustiaba la visible beligerancia internacionalista de los nuevos gobernantes socialistas. La caída de los gobernantes en cuatro de los contendores, por demás notoriamente importantes, amenazaba con una anarquía generalizada, caracterizada por la guerra civil que siguió a la revolución rusa y por el creciente espíritu de desintegración total de Alemania, sobre el reclamo de viejos nacionalismos y de soberanías complejas.

En la política de la posguerra existía una realidad militar importante, caracterizada por la imposibilidad de ocasionar cambios de ordenamiento radicales, a no ser por la cooperación y la cooptación de los nuevos gobernantes de cada país. Esta imposibilidad existía en el hecho de que después de la confrontación la mayor parte de cada ejército fue desmovilizado, en parte por el impresionante porcentaje de bajas en el conflicto, y en parte porque la presión política crecía aceleradamente. Tal situación hacía urgente la aplicación de un orden internacional radicalmente nuevo, más capacitado para el gobierno internacional, con alcances visiblemente mayores con respecto al mecanismo del concierto europeo desarrollado en el siglo XIX, dentro del sistema de Estados de Europa occidental. Tal orden debía responder, según las peticiones realizadas por el Primer Ministro británico Lloyd George, a dos criterios esenciales: establecer algún sistema de inviolabilidad de los tratados, permitiendo su ejecución y observación, a la vez que la sanción para quienes alteraran el orden consagrado en tales tratados; el otro criterio estaba dirigido a definir acuerdos territoriales de posguerra basados en el derecho de la autodeterminación. Según Lloyd George, con esto se superaban las faltas de los tratados anteriores y se aseguraba que los días del tratado de Viena quedaran en el pasado (Egerton, 1978: 61).

La fuerza necesaria para crear el orden aclamado por los gobernantes y reclamado por los ciudadanos de los Estados europeos victoriosos, provino del presidente de los Estados Unidos, Woodrow Wilson, quien, desde 1917, había proclamado las bases para un acuerdo internacional de posguerra: una paz sin victoria, una paz que debería ganar la aprobación de la humanidad y no únicamente estar al servicio de los diferentes intereses e inmediatos reclamos de los Estados involucrados en su formulación. Wilson especificó su propuesta en el discurso dirigido al Congreso de los Estados Unidos, en enero de 1918, en donde presentó su plan de catorce puntos para negociar el orden internacional. Según Holsti, Wilson era mucho más radical y tenía una concepción mucho más clara del orden internacional que debía prevalecer al final de la guerra, pues éste propendía por una reformulación completa de la práctica de las relaciones internacionales y la política exterior; esto es, creía que la política internacional debía estar basada en los principios del derecho y la justicia, y que las sanciones públicas debían provenir de la moral y la opinión pública y no meramente del balance de poder. Wilson tenía, siguiendo con la valoración de Holsti, una perspectiva plenamente revolucionaria, pues pretendía el reemplazo total de los viejos sistemas internacionales por uno enteramente nuevo; así, la Liga de las Naciones era la expresión de esta revolución y no su fuente (Holsti, 2000: 177). La última fuente moral y de práctica política del nuevo orden internacional se encontraba, para Wilson, en la experiencia única y diferenciada de la vida democrática de los Estados Unidos. En este sentido, Wilson sentía que su país estaba llamado a extender al resto del mundo los principios de la democracia, la autodeterminación y el gobierno basado en la justicia y el derecho (Holsti, 2000: 180).

"Los catorce puntos" propuestos por Wilson, que sirvieron de base para la negociación de los acuerdos de posguerra, pero principalmente para la creación de la Liga de Naciones, fueron los siguientes:

I. Convenios abiertos de paz, a los que se llegue libremente, después de los cuales no habrá acuerdos privados internacionales de ninguna clase, pues la diplomacia siempre procederá en una forma franca y a la vista del público.

II. Absoluta libertad de navegación por los mares, fuera de las aguas territoriales, tanto en la paz como en la guerra, excepto cuando los mares quedasen cerrados en su totalidad o en parte por acción internacional para hacer cumplir convenios internacionales.

III. La desaparición, en lo posible, de todas las barreras económicas y el establecimiento de una igualdad de condiciones de comercio entre todas la naciones que accedan a la paz y se asocien para su mantenimiento.

IV. Garantías adecuadas, otorgadas y recibidas, de que el armamento nacional será reducido al punto más bajo acorde con la seguridad interna.

V. Un reajuste libre, sin prejuicios y absolutamente imparcial de las reclamaciones coloniales, basado en una estricta observancia del principio de que al definir todos los asuntos de soberanía los intereses de la población involucrada deben tener la misma consideración que los reclamos equitativos de los gobiernos cuyo fundamento habrá de ser determinado.

VI. La evacuación de todo territorio ruso y un acuerdo sobre todas las cuestiones que afecten a Rusia con el fin de asegurar la mejor y más grande cooperación de las otras naciones del mundo para conseguir para ella una oportunidad libre y más abierta de determinar, de manera independiente, su propio desarrollo político y su política nacional y garantizarle una sincera bienvenida a la sociedad de naciones libres bajo instituciones de su propia escogencia; y más que una bienvenida, asistencia de todo tipo que pueda necesitar y pueda desear. El tratamiento dado a Rusia por sus naciones hermanas en los meses venideros será la prueba de fuego de su buena voluntad, de la comprensión de las necesidades de ella, distintas a los intereses propios, y de su inteligente y desinteresada solidaridad.

VII. Bélgica, el mundo entero estará de acuerdo, debe ser evacuada y restaurada sin ningún intento por limitar la soberanía de la que ella disfruta en común con todas las otras naciones libres. Ningún otro acto servirá, como éste, para restaurar la confianza entre las naciones en las leyes que han creado y determinado para el gobierno de las relaciones entre ellas. Sin este acto curativo la estructura completa y la validez de la ley internacional se verá afectada para siempre.

VIII. Todo territorio francés deberá ser liberado y las partes invadidas restauradas; y el mal hecho a Francia por Prusia en 1871, en el asunto de Alsacia-Lorena, que ha desestabilizado la paz del mundo por casi cinco años, deberá ser reparado para asegurar la paz una vez más para los intereses de todos.

IX. Debería efectuarse un reajuste de las fronteras de Italia, de acuerdo con posturas de nacionalidad claramente reconocibles.

X. Debe darse a los pueblos de Austria-Hungría , cuyo lugar entre las naciones desearíamos ver salvaguardado y asegurado, la mayor oportunidad para su desarrollo autónomo.

XI. Rumania, Serbia y Montenegro deberían ser evacuadas; los territorios ocupados restaurados; se debe conceder libre y seguro acceso al mar a Serbia; y las relaciones de los diferentes Estados balcánicos deben determinarse por recomendación amistosa, de acuerdo con posturas de lealtad y nacionalidad históricamente establecidas; y deberán introducirse garantías internacionales para la independencia política y económica y la integridad territorial de los distintos países balcánicos.

XII. Se debe garantizar la soberanía de la parte turca del actual Imperio otomano, pero se debe garantizar a las otras nacionalidades que ahora están bajo el gobierno turco una indudable seguridad de vida y una oportunidad de desarrollo autónomo sin problemas en absoluto, y los Dardanelos deberían abrirse permanentemente cómo un paso libre a los barcos y al comercio de todas la naciones bajo garantías internacionales.

XIII. Debería erigirse un Estado polaco independiente, que incluyera los territorios habitados por poblaciones irrefutablemente polacas, al que debe garantizarse un libre y seguro acceso al mar, y cuya independencia política y económica e integridad territorial debería garantizarse por acuerdo internacional.

XIV. Debe crearse una sociedad general de naciones bajo acuerdos específicos, con el propósito de ofrecer garantías mutuas de independencia política e integridad territorial tanto a Estados grandes como pequeños.[2]

---

[2] "I. Open covenants of peace, openly arrived at, after which there shall be no private international understandings of any kind but diplomacy shall proceed always frankly and in the public view.

II. Absolute freedom of navigation upon the seas, outside territorial waters, alike in peace and in war, except as the seas may be closed in whole or in part by international action for the enforcement of international covenants.

III. The removal, so far as possible, of all economic barriers and the establishment of an equality of trade conditions among all the nations consenting to the peace and associating themselves for its maintenance.

IV. Adequate guarantees given and taken that national armaments will be reduced to the lowest point consistent with domestic safety.

V. A free, open-minded, and absolutely impartial adjustment of all colonial claims, based upon a strict observance of the principle that in determining all such questions of sovereignty the interests of the populations concerned must have equal weight with the equitable claims of the government whose title is to be determined.

VI. The evacuation of all Russian territory and such a settlement of all questions affecting Russia as will secure the best and freest cooperation of the other nations of the world in obtaining for her an unhampered and unembarrassed opportunity for the independent determination of her own political development and national policy and assure her of a sincere welcome into the society of free nations under institutions of her own choosing; and, more than a welcome, assistance also of every kind that she may need and may herself desire. The treatment accorded Russia by her sister nations in the months to come will be the acid test of their good will, of their comprehension of her needs as distinguished from their own interests, and of their intelligent and unselfish sympathy.

VII. Belgium, the whole world will agree, must be evacuated and restored, without any attempt to limit the sovereignty which she enjoys in common with all other free nations. No other single act will serve as this will serve to restore confidence among the nations in the laws which they have

Estos puntos planteaban la cuestión del orden internacional en tres niveles:

Los fundamentos esenciales de la paz son morales: ellos deben estar basados en la justicia, definida como la equidad de derechos y la preservación o creación de las libertades individuales y nacionales. En el siguiente nivel, ciertos principios políticos derivan de las máximas morales: una paz negociada entre iguales (paz sin victoria), autodeterminación, no aceptación de intereses especiales, y el "consenso de todas las naciones para ser gobernadas en su conducta hacia cada una de las otras por los mismos principios de honor y de respeto por la ley común de la sociedad civilizada que gobierna a los ciudadanos individuales de todos los Estados modernos en su relación con los otros: al final, todos los

---

themselves set and determined for the government of their relations with one another. Without this healing act the whole structure and validity of international law is forever impaired.

VIII. All French territory should be freed and the invaded portions restored, and the wrong done to France by Prussia in 1871 in the matter of Alsace-Lorraine, which has unsettled the peace of the world for nearly fifty years, should be righted, in order that peace may once more be made secure in the interest of all.

IX. A readjustment of the frontiers of Italy should be effected along clearly recognizable lines of nationality.

X. The peoples of Austria-Hungary, whose place among the nations we wish to see safeguarded and assured, should be accorded the freest opportunity to autonomous development.

XI. Rumania, Serbia, and Montenegro should be evacuated; occupied territories restored; Serbia accorded free and secure access to the sea; and the relations of the several Balkan states to one another determined by friendly counsel along historically established lines of allegiance and nationality; and international guarantees of the political and economic independence and territorial integrity of the several Balkan states should be entered into.

XII. The Turkish portion of the present Ottoman Empire should be assured a secure sovereignty, but the other nationalities which are now under Turkish rule should be assured an undoubted security of life and an absolutely unmolested opportunity of autonomous development, and the Dardanelles should be permanently opened as a free passage to the ships and commerce of all nations under international guarantees.

XIII. An independent Polish state should be erected which should include the territories inhabited by indisputably Polish populations, which should be assured a free and secure access to the sea, and whose political and economic independence and territorial integrity should be guaranteed by international covenant.

XIV. A general association of nations must be formed under specific covenants for the purpose of affording mutual guarantees of political independence and territorial integrity to great and small states alike" (Wilson, 1918).

compromisos y consensos deben ser sagradamente observados"...
Finalmente, estos principios políticos dejan políticas específicas,
tales como la libertad de mares, diplomacia abierta, acuerdos territoriales basados en el consentimiento de aquellos quienes son
afectados y, principalmente, una "comunidad de poder" en la Liga
de las Naciones.[3]

Lo más destacable es que para Wilson nada de este programa estaba sometido a discusión, pues se trataba de la única posibilidad de dar lugar a una forma duradera y estable
de orden internacional y, sobre todo, de no volver a la diplomacia del pasado. La columna vertebral de todo el programa
era el pedido de justicia, pues se asumía como el elemento
esencial de la estabilidad política internacional, junto con
la petición explícita de prohibir la diplomacia secreta y, en
su lugar, hacer públicos los tratados entre los Estados
(Kissinger, 1996: capítulo IX, 214-242).

Como lo aclara Holsti, el internacionalismo de Wilson era
fundamentalmente Estado-céntrico: es decir, estaba "com-
prometido emocional e intelectualmente con un mundo de
Estados, pero con una clase particular de Estados: democracias fundadas sobre el principio de la nacionalidad".[4] De
esta forma, las ideas de Wilson se comprometían a mantener un sistema internacional de Estados que recogían los
largos procesos de formación del Estado moderno y que se
definían dentro de las tradiciones políticas creadas por la
secularización, la laicidad, la nacionalización de la soberanía

---

[3] "The essential foundations of the peace and of peace are moral: they must
be based on justice, defined as the equality of rights and the preservation
or creation of individual and national liberties. At the next level, certain
political principles derive from the moral maxims: a peace negotiated
between equals (peace without victory), self-determination, non-acceptance
of special interests, and the "consent of all nations to be governed in their
conduct towards each other by the same principles of honor and of respect
for the common law of civilized society that govern the individual citizens
of all modern states in their relations with one another: to that end all
promises and covenants may be sacredly observed"... Finally, these political
principles lead to specific policies, such as freedom of the seas, open
diplomacy, basing territorial settlements or adjustments on the consent of
those who are affected... and, foremost, a "community of power" in the
League of Nations" (Holsti, 2000: 185).
[4] "Committed intellectually and emotionally to a world of states, but of kind
states: democracias founded on the principle of nationality" (Holsti, 2000:
185).

y los efectos de la institucionalización del Estado a través de sistemas racionales de justicia y ordenamiento político racionalizado, de acuerdo con los ideales políticos occidentales. En tal dirección, el sistema internacional sólo podría funcionar siempre y cuando aquellos principios que dieron lugar a la modernización doméstica de la política y el Estado impregnaran todo el sistema internacional; así, eran obligatorios dos pasos: 1) cambiar la estrecha concepción de los intereses nacionales por la convicción de los intereses comunes y la primacía del derecho; y 2) cambiar las diferentes capacidades nacionales, en dirección a dar mayor importancia a los compromisos escritos y a los compromisos de la democracia internacional. Este internacionalismo wilsoniano se asentaba sobre el principio de la democracia extendida al sistema de Estados, y sobre la primacía de un sistema de justicia común que lidiaría con los desacuerdos y los conflictos internacionales. La idea de la democracia giraba alrededor de la concepción clásica de ésta, en el sentido de autodeterminación de la sociedad y participación en el control de su gobierno; en ese proceso se determina, además, el sentido de la democracia como un mecanismo de gobierno orientado a satisfacer las necesidades de bienestar de una sociedad, lo que de hecho le genera restricciones al uso del poder, en especial en temas relacionados con la guerra internacional o la intervención en territorios extranjeros (tal como había sido la experiencia de los Estados Unidos en sus intervenciones internacionales en la segunda mitad del siglo XIX, cuando pretendió anexarse nuevos territorios, y el Congreso, sobre la base de los criterios de nacionalidad y ciudadanía, rechazó las aventuras del Estado, limitando su capacidad militar exterior e imponiendo un fuerte "aislacionismo" en asuntos internacionales [Zakaria, 2000: 50 y ss.].

La fuerza adquirida por los Estados Unidos tras la Primera Guerra Mundial, el hecho de estar libre de conflictos coloniales y de no estar delimitado, en sus objetivos internacionales, por intereses dentro del territorio europeo, junto con su ejército intacto —aunque desmantelado—, su capacidad financiera soportando las economías aliadas y su insistencia en procedimientos internacionales de carácter democrático, hacían que el modelo wilsoniano de relaciones internacionales adquiriera la condición de un objetivo-proyecto. Sobre esta base se delinearon los elementos básicos del nuevo orden internacional, especificados en la creación de la Liga de las Naciones. La creación de este organismo internacional tuvo un efecto trascendental para el siglo XX: el orden internacional tendría como referencia una estructura constitucional, y como tal, ése sería el marco de la acción política internacional. O, para decirlo con mayor énfasis, las propuestas de Wilson, desde la Paz de Westfalia, crearon un orden internacional completamente moderno, basado en los principios de la constitucionalidad, la democracia, el gobierno de la justicia internacional, la dirección secular y laica de los asuntos internacionales y la institucionalización de los ámbitos internacionales, principalmente a través de la creación de una "nueva diplomacia", dirigida a terminar la práctica de los pactos secretos, a convertir todos los tratados y los elementos de intercambio en asuntos públicos, y a someter a mecanismos democráticos a la "comunidad de poder internacional", constituida por Estados que se definen por la autodeterminación y el carácter de Estados modernos (Ikenberry, 2001: 157 y ss.).

La propuesta de Wilson tuvo un elemento que la aterrizó en la realidad: la idea británica de que la paz, en una estructura internacional semejante, sólo podía ser asegurada a través de una política directa de control de armamentos y limitación de la fuerza militar de los Estados comprometidos en conflictos internacionales. La idea británica estaba dirigida a permitir la reconstrucción de Alemania, pero sobre la base de una estricta observancia de compromisos internacionales que limitaban su poder militar y restringían sus objetivos en política exterior al comercio internacional, a los acuerdos de estabilidad internacional y doméstica necesarios y a fortalecer sus instituciones democráticas. Pero la principal contribución de los británicos, más allá de esta medida de control de armamentos que tranquilizaba a los franceses, fue poner una cortapisa realista al sueño de Wilson de universalizar la constitución de los Estados Unidos, a través de la propuesta de un esquema activo de resolución pacífica de conflictos, en manos de tribunales de arbitramento y de justicia (Holsti, 2000: 194). Tales instancias debían ser complementadas con otras, como las comisiones de estudio y tratamiento de problemas internacionales específicos —como en los casos de Oriente Medio, los Balcanes, China, etc.—, para proveer a la Liga de Naciones de los argumentos necesarios en la toma de decisiones internacionales efectivas para preservar la paz y conducir a todos los Estados hacia la autodeterminación y la democracia.

El otro elemento que de alguna manera limitó el alcance del internacionalismo de Wilson fueron las permanentes sospechas de los franceses con respecto a Alemania, y su aspiración a una política internacional de poder. Esto hacía que Francia apoyara una condición de primacía entre iguales, es decir, que si bien los Estados miembros de la Liga de Naciones mantendrían el mismo status de decisión, los asuntos considerados relevantes para la seguridad internacional sólo serían tratados por aquellos considerados los vencedores de la Gran Guerra: Francia, Gran Bretaña y Estados Unidos.

En últimas, el modelo de orden internacional que surgió al final de la Gran Guerra, sellado en los compromisos internacionales de Versalles en 1919, se construyó con base en un modelo constitucional, inspirado en la práctica y la tradición de la democracia norteamericana, llevada a su expresión internacional. Lo que Wilson hizo fue buscar obligaciones institucionales que permitieran que los Estados se comprometieran en la creación de un sistema democrático internacional y, con base en él, de una institución supraestatal de gobierno internacional, que condujese a las sociedades sobre la tierra a crear modelos de integración democráticos, enmarcados en los principios de autodeterminación y conformación nacional. Esto dio un vuelco histórico a la forma de pensar y definir los órdenes internacionales, pues supuso que los elementos que definían desde hacía tiempo la política doméstica en los Estados que se creían más avanzados y modernos definieran también el orden internacional. Los problemas surgieron cuando, a comienzos de la década de 1920, el Congreso de los Estados Unidos no ratificó los tratados ni su integración en la Liga de las Naciones. Con ello el organismo quedó sin soportes de poder real, toda vez que Francia estaba más interesada en una política de control directo y en garantizar un equilibrio militar efectivo, y Gran Bretaña se mantenía a una distancia prudente de los conflictos continentales, con el fin de no verse arrastrada a un guerra en donde no tenía territorios. De esta forma, el intento wilsoniano de superar la diplomacia tradicional quedó limitado a la realidad de los intereses de Estado y la *realpolitik* de los gobernantes fascistas y nazis.

INSTITUCIONALIDAD Y ORDEN DESPUÉS DE 1945

El conjunto de conflictos que han sido llamados la Segunda Guerra Mundial o, como lo ha llamado Eric Hobsbawm, la segunda y última parte de la "Guerra de los 31 años", tuvo su origen en cuatro problemas surgidos entre las décadas de 1920 y 1930:

1. El orden internacional creado después de la Gran Guerra, o Primera Guerra Mundial, naufragó poco a poco, hasta que en 1939 dejó de existir formalmente. Las causas de este proceso fueron de origen diverso: no había una estructura de poder internacional comprometida con hacer cumplir las decisiones y mandatos de la Liga de Naciones; ésta carecía de poder militar y por tanto de poder coercitivo; no tenía capacidad de vinculación política y jurídica en la mayoría de sus decisiones; y, finalmente, nunca recibió el respaldo necesario de su creador, los Estados Unidos.

2. El surgimiento del fascismo y del nazismo, con sus ideologías de nacionalismo estatal radical, la guerra total y la industrialización estatal forzada, fracturó a Europa en tres modelos de ordenamiento político: el liberal democrático, el socialista soviético y el nazismo, haciendo que los conflictos internacionales explotaran rápidamente. La agresividad de los nuevos regímenes y la incapacidad de la Liga de las Naciones para hacer cumplir sus resoluciones y mandatos, junto con el desconocimiento de los compromisos internacionales y de las sanciones de posguerra impuestas por los Aliados a Alemania, condujeron a que las alarmas de guerra se encendieran, en especial después de las invasiones alemanas a Checoslovaquia y Polonia —esta última gracias al tratado de Ribbentrop-Molotov, que permitía que la Unión Soviética y Alemania se repartieran el territorio polaco.

3. Gran Bretaña contenía su participación en el escenario continental con el objeto de no verse involucrada en una guerra de gran escala, pero sus compromisos con Francia y con la seguridad europea ponían en jaque el aislamiento

británico, y obligaban a mirar con cautela los nuevos hechos. Al mismo tiempo, Francia cometió graves errores en su preparación para un nuevo conflicto, pues subestimó la capacidad de las nuevas armas y las nuevas tácticas aparejadas con estas armas. En especial, subestimó la capacidad de la caballería mecanizada —su caballería seguía siendo tradicional, al igual que la de Polonia—, y el uso de la aviación como mecanismo de combate abierto, limitando su producción de aviones de guerra a unas cuantas tareas, principalmente el reconocimiento y el bombardeo táctico (Grenville, 2000: 280 y ss.).

4. El régimen nazi rompió el orden político con una estrategia militar efectiva llamada la "Guerra relámpago" o *Blitzkrieg*. Esta estrategia fue idea de un coronel llamado Liddell Hart, quien venía de los colegios militares alemanes, atrapados en medio de la retórica y el poder nazi. Su concepción de la guerra moderna, contando con los nuevos instrumentos de guerra, en especial con la aviación, consistía en lanzar una serie de ataques sofisticados indirectos sobre el territorio enemigo y no sobre el frente, como en la Primera Guerra Mundial, en los lugares menos esperados, con el fin de hacer el mayor daño posible, imposibilitar el rápido ordenamiento de las fuerzas enemigas, evitando la confrontación directa innecesaria, y con ella la pérdida de hombres en las propias filas (Van Creveld, 2000: 145 y ss.).

El desarrollo del conflicto tuvo dos momentos: uno llamado el "conflicto europeo", entre 1939 y 1941, en el que las operaciones del Eje sólo se hicieron sobre el territorio de Europa central y occidental, y aún no se extendían sobre el territorio soviético. El otro momento fue llamado "conflicto mundial", caracterizado por la intervención de Japón en el Océano Pacífico y su ataque a las posiciones norteamericanas, por la respuesta de Estados Unidos y su participación en la guerra y, finalmente, por la vinculación de los soviéticos a la guerra, en respuesta a la invasión realizada por los nazis. La intervención en la guerra de los Estados Unidos y la Unión Soviética tuvo como efecto directo la creación de los Aliados contra el Eje, y las operaciones, tanto militares como de apoyo civil, para el desarrollo de la guerra, que incluían préstamos y arriendos de Estados Unidos a los soviéticos para su participación en la guerra, para lo que se hicieron aprobar leyes y modificar posiciones diplomáticas anteriores (Grenville, 2000: 293 y ss.).

La victoria de los Aliados ponía de nuevo a prueba su capacidad para idear el orden internacional de posguerra, y éste fue diseñado con base en tres presupuestos: la iniciación de la Segunda Guerra Mundial se dio por el abandono de los ideales liberales y democráticos de construir un orden de paz sin victoriosos y de carácter constitucionalista; el realismo era la única salida posible en la década de 1930 a la situación de "anarquía internacional" creada a propósito de la inexistencia de un orden internacional vinculante; y la guerra fue el producto de la falta de cooperación y de proyección de mecanismos de una diplomacia activa, transparente y pública, que condujeran a la solución pacífica de cualquier conflicto internacional.

Esto hizo que el orden de posguerra, a partir de 1945, tuviera dos caras: una formal y otra informal. La formal fue el producto de la creación de un nuevo orden internacional institucionalizado, concretado en la creación de la Organización de las Naciones Unidas, donde la carta fundacional cumple el papel de formulación constitucional y diseño institucional para el gobierno mundial supraestatal (Ikenberry, 2001: 263 y ss.). Esta cara formal del orden internacional es la recepción directa de la influencia de Wilson en la creación de la Liga de las Naciones (Holsti, 2000: 245 y ss.). La cara informal del orden internacional fue el producto de la confrontación y apareció en el contexto de la contingencia en la relación soviético-norteamericana. Esta cara informal ha sido mundialmente conocida como la Guerra Fría, y tiene un doble aspecto: es tanto un mecanismo de competencia como un mecanismo de cooperación entre los Estados Unidos y la Unión Soviética. El resultado de la Guerra Fría puede ser visto en tres niveles descendientes: en el primero aseguró la gobernabilidad internacional en dúo por parte de sus protagonistas; en otro nivel permitió la expansión de los conceptos occidentales más modernos de orden político, estructura internacional y creó una estandarización en los modelos de organización y desarrollo económico; y en el tercer nivel permitió la eliminación de los poderes europeos, más cercanos al siglo XIX, a través de una doble acción: la descolonización y la creación de nuevos Estados, pero de nuevos Estados que respondían a las premisas de las tradiciones políticas occidentales en términos de secularidad, laicismo, instituciones modernas centralizadas, eficientes y capaces de gobernar con base en ideas políticas seculares.

El orden formal fue el producto de superar las condiciones que llevaron a la guerra en la década de 1930, caracterizadas básicamente por el desorden económico, la inestabilidad política, la falta de compromisos internacionales y la inexistencia de una concepción interestatal activa de seguridad y de instituciones que hicieran cumplir los diferentes compromisos. Este orden formal básicamente comprometió a los países occidentales industrializados, incluyendo a Japón en el Pacífico. La concordancia de los países industrializados occidentales destacaba una característica política compartida: el ejercicio de la democracia. Ello hacía que la democracia fuera asumida como un mecanismo y un fin en sí misma. Tal convicción estaba fundamentada en los efectos que trajo la quiebra del orden interestatal construido en 1919. Teóricamente, según los comentarios de Ikenberry, se contaba con la formulación kantiana de la paz democrática, en la que se sostiene que las democracias no se hacen la guerra, y que los compromisos institucionales están por encima de los cálculos de poder de los Estados, en especial en aquellos en donde las libertades individuales y su expresión democrática pueden ser suprimidas. Para Holsti tal definición y construcción del nuevo sistema internacional se dio porque los Estados Unidos rechazaron volver a los viejos esquemas de sistemas de poder, balances y esferas de influencia. Ello se complementó con el hecho de que los oficiales del Departamento de Estado de los Estados Unidos, al buscar los antecedentes para un nuevo orden internacional, sólo podían encontrar a Wilson, además de la profunda admiración que por él sentía Cordell Hull, el encargado de organizar los proyectos de negociación del orden de posguerra (Holsti, 2000: 267 y ss.).

Y si bien el modelo de institucionalidad buscado era el de la Liga de las Naciones, para esta nueva versión surgieron diversos elementos que fortalecieron su condición: las propuestas iniciales iban encaminadas a dotar a las Naciones Unidas con ejércitos de infantería propios y con una fuerza aérea propia. El poder para el nuevo organismo iba encaminado a lograr una seguridad y una integración más allá de lo militar: se trataba de lograr mecanismos de seguridad económica, social e institucional. Tal situación hizo que los acuerdos de Bretton Woods tomaran un cariz de asistencia económica complementaria, haciendo emerger los conceptos de desarrollo y tercer mundo, como diferenciación de las sociedades con miras a la asistencia y el establecimiento de programas de asistencia y promoción de las economías de mercado y sistemas de industrialización. A la ONU se le reservaron los derechos de sistema democrático internacional, y a la vez se le entregó el mandato para dirigir los procesos de descolonización que se presentaron en África, Medio Oriente, el subcontinente Indio y la región de Indochina. En esta medida, la ONU comenzó a capitalizar las experiencias de lo que en la década de 1990 se dio en llamar la "construcción de naciones", entendidas como sistemas democráticos y mecanismos públicos de ciudadanía gobernados por Estados modernos, entendidos como Estados-nacionales.

La dinámica internacional del período estuvo a cargo del proceso de la Guerra Fría, y ésta fue el reflejo de la estructura de poder que mantenía el orden internacional institucionalizado. La Guerra Fría sujetó a sus dinámicas e intereses los procesos regionales y continentales de diferentes partes del mundo, y hacía que las disputas de fondo se hicieran bajo su terreno y con sus contenidos ideológicos. De esta forma, las diferentes disputas políticas del período comprendido entre 1947 y 1991 estaban marcadas por el sello de la disputa liberalismo vs. socialismo; es decir que, el cambio político y la estabilidad doméstica e internacional estaban marcados por las disputas entre los Estados Unidos y la Unión Soviética. Esta disputa se libró en cuatro niveles: influencia geopolítica, competencia económica, carrera armamentística y tecnológica, y propaganda internacional.[5]

El esquema informal del orden internacional de la segunda mitad del siglo XX tuvo un efecto determinante, como señala John Lewis Gaddis, de acuerdo con la reflexión que hace Peñas Esteban: a pesar de la contingencia del orden de posgue-

---

[5]   Véase el artículo de Melvyn P. Leffler "The Cold War: What Do Now Know?" (April 1999: 501-524).

rra y las altas probabilidades de inestabilidad internacional continua, los Estados de la posguerra, basados en las realidades del poder, crearon un sistema que sirvió profundamente a la causa del orden, mucho mejor de lo que se hubiera esperado.[6] Este orden funcionó con base en cuatro elementos que fueron apareciendo dentro de lo inesperado del sistema internacional: el papel del realismo de y en la bipolaridad; su simplicidad para el liderazgo; la mayor estabilidad, en cada bloque, de las alianzas dentro de este sistema, comparada con la de períodos inmediatamente anteriores; y, por último, el hecho de que los defectos de cada bloque fueron tolerados con firmeza. Estos elementos condujeron a que el sistema funcionara de manera permanente, pero también permanentemente alineado, pues en un esquema de esta naturaleza pocas cosas podían escapar, o mejor, pocas cosas podían quedar por fuera del gobierno mundial formado por soviéticos y norteamericanos.

Pero el sistema no funcionaba porque sí, y en la dirección ya indicada por Gaddis sobresalen cinco reglas del juego internacional, que eran básicamente implícitas, y cuya interpretación adecuada fue vital para el mantenimiento de la estabilidad: la primera regla fue la del respeto a las esferas de influencia de cada uno de los bloques, lo que condujo a la práctica de una política de no injerencia en la conducción de los asuntos políticos dentro de cada bloque. La segunda regla estaba cifrada en el hecho de evitar la confrontación militar directa; el combate del otro se hizo a través de terceras fuerzas, obligando a limitar los espacios y los movimientos de estos terceros a unas cuantas opciones políticas. La tercera regla estaba determinada por la disuasión de fuerza constituida por las armas nucleares; pero esta regla tuvo un efecto de gobierno mundial poderosísimo por parte de los soviéticos y los norteamericanos, y era evitar que terceros países se armaran con aquéllas. La cuarta regla formulaba de una manera pragmática la interpretación de la contingencia: eran

---

[6]   Peñas Esteban hace su observación comentando un artículo de Gaddis titulado "The Long Peace. Elements of Stability in the Postwar International System", publicado en *The Long Peace. Inquiries into the History of the Cold War* (1987).

preferibles las anomalías predecibles a la racionalidad impredecible. La quinta regla se dirigía a no minar el liderazgo del adversario, pues si la clave estaba en la estabilidad, el hecho de que una parte perdiera su liderazgo acarrearía necesariamente la confrontación (Peñas Esteban, 1997: 210 y ss.).

La Guerra Fría dejaba manifiesta la más clara lógica de la occidentalización, en la medida en que hacía que la Unión Soviética y los Estados Unidos impusieran una serie de medidas de ordenamiento político, desarrollo económico, estructuración social y prácticas discursivas con ideologías "modernas" y "progresistas"; y a la vez que imponían estos elementos de la "modernidad", unificaban su visión del mundo, y la visión que podían tener los intelectuales de las nuevas sociedades. El mecanismo por el cual hicieron que esto fuera posible fue impulsar la descolonización; lo que representó, además, para la Unión Soviética, una excelente oportunidad para acrecentar su prestigio internacional, a la vez que sirvió para que los Estados Unidos impulsaran con mayor determinación el discurso de la democracia y la universalización de los derechos, como base de la justicia internacional. Dicho de otro modo, la Guerra Fría condujo a una necesaria expansión y universalización del modelo de Estado-nación (Keylor, 2003: 50 y ss.), inventado por los europeos y, como tal, producto de la historia particular de una serie de pueblos que tuvieron éxito en su expansión mundial.

De esta forma los dos objetivos implícitos del sistema internacional, creado a la sombra de la Guerra Fría y agenciado por la ONU, eran los de la construcción nacional y la modernización de la humanidad, organizada en Estados y gobernada por aspiraciones racionales, seculares, laicas, con procedimientos estatales diferenciados e institucionalizados. Estos objetivos debían ser alcanzados en medio de la puja de los grandes bloques por mantener y expandir su liderazgo. Estos objetivos se consiguieron en tres niveles de acción combinada: en el nivel superior los dos grandes bloques, depositarios de las claves de la modernidad, el desarrollo y el ordenamiento político correcto, determinaban las formas de conducir los conflictos internacionales, las tendencias de la política doméstica e interestatal y las grandes líneas de la economía y el desarrollo tecnológico. En el nivel intermedio, la acción de los grandes bloques estaba dirigida a asegurar que los grandes procesos políticos no se salieran de cauce, es decir, no tomaran rumbos no modernos, que para el momento, además, nadie esperaría. Este aseguramiento se hizo por medio de un monopolio importante: el de los grandes mecanismos para la guerra, en especial a través del monopolio de las armas nucleares, que servía para la contención entre los grandes bloques y para la neutralización y direccionamiento de terceros Estados (Van Creveld, 1991: 252 y ss.). En el nivel más bajo estos objetivos se activaron a través de la expansión del modelo del Estado-nación, combatiendo el colonialismo e impulsando los valores de integración y sociedad occidental como los valores básicos e incuestionados; en últimas, no importaba de qué tradición ideológica proviniesen pues lo que importaba era que las medidas fueran modernas (Peñas Esteban, 1997: 218 y ss.).

El caso del monopolio nuclear trajo una consecuencia importante para los países menos desarrollados del período: en general perdieron la capacidad para hacer la guerra interestatal a gran escala, y quedaron sometidos a los vistos buenos y a la aquiescencia de los poderes internacionales. Esta situación es relevante en la medida en que en la transición a la posguerra fría uno de los fenómenos más interesantes es el rearme y la conflictividad de muchos de los Estados más atrasados, los cuales, al verse sin tutela directa internacional, se arriesgan a actuar por su propia cuenta. El control que supuso la Guerra Fría fue el máximo control de un sistema interestatal donde todos los espacios de cambio político, violencia, ordenamiento social y dirección económica quedaban únicamente en manos de los Estados, pero no de cualquier tipo de Estados, sino en manos de los Estados modernos, entendidos en el siglo XX como Estados nacionales, lo que de hecho condujo, en términos de Charles Tilly, a que el sistema internacional fuera un reflejo de ese poder alcanzado por el mundo occidental construido sobre el poder del Estado nacional. En otras palabras, si bien los cambios en la historia están marcados por la contingencia, la historia del sistema internacional contemporáneo y su racionalización intelectual están marcadas por la expansión del Estado nacional (Tilly, 1992: 256 y ss.).

Por las razones anteriores el sistema no podía ser sino Estado-céntrico, construido sobre un juego de doble mecanismo (Ikenberry, 2001: 170 y ss.): uno institucionalizado por las reglas del derecho internacional, en una expresión constitucionalista que dio origen a las Naciones Unidas, creadas sobre el consenso impuesto o construido por los países vencedores de la última guerra de trascendencia internacional: los Estados Unidos y la Unión Soviética, representantes de las ideologías y los mecanismos occidentales de la política, el ordenamiento social, la estructura económica y la discursividad intelectual. El otro mecanismo se construyó sobre la base de la *realpolitik*, en la medida en que los vencedores fueron copando todos los espacios de competencia política: directa, como en los asuntos de la seguridad estratégica y táctica de cada uno; e indirecta, en la medida en que cada uno iba construyendo sus bloques de poder interestatal, sin interferencia real del oponente. Con este copamiento evitaron la aparición de terceros poderes, principalmente de terceras interpretaciones de los objetivos del sistema y de la dimensión histórica de los objetivos a conseguir. Uno de los hechos más interesantes del realismo aplicado por las vías de hecho fue su creciente y permanente institucionalización a través de tratados de seguridad, como los pactos militares y sus delimitaciones y reconocimientos; los tratados de control de armas, en especial las nucleares, como SALT I y SALT II; los tratados de cooperación para combatir el crimen internacional; los tratados para usos del suelo en asuntos nucleares o de derechos de explotación marítima; etc. (Keylor, 2003). Las Naciones Unidas y la Guerra Fría no eran dos asuntos separados sino dos versiones de lo mismo: la universalización del poder del Estado nacional y la imposición de la racionalidad occidental a través de la aparente "dialéctica moderna" entre liberalismo y socialismo, haciendo que el término moderno tuviera un eco mayor que en los períodos anteriores, asumiendo una ruptura implícita con el pasado (Schorske, 1998: 3 y ss.).

LA POSGUERRA FRÍA: INTERNACIONALISMO INCIERTO

La disolución de la antigua Unión de Repúblicas Socialistas Soviéticas, en 1991, pareció confirmar en un primer momento que la tensión con la que se gobernó el mundo desde 1945 se resolvía a favor de los valores modernos. Es decir, que una vez finalizada la disputa entre el socialismo, representado por los países del llamado socialismo realmente existente, y el liberalismo, representado por los Estados Unidos y Europa occidental, los valores de la democracia, el constitucionalismo, la secularidad, el laicismo, los modelos de ordenamiento básico de la sociedad y la primacía de los intereses económicos y políticos occidentales gobernarían el resto de la historia de la humanidad.[7] En el momento, a muy pocos se les ocurría dedicar alguna atención a fenómenos que se consideraron minoritarios y sin gran repercusión, como el tráfico de drogas, el mercado negro de armas, el tráfico de inmigrantes, de servicios sexuales, de órganos humanos y, en especial, asuntos como la transformación de los grandes conglomerados humanos en ideologías políticas "re-encontradas", basadas en la adscripción étnica, el nacionalismo religioso y la "re-interpretación" religiosa del orden social y político, tanto doméstico como internacional.

El ambiente internacional de los primeros años de la década de 1990, asegurado por la exitosa guerra contra Irak, en 1991, encabezada por una amplia coalición internacional, parecía indicar que el mundo se dirigía hacia un clima de paz internacional, de cambios tranquilos y de imposición de un clima generalizado de cordialidad, en el que los Estados débiles y fragmentados eran crecientemente obligados a negociar con sus grupos insurgentes. Esta década fue interpretada, al comienzo, como una época para las negociaciones de paz y la imposición de una cultura democrática con una amplia participación ciudadana, en parte porque asuntos como las movilizaciones de Europa del Este y del Centro mantenían ocupados a los países más poderosos, y los intelectuales occidentales y la mayoría de los medios de comunicación sólo vieron aspiraciones económicas y sociales. Aún el fantasma de la limpieza étnica se encontraba lejos y, más aún, los vínculos culturales entre nacionalistas, comunistas

---

[7] Este era el sentido del polémico libro de Francis Fukuyama: *El fin de la historia y el último hombre*, que fue rebatido con argumentos sobredeterminados, es decir, que terminaban diciendo lo mismo pero con "otra música", como le sucedió a Josep Fontana.

y ortodoxos, o entre islamistas, independentistas e internacionalistas.

Los Estados Unidos se sintieron ganadores de la confrontación de la segunda mitad del siglo XX, y los discursos de muchos intelectuales así lo confirmaban: eran el gran *hegemón*. Por tanto, si había problemas mundiales eran culpa del capitalismo, pues éste era el mal del mundo contemporáneo.[8] En este contexto los Estados Unidos, con Bill Clinton a la cabeza, asumieron una posición de neoaislacionismo,[9] aunque con un ojo avizor sobre las tendencias mundiales, y los europeos se retiraron a sus concepciones etnocéntricas y sus logros de bienestar y opulencia, desde donde podían contemplar al "otro".

Sin embargo, pocos han estado observando lo que ha sucedido a lo largo de estos años, desde 1991: se fue generando un desplazamiento lento pero efectivo de la primacía internacional de Occidente, acompañado del auge de fuerzas internacionalistas desconocidas, a las cuales muy pocos servicios de inteligencia daban credibilidad, y ningún jefe de Estado de un país democrático arriesgó su capital político para frenarlas. Estados Unidos, el virtual ganador de la Guerra Fría, ha estado siendo desplazado de la cabeza, y con él Occidente ha pasado a ser una parte del mundo y no su todo. Es decir, ha perdido su universalidad. Luego ha surgido una nueva opción de poder internacional, constituido por el internacionalismo de nuevo cuño, especialmente islámico, y por la descomposición de los Estados débiles, que han quedado en una situación de abierta y casi perpetua fragmentación.

La imparable contingencia de los hechos del mundo contemporáneo, impredecible para todos los más avezados conocedores y observadores del mundo, nos obliga a detenernos en dos lógicas internacionales relevantes en el contexto de las décadas de 1990 y 2000: los Estados Unidos son un gran poder, pero sólo es *primus inter pares*. Es decir, si bien han jugado, e incluso se han creído el Estado con capacidad para dirigir el mundo, los desafíos de la realidad son mucho

---

[8] La novela *La caverna*, de José Saramago, es una típica escenificación de la forma de ver el mundo de los años 90.

[9] Véase James E. Scott (Ed.) (1998: 108 y ss.).

más complejos, y el mundo demasiado grande, relativizando las creencias de la supuesta aldea global. Se trata de mirar, entonces, con apoyo de datos cuantitativos, qué tan fuerte es la posición de los Estados Unidos y qué tan solo está hoy, efectivamente, en la cabeza del mundo, mirado desde su competencia. El segundo fenómeno internacional importante es que en más de dos terceras partes de las sociedades contemporáneas los partidos políticos laicos y seculares han sido desplazados por movimientos de diverso orden que se inscriben entre las denominaciones de nacionalismos religiosos y fundamentalismos. A estas denominaciones se han agregado los renovados espíritus de las luchas y las diferencias nacionalistas. Y es en este contexto de transformación política donde se ubica la mayoría de las escenas de violencia colectiva, actos de guerra y fragmentación del poder estatal, cuando no su entierro definitivo.[10]

EL LIDERAZGO DESPLAZADO

Al comienzo de la década de 1990, y principalmente al final de la Guerra Fría, era evidente que los Estados Unidos habían quedado a la cabeza del orden internacional que había sobrevivido a la Segunda Guerra Mundial. Sin embargo, pronto quedaron en evidencia dos situaciones ligadas al respecto: una, que ese liderazgo se fue disolviendo a medida que avanzaron los años 90, y otra, que el orden internacional no era sino supuesto sobre los acuerdos constitucionales de 1945, para dotar al gobierno mundial de una cara formal, institucionalizada y dirigida por una Asamblea de Naciones.

En 1992 los Estados Unidos representaban la única garantía de mantener la seguridad internacional, en especial en lo referente al cuidado y desmantelamiento de grandes arsenales nucleares. En ese marco se produjo la firma del tratado de reducción de arsenales nucleares entre Rusia y Estados Unidos, representados por George Bush y Boris Yeltsin. Dicho tratado preveía una solución para el agrupamiento

---

[10] Al respecto se encuentran las conclusiones del libro de Francisco Javier Peñas Esteban, titulado *Occidentalización, fin de la Guerra Fría y relaciones internacionales* (1997).

y desmantelamiento progresivo de lo que había sido el Ejército Rojo, al que pretendieron desmembrar los Estados resultantes del desmonte de la URSS. Ante esta situación, y con la precaria condición europea para la defensa y la seguridad internacional, sólo las fuerzas militares de Estados Unidos y el mantenimiento de la OTAN fueron garantías evidentes en un mundo que comenzaba a caminar progresivamente por la incertidumbre. Incertidumbre porque desde 1993 comenzó un comercio ilegal de armas a gran escala, en el que se ofrecen desde aviones de combate de los ejércitos desmantelados, comenzando por el de la antigua Alemania Oriental, hasta misiles nucleares y submarinos rusos, muchos de ellos vendidos a narcotraficantes latinoamericanos.

En este contexto resaltaba, además, que los Estados Unidos se habían ubicado a la cabeza de la tercera revolución industrial, en la década de 1980, dando lugar a nuevos modelos de industrialización basados en el desarrollo de conocimientos científicos y tecnológicos, y creando nuevos modelos de interconexión social e intercambio económico.[11] La clave de esta tercera revolución industrial no está en la producción de objetos sino en la producción, distribución y ampliación de la información. Tal condición hizo que los Estados Unidos experimentaran, entre comienzos de 1994 y abril de 2000, una condición excepcional de pleno empleo, en la cual la creación de puestos de trabajo dependía de la economía de servicios, jalonada por los sectores electrónicos y científicos, junto con el no despreciable papel del sector de producción de armamento de última generación, en lugar de depender de las tradicionales estructuras de empleo creadas por la agricultura y la industrialización clásica, que involucran una altísima participación de la mano de obra. En estas circunstancias los norteamericanos, sin lugar a dudas, se convirtieron en el ejemplo a imitar por parte de la nueva Rusia y de muchos de los nuevos países.

Este modelo de éxito y ordenamiento social, político, económico, tecnológico, militar y cultural estuvo acompañado de una nueva expansión en los temas intelectuales occiden-

---

[11] Sin lugar a dudas el mejor trabajo al respecto es la trilogía de Manuel Castells, titulada *La era de la información* (1997-1998).

tales, como en un nuevo intento de occidentalización que explicaba o le daba nuevos aires a la estructura económica y política que se comenzó a llamar globalización, y que permitía la difusión de la tercera revolución industrial. En este sentido los grandes intelectuales se dedicaron a tres temas principales: en primer lugar, el debate liberalismo-comunitarismo se convirtió en el gran punto de referencia de las discusiones sobre ordenamiento político y social contemporáneo, donde el "otro" era racionalizado y se le entregaba una "definición" compartimentada de su diferencia, de modo tal que los principios fundamentales de la civilización occidental estuvieran asegurados. De esta forma en el debate público se aceptaba cualquier diferencia sobre tres principios: secularidad, laicismo y primacía internacional del Estado.[12] Ello explica por qué los nacionalismos europeos, transformados en radicales en estos años, seguían una profunda línea conservadora junto con el marxismo, una de las ideologías más conservadoras, buscando crear nuevos Estados que siguieran el estilo de los Estados modernos de la historia europea, y buscando participar directamente del orden internacional. En últimas, se trataba de darle una salida secular y laica, con los principios de la Ilustración, al problema de la diferencia, donde las tradiciones culturales podían ser inventadas, en el más estricto sentido de Eric Hobsbawm y Therence Ranger.

Un segundo tema de discusión lo plantearon las nuevas teorías de la justicia, construidas sobre el brillante trabajo de John Rawls, *A Theory of Justice*, que condujo a una completa renovación de la filosofía política. Este planteamiento de Rawls permitió renovar la discusión de los órdenes políticos y sociales en torno al eterno debate de las medidas de justicia para el equilibrio social y la distribución de ingresos, oportunidades y reconocimientos democráticos debidos. Aquí ha aparecido toda una nueva generación de intelectuales y de profesores universitarios que han coincidido con los aires que el nuevo constitucionalismo tomó en los años 90. La má-

---

[12] La bibliografía sobre este tema es abundante, y cualquier mirada superficial a la filosofía política de las décadas de 1990 y 2000 da cuenta inmediata de estas discusiones.

xima interpretación que Rawls y sus seguidores lograron de los nuevos contextos internacionales fue el del consenso traslapado, que consistía en buscar puntos de acuerdo por encima de las diferencias culturales y las tradiciones religiosas de todos los países contemporáneos. Para ello se identificaban, como punto de encuentro, los principios de la libertad individual, la primacía de la democracia y la necesidad de crear un orden internacional justo sobre esta base.

Un tercer conjunto de temas de discusión vino acompañado de lo que se puede llamar las interpretaciones conservadoras y tradicionales de los problemas políticos y sociales. Eran los temas del orden capitalista, del Imperio norteamericano, de las nuevas esperanzas socialistas, y todo lo relacionado con las nuevas formas de Imperio y resistencia popular. En quienes plantean estos puntos de vista, así como en sus textos, es evidente que la nostalgia de una historia heroica, que por demás nunca existió, en el marco del siglo XIX, les ha dejado una impronta imborrable, exacerbada por la disolución de la URSS.

Los intelectuales norteamericanos, en general, han tomado la delantera en estos tres temas de debate, cubriendo prácticamente todas las áreas de discusión y cerrando cualquier posibilidad de interpretaciones no occidentales para tales asuntos.

En el terreno de la economía de competencia internacional era evidente que los Estados Unidos tenían una delantera en solitario, pero esta delantera ha venido cayendo en una condición decreciente, pues muy cerca vienen otros países, de los cuales sólo el supra-Estado de la Unión Europea es occidental.

País[13]	Población	PIB	PIB pc	I+D	Usuarios Internet
	(millones)	(bi. USD)	(miles USD)	(%)	(millones)
EE.UU.	290	10.115	34.986	2.7	150
U. Europea	377	7.890	28.500	2.1	100

continúa

---

[13] Los datos referidos a los Estados Unidos y Europa fueron tomados de *Vanguardia Dossier*, número 7, julio-septiembre 2003. El resto de los da-

País	Población	PIB	PIB pc	I+D	Usuarios Internet
	(millones)	(bi. USD)	(miles USD)	(%)	(millones)
Japón	145	3.470	27.303	2.96	85
China	1.350	5.569	3.976	1.0	150
India	1.050	3.118	2.358	2.1	110
Rusia	160	1.219	8.377	1.2	50

El cuadro anterior puede tener varias interpretaciones, entre las cuales deseo destacar dos: mientras el mundo occidental sigue convencido de tener las fuentes de la eterna riqueza en sus manos, los competidores van progresando con la determinación de obtener el control de la economía internacional. Ese el caso de China e India, que al paso de la desindustrialización de los Estados Unidos han creado grandes sectores de industria y comercio, generando empleo rápido, barato pero sostenido, y demanda de empleos altamente calificados. El caso de China es uno de los más relevantes pues, en comparación con las cifras de comienzos de la década de 1970, es evidente que el paso de 150 millones de PIB al de hoy, una cifra superior a los cinco billones de dólares para los primeros cinco años de la década de 2000, está sostenido por una economía en crecimiento, viva y con gran futuro. En el caso de la India es también muy evidente el liderazgo que ha tomado en diferentes sectores científicos y de la producción industrial y tecnológica, predominando en las áreas informacionales, la producción automotriz y el sector agropecuario, en especial con relación a cultivos modificados y adaptaciones genéticas.

El otro elemento asociado a estos datos es el peso que la demografía vuelve a jugar en el contexto contemporáneo, donde el principio maltusiano de regulación de la población, que es el credo compartido por las diferentes corrientes ideológicas occidentales, parece volverse en su contra, pues al parecer una de las fuentes del poder y el futuro de países

---

tos fueron tomados de *El estado del mundo. Anuario económico geopolítico mundial 2004* (2004) y de los informes de desempeño económico para 2002 y 2003 elaborados por el Banco Mundial.

como China e India está en el crecimiento de la población, que en las proyecciones demográficas de hoy les asegurarán tener por lo menos un tercio de la población mundial en el futuro, con las consecuencias que este hecho traerá para el desarrollo económico, las demandas políticas y la creación de Estados realmente fuertes y determinados en asuntos internos y conflictos internacionales.

Pero lo más relevante es que el supuesto liderazgo de los Estados Unidos, con el cual empezó el período de la posguerra fría, declina aceleradamente, en la medida en que se vuelve relativo frente al crecimiento de sus inmediatos competidores, incluso en asuntos militares. El visible liderazgo de China e India en las negociaciones internacionales y su creciente capacidad de comercio internacional han conducido a que las grandes compañías norteamericanas se vuelquen a los mercados asiáticos para participar de estos mercados que abiertamente los desbordan. Las nuevas políticas de China, referentes a la apertura completa de la propiedad privada y a la aprobación de medidas jurídicas que permitan el desarrollo de una economía nacional fuerte, conducen a la creación de grandes compañías que de entrada tienen asegurado su crecimiento con base en el viejo principio del mercado interior; y otro tanto sucede con India, cuyo mercado se expande de forma certera por todo Asia, y cuyos productos informacionales, de telefonía y de servicios, cubren la mayoría de las economías desarrolladas.

El liderazgo de los Estados Unidos, y con él el de Occidente, es un liderazgo desplazado, enfrentado a una limitación política, sin horizontes de la real diversidad del mundo, pues sus intelectuales aún no ven más allá de los Urales o de Alaska.

LOS NUEVOS DESAFÍOS

Al comienzo de la posguerra fría el ambiente de optimismo era creciente, y la mayoría de los grandes conflictos internacionales se sentían superados; sólo quedaban problemas que se podían solucionar de manera funcional, y eran aquellos que provenían de los asuntos del ajuste institucional y social. Así, la pobreza y la exclusión social eran unos de los grandes asuntos a resolver, junto con algunos nuevos problemas de orden internacional, que en principio se consideraron problemas de ayuda técnica y adecuada presión política, como las crecientes oleadas de crimen internacional asociadas a todo tipo de actividades mafiosas, que incluían el tráfico de drogas, de humanos, de armas, de órganos y tejidos humanos, de inmigrantes, etc. Es decir, la confianza estaba depositada en que los valores de la modernidad occidental no serían desplazados por nada o, mejor aún, se daba por descontado que eran ya logros de la humanidad y, por tanto, valores universales. No parecía posible que asuntos como el Estado moderno fueran puestos en cuestionamiento, aunque se pudieran cuestionar sus formas de funcionamiento; nadie pensaba que la economía, definida como capitalismo, pudiera ser liderada por personas y países pertenecientes a culturas diferentes a la occidental y, todavía más, con propósitos contrarios a los occidentales; por ejemplo, a nadie se le podía ocurrir que jugadores económicos no occidentales pudiesen amasar grandes fortunas para ponerlas al servicio de causas teocráticas o de la recuperación de culturas diferentes a las de la modernidad.

Uno de los primeros en intuir un cambio en las prioridades geopolíticas de la posguerra fría fue el gran pensador del ajedrez internacional, Zbigniew Brzesinski, cuando llamó la atención sobre Asia Central, a mediados de los años 90. Pero luego fue el polémico artículo de Samuel Huntington, publicado en la revista *Foreign Affairs*, "The Clash of Civilizations?", el que hizo un primer llamado a observar los cambios de fondo que se han sucedido en el marco de la posguerra fría. Huntington se acerca a los contenidos de Arnold Toynbee en su extenso *Estudio de la Historia*, en cuanto asume el viejo concepto de civilizaciones y diferenciaciones civilizacionales, aunque su interpretación se antoja más cercana a las concepciones de Fernand Braudel. La virtud de este artículo, y de su versión convertida en libro, es que permitía que se asomaran visiones diferentes del mundo contemporáneo, aunque lo hicieran desde la primacía de la trayectoria de Occidente, encabezada por los Estados Unidos, gracias al encerramiento etnocéntrico europeo y al temor que la guerra de Yugoslavia levantaba con sus viejas prácticas de limpieza étnica, controles raciales y diferencias nacionales y religiosas mortales. Sin embargo, el texto de Huntington y las polémicas levantadas por éste aún no dejaban sospechar lo que sería el período iniciado el 11 de septiembre de 2001.

Los nuevos enemigos de la escena internacional emergieron de tradiciones políticas intelectuales insospechadas, y sus formas de vida eran toleradas como producto de la diversidad que el comunitarismo y el multiculturalismo trataban de racionalizar. Esta nacionalización procede de tratar a los diferentes, o al "otro" habermasiano si se quiere, como inferiores, o como comunidades que aún están por recorrer la ruta de la civilización, toda vez que sus mecanismos de solidaridad y encuentro político todavía están amarrados por religiones tradicionales y por poderes políticos anclados en estructuras medievales, según las categorías de la historia y la sociología occidentales. Estos nuevos enemigos proceden de dos formas de militancia: el fundamentalismo (Armstrong: 2001) y el nacionalismo religioso (Juergensmeyer: 1993). Tales militancias no son exclusivas de una religión o de una cultura; por el contrario, han sacudido todas las estructuras sociales contemporáneas, desde el cristianismo hasta el islamismo, el hinduismo, el budismo, las creencias sijks, el confucionismo, el taoismo, etc., pasando por diversas formas de agrupamiento social, recuperación del poder económico y establecimiento de nuevos mecanismos de poder político y competencia social.

El más visible de estos nuevos protagonistas ha sido, hasta ahora, el islamismo, pues combina con gran habilidad, tanto los asuntos nacionales, de ordenamiento político dentro de cada país, como la militancia internacional, que tiene la esperanza de imponer un orden internacional islamista, cambiando las reglas internacionales del derecho público, que resalta los logros de las revoluciones monárquicas, liberales, industriales y de masas, por el derecho basado en la *Sharía*. En este escenario es comprensible que existan diversas interpretaciones para personajes tan polémicos como Osama Bin Laden o Ahmed Jassin, quienes para una parte de la humanidad son terroristas y asesinos, y para otra son hombres píos consagrados a la reconstrucción de la *umma*. El error de los intelectuales occidentales está en suponer que los valores y principios políticos de la tradición occidental, como la democracia, el reconocimiento de la diferencia y la redistribución de ingresos, desactivarán la militancia islamista, sin darse cuenta de que uno de los problemas de fondo es que no comparten nada en lo más esencial de su visión del mundo. Es más, mientras que zonas como América Latina están afectadas por problemas "funcionales", derivados de la criminalidad internacional, militancias como la islamista o la hinduista no pretenden riquezas o reconocimiento político, sino reformar la estructura del mundo contemporáneo.

Anexo
REFERENCIAS CARTOGRÁFICAS HISTÓRICAS

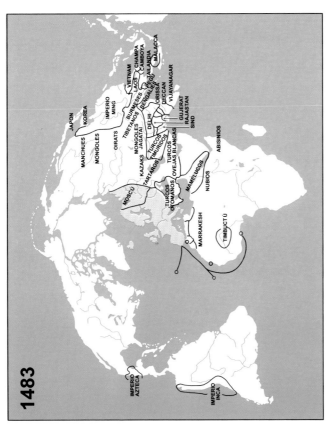

Este mapa, reelaborado con base en el Atlas de Colin McEvedy, *The Penguin Atlas of Modern History,* muestra la situación del mundo en el momento en que Europa comienza a transformarse con las luchas protagonizadas por los monarcas y la emergencia del Estado (McEvedy, 1992: 13).

239

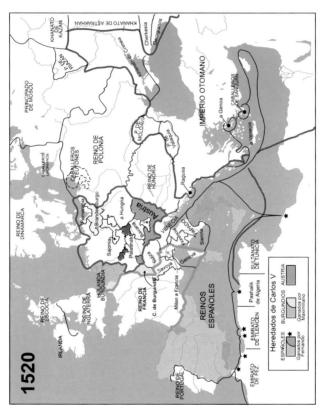

En este mapa se puede observar la escenificación de las disputas entre el Sacro Imperio Romano Germánico, el surgimiento de su unidad con las heredades de Carlos V, y la situación de los Estados que conformaban Europa en el año 1520 (McEvedy, 1992: 31). Mapa reelaborado con base en el Atlas de Colin McEvedy, *The Penguin Atlas of Modern History.*

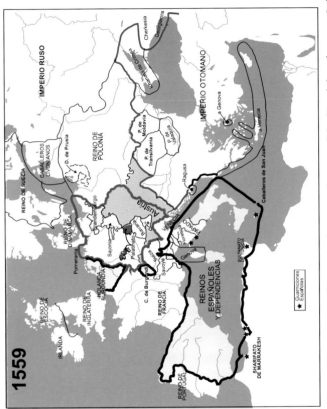

Este mapa permite ver las variaciones en la consolidación del poder español, principalmente tras el surgimiento de Felipe II (McEvedy, 1992: 35). Mapa reelaborado con base en el Atlas de Colin McEvedy, *The Penguin Atlas of Modern History*.

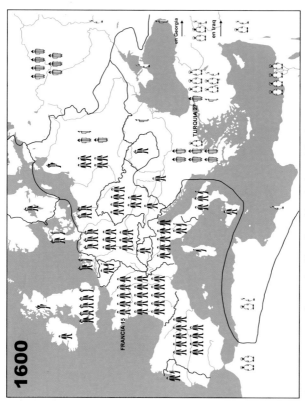

En este mapa se puede ver la distribución de la población en Europa y el territorio mediterráneo, con base en los criterios de adscripción religiosa, en los años previos a la Guerra de los Treinta Años. Cada figura completa representa un millón de personas: católicos, protestantes, ortodoxos o musulmanes (McEvedy, 1992: 35). Mapa reelaborado con base en el *Atlas* de Colin McEvedy, *The Penguin Atlas of Modern History*.

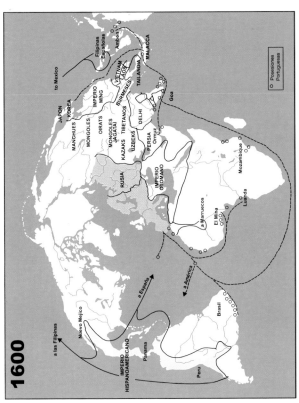

1600

Nuevo Mejico

a las Filipinas

IMPERIO HISPANOAMERICANO

Panamá

Perú

a España

a América

Brasil

a Marruecos

El Mina

Luanda

Mozambique

Goa

Ormuz

PERSIA

IMPERIO OTOMANO

RUSIA

UZBEKS

KAZAKS

MONGOLES JAGATAI

TIBETANOS

DELHI

OIRATS

MONGOLES

MANCHUES

IMPERIO MING

JAPON

KOREA

BURMESES

VIETNAM

LAOS

TAILANDIA

MALACCA

Amboina

Filipinas Españolas

to Mexico

○	Posesiones
	Portuguesas

Para el año 1600 Portugal ya había abierto las rutas de la expansión europea, Rusia comenzaba a ser un Imperio importante, y el Imperio otomano se enfrentaba al peligro del desmoronamiento, dada su extraordinaria expansión y consolidación como poder internacional primordial sobre el Mediterráneo (McEvedy, 1992: 17). Mapa reelaborado con base en el Atlas de Colin McEvedy, *The Penguin Atlas of Modern History*.

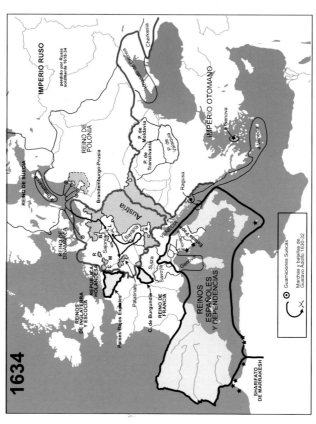

Situación de Europa en uno de los principales momentos de la Guerra de los Treinta Años. Obsérvese con especial atención el territorio alcanzado por España, la independencia de la República de Venecia y la expansión sobre territorio europeo del Imperio otomano (McEvedy, 1992: 41). Mapa reelaborado con base en el Atlas de Colin McEvedy, *The Penguin Atlas of Modern History*.

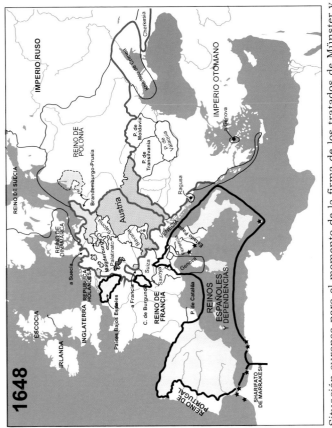

Situación europea para el momento de la firma de los tratados de Münster y Osnabrück, que constituyeron el núcleo central de la llamada Paz de Westfalia de 1648 (McEvedy, 1992: 45). Mapa reelaborado con base en el Atlas de Colin McEvedy, *The Penguin Atlas of Modern History*.

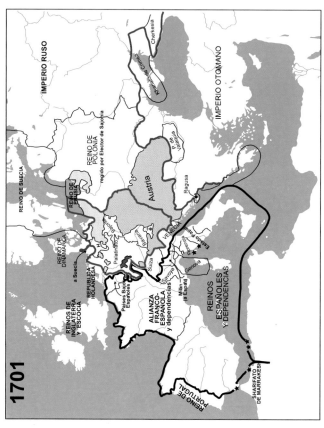

Unidades políticas europeas para el año 1701, antes de las modificaciones sufridas por las guerras de sucesión española y de los enfrentamientos entre británicos y franceses a lo largo del siglo XVIII (McEvedy, 1992: 53). Mapa reelaborado con base en el Atlas de Colin McEvedy, *The Penguin Atlas of Modern History*.

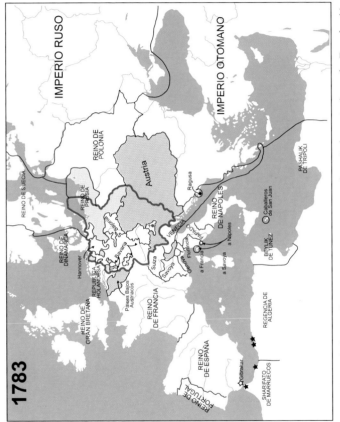

Unidades políticas y fronteras europeas en el período anterior a la Revolución Francesa (McEvedy, 1992: 69). Mapa reelaborado con base en el Atlas de Colin McEvedy, *The Penguin Atlas of Modern History*.

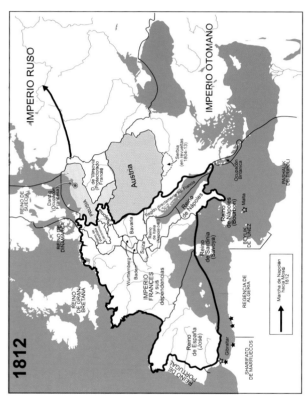

La Europa creada por Napoleón hacia el año 1812. Obsérvese con especial atención el tamaño adquirido por Francia, que representaba, para el momento, la renovación de la amenaza de la monarquía universal. En esta época comienzan a ser evidentes las debilidades del Imperio otomano en la región balcánica y el choque de aspiraciones territoriales entre Rusia y Austria. Mapa reelaborado con base en el Atlas de Colin McEvedy, *The Penguin Atlas of Modern History.*

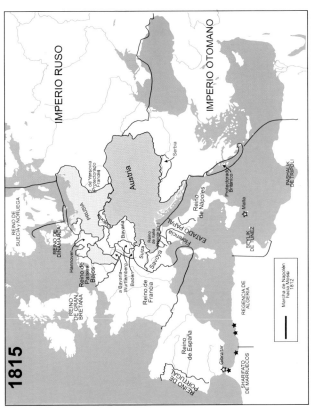

Europa en proceso de restauración de las monarquías desplazadas por las acciones france-sas y el desmoronamiento del Imperio napoleónico (McEvedy, 1992: 79). A pesar de esta restauración, el reino de Polonia se mantendría como un ducado sujeto a su repartición entre Rusia y Prusia, y a la presencia francesa en el área. Mapa reelaborado con base en el Atlas de Colin McEvedy, *The Penguin Atlas of Modern History*.

Este mapa muestra la evolución territorial del Imperio ruso, desde el principado de Moscovia, a finales de la Edad Media, hasta el territorio que consolidó a finales del siglo XIX, delimitando la forma geopolítica que tuvo la Unión de Repúblicas Socialistas Soviéticas entre la Segunda Guerra Mundial y su disolución a finales de 1991. Mapa reelaborado con base en el *Hammond Historical World Atlas*.

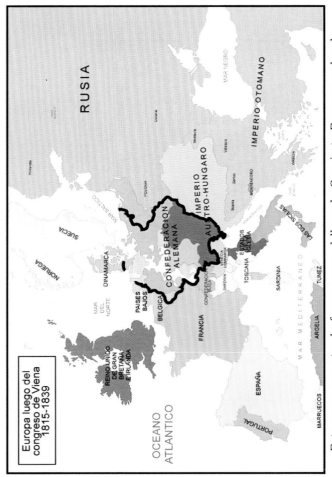

Este mapa muestra la forma como el llamado Concierto Europeo ordenaba territorialmente el continente europeo, en un antecedente claro de lo que iban a ser los órdenes internacionales del siglo XX. Mapa reelaborado con base en el *Hammond Historical World Atlas*.

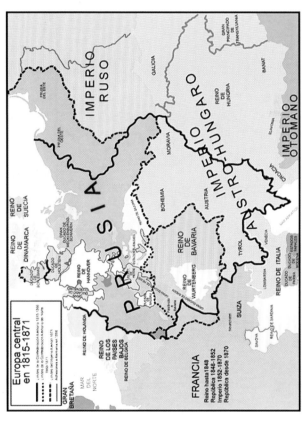

En el siglo XIX la consolidación de Prusia, como Estado fuerte y básico en el equilibrio europeo, se basó en el detrimento evidente de la posición austro-húngara en las Confederaciones de Estados Alemanes. La consolidación de Prusia, después de las guerras de 1865-1866 contra Austria y de 1871 contra Francia, dio lugar a la fundación de Alemania, con Otto von Bismarck como canciller. Mapa reelaborado con base en el *Hammond Historical World Atlas*.

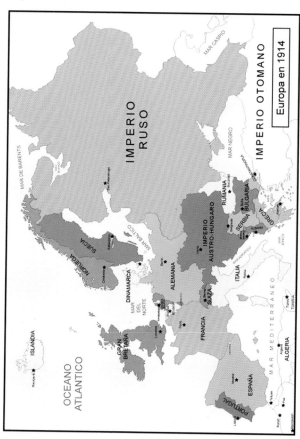

Europa en 1914

En 1914 ya era evidente la consolidación de las fronteras y los territorios nacionales de los Estados modernos europeos, y la entrada en la guerra condujo a la inevitable desaparición de los grandes Imperios que parecían seguir apegados a fórmulas políticas tradicionales. 1914 fue el último año de tranquilidad y estabilidad que conocieron los principales Estados imperiales de Rusia, Alemania, Austria-Hungría y el Imperio otomano. Mapa reelaborado con base en el *Hammond Historical World Atlas*.

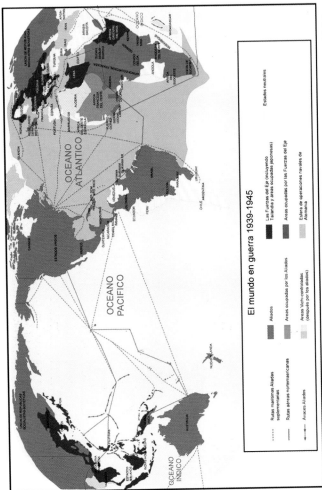

El mundo en guerra 1939-1945

Las Fuerzas del Eje (incluyendo Tailandia y áreas ocupadas japonesas)

Áreas ocupadas por las Fuerzas del Eje

Esfera de operaciones navales de Alemania

Aliados

Áreas ocupadas por los Aliados

Áreas Vichy-controladas (después por los aliados)

Estados neutrales

······ Rutas marítimas Aliadas suplementarias

——— Rutas aéreas norteamericanas

→ Avances Aliados

Una de las principales consecuencias de las llamadas guerras mundiales, entre 1914 y 1945, fue el establecimiento de una base política y militar universal, que hizo posible la aparición de un orden internacional mundial, por primera vez en la historia. Mapa reelaborado con base en el *Hammond Historical World Atlas*.

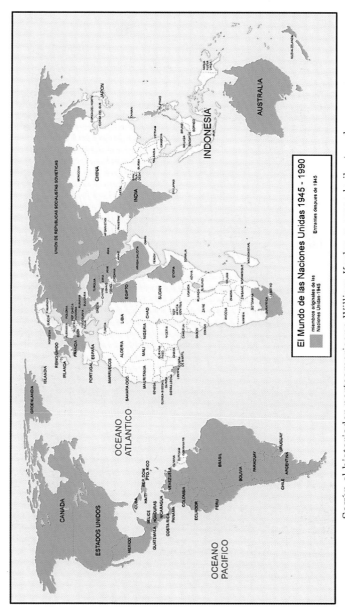

Según el historiador norteamericano William Keylor, y como lo ilustra el mapa de esta página, el período entre 1945 y 1990 correspondió al "mundo de las naciones". Mapa reelaborado con base en el *Hammond Historical World Atlas*.

El Mundo de las Naciones Unidas 1945 - 1990

miembros originales de las Naciones Unidas 1945

Entrantes después de 1945

BIBLIOGRAFÍA

LIBROS

AHRENSDORF, Peter J. and PANGLE, Thomas L. 2001. *Justice among Nations: On the Moral Basis of Power and Peace*. University Press of Kansas, Kansas City.

ANDERSON, Benedict. 1998. *The Spectre of Comparisons. Nationalism, Southeast Asia and the World*. Verso, London.

ARMSTRONG, Karen. 2001. *The Battle for God*. Ballantine Books, New York.

ASCH, Ronald G. 1997. *The Thirty Years War: The Holy Roman Empire and Europe, 1618-1648*. Palgrave Macmillan, New York.

ASCH, Ronald G. and BIRKE, Adolf M. 1991. *Princes, Patronage, and the Nobility: The Court at the Beginning of the Modern Age, C.1450-1650*. The German Historical Institute London, London.

BECCARIA, Cesare. 1994. *De los delitos y las penas*, Universidad Externado de Colombia, Bogotá.

BAINTON, Roland H. 1995. *Here I Stand: a Life of Martin Luther*. Plume Books, New York.

BARKEY, Karen. 1997. *Bandits and Bureaucrats. The Ottoman Route to State Centralization*. Cornell University Press, Ithaca.

BARZÚN, Jacques, 2001. *Del amanecer a la decadencia. Quinientos años de vida cultural en Occidente (de 1500 a nuestros días)*, Editorial Taurus, Madrid.

BELL, Daniel. 1992. *El fin de las ideologías*. Ministerio Español de Trabajo, Madrid.

BERENGUER, Jean. 1993. *El Imperio Habsburgo 1279-1918*, Editorial Crítica, Madrid.

BERENGUER, Ernest. 1994. *El Imperio Hispánico 1479-1665*, Editorial Grijalbo-Mondadori, Madrid.

BERIAIN, Josetxo. 2000. *La lucha de los dioses en la modernidad. Del monoteísmo religioso al politeísmo cultural*. Editorial Anthropos, Barcelona.

BERLIN, Isaiah. 2000. *Las raíces del romanticismo*. Editorial Taurus, Madrid.

BERMAN, Marshall. 1991. *Todo lo sólido se desvanece en el aire: la experiencia de la modernidad*. Fondo de Cultura Económica, México.

BERMAN, Paul. 2003. *Terror and Liberalism*. W. W. Norton & Company, New York.

BLACK, Anthony. 1996. *El pensamiento político medieval en Europa, 1250-1450*. Cambridge University Press, Cambridge.

BLACK, Jeremy. 1999. (Ed.). *War in the Early Modern World 1450-1815*. Westview Press, Boulder.

BODINO, Jean. 2000. *Los seis libros* de La República. Editorial Tecnos, Madrid.

BOND, Brian. 1998. *The Pursuit of Victory. From Napoleon to Saddam Hussein*. Oxford University Press, Oxford-New York.

BRAUDEL, Fernand. 1984. *Civilización material, economía y capitalismo. Siglos XV-XVIII*. s.e., Madrid.

——. 1992. *El Mediterráneo y el mundo mediterráneo en la época de Felipe II*. Fondo de Cultura Económica, México.

——. 1995. *A History of Civilizations*. Penguin Books, New York.

BUZAN, Barry y SEGAL, Gerald. 1998. *El futuro que viene*. Editorial Andrés Bello, Santiago de Chile.

CASTELLS, Manuel. 1997-1998. *La sociedad red*. Alianza Editorial, Madrid. (Tres tomos: tomo I en 1997 y tomo II y III en 1998).

CIMBALA, Stephen, 1997. *Clausewitz and Chaos: Friction in War and Military Policy*. Praeger Publishers.

COLOM GONZÁLEZ, Francisco. 1998. *Razones de identidad. Pluralismo cultural e integración política*. Editorial Anthropos, Barcelona.

CONNOR, Walker. 1998. *Etnonacionalismo.* Trama Editorial, Madrid.

CREVELD, Martin van. 1991a. *Technology and War. From 2000 B.C. to the Present.* The Free Press, New York.

——. 1991b. *The Transformation of War. The Most Radical Reinterpretation of Armed Conflict since Clausewitz.* The Free Press, New York.

——. 1999. *The Rise and Decline of the State.* Cambridge University Press, Cambridge.

——. 2000. *The Art of War. War and Military Thought.* Cassell, London.

DUTUOR, Thierry. 2004. *La ville medievale.* Odile Jacob, París.

ERASMO DE ROTTERDAM. 1997. *Erasmus: The Education of a Christian Prince with the Panegyric for Archduke Philip of Austria* (Cambridge Texts in the History of Political Thought)", con estudios analíticos de Quentin Skinner, Lisa Jardine y Raymond Geuss. Cambridge University Press, Cambridge.

FERGUSON, Niall. 2001. *Dinero y poder, 1700-2000.* Editorial Taurus, Madrid.

GADDIS, John Lewis. 1989. *The Long Peace: Inquires into the History of the Cold War.* Oxford University Press, Oxford.

——. 1992. *The United States and the End of the Cold War. Implications, Reconsiderations, Provocations.* Oxford University Press, Oxford.

GARCÍA-GUIJARRO RAMOS, Luis. 1995. *Papado, cruzadas y órdenes militares, siglos XI-XIII.* Editorial Cátedra, Madrid.

GIDDENS, Anthony. 1990. *The Consequences of Modernity.* Polity Press, Cambridge.

——. 1994. *Más allá de la izquierda y la derecha.* Editorial Crítica, Madrid.

GLETE, Jean. 2002. *Warfare at Sea, 1500-1650: Maritime Conflicts and the Transformation of Europe (Warfare and History).* UCL Press, San Diego.

GOETHE, Johann Wolfgang. 2001-2002. *Obras completas.* Editorial Tusquets, Barcelona.

GOLDMAN, Kjell y otros. 2001. *Nationalism and Internationalism in the Post-Cold War Era.* Routledge, New York.

GONZÁLEZ GARCÍA, José María. 1998. *Las metáforas del poder.* Alianza Editorial, Madrid.

GRAY, John. 2004. *Al-Qaeda y lo que significa ser moderno.* Editorial Paidós, Madrid.

GRENVILLE, J. A. S. 2000. *A History of the World in the 20th Century.* Harvard University Press, Boston.

HABERMAS, Jürgen. 1975. *Historia y crítica de la opinión pública.* Editorial Gustavo Gilli, Barcelona.

HAMMOND WORLD ATLAS CORPORATION. 2004. *Hammond Historical World Atlas.* Hammond Corporation.

HALL, Peter. 1998. *Cities in Civilization.* Widenfeld & Nicolson, London.

HALLAMA, Henry. 2002. *The Constitutional History of England from the Accession of Henry VII to the Death of George II.* Lightning Source Inc., London.

HALLIDAY, Fred. 2002. *Las relaciones internacionales en un mundo en transformación.* Ediciones de la Catarata, Madrid.

HASTINGS, Adrian. 2000. *La construcción de las nacionalidades.* Cambridge University Press, Cambridge.

HAYTHORNWAITE, Philip J. 2002. *The English Civil War, 1642-1651.* Caxton Editions, London.

HOBBES, Thomas. 1997. *Leviatán,* Ediciones Altaza, Madrid.

——. 2000. *Tratado sobre el cuerpo humano.* Editorial Trotta, Madrid.

——. 2001. *Tratado sobre el ciudadano.* Editorial Trotta, Madrid.

——. 2002. *Del ciudadano y Leviatán.* Editorial Tecnos. Madrid.

HOBSBAWM, Eric. 1996. *Historia del siglo XX.* Editorial Crítica, Barcelona.

——. 1998. *Naciones y nacionalismos desde 1780.* Editorial Crítica, Barcelona.

——. 2000. *Entrevista sobre el siglo XX.* Editorial Crítica, Madrid.

HOBSBAWM, Eric and RANGER, Terence. *The Invention of Tradition.* Cambridge University Press, Cambridge.

HOLSTI, Kalevi J. 2000. *Peace and War: Armed Conflicts and International Order 1648-1989.* Second Edition. Cambridge University Press, London.

HUNTINGTON, Samuel. 1985. *El Estado y el soldado.* Grupo Editor Latinoamericano, Buenos Aires.

——. 1996. *El choque de civilizaciones y la reconfiguración del orden mundial.* Editorial Paidós, Barcelona.

IKENBERRY, G. John. 2001. *After Victory. Institutions, Strategic Restraint, and the Rebuilding of Order After Major Wars.* Princeton University Press, New Jersey.

JAMES, William. 1986. *Las variedades de la experiencia religiosa,* Editorial Península, Barcelona.

JUERGENSMEYER, Mark. 1993. *The New Cold War? Religious Nationalism Confronts the Secular State.* California University Press, Berkeley.

KAMEN, Henry. 2002. *Empire. How Spain became a World Power, 1492 1763.* Harper Collins, London.

KAPLAN, Robert D. 2000. *La anarquía que viene. La destrucción de los sueños de la posguerra fría.* Ediciones B, Barcelona.

——. 2002. *El retorno de la antigüedad. La política de los guerreros.* Ediciones B, Barcelona.

KEGLEY, Charles, Jr. and RAYMOND, Gregory. 2002. *Exorcising the Ghost of Westphalia. Building World Order in the Next Millenium.* Prentice Hall Press, New Jersey.

KENAN, George. 1998. *Al final de un siglo. Reflexiones, 1982-1995.* Fondo de Cultura Económica, México.

KENNEDY, Paul. 1989. *Auge y caída de las grandes potencias. Por qué acabaron los Imperios del pasado.* Plaza y Janés, Madrid.

KEYLOR, William R. 2001. *Twentieth-Century World. An International History.* Oxford University Press, Boston. Cuarta edición.

——. 2003. *A World of Nations. The International Order since 1945.* Oxford University Press, Oxford-New York.

KISSINGER, Henry. 1996. *Diplomacy.* Simon and Schuster, New York.

KOHN, Hans. 1949. *Historia del nacionalismo.* Fondo de Cultura Económica, México.

KYMLICKA, Will. 1990. *Contemporary Political Philosophy. An Introduction.* Oxford University Press, Oxford.

——. 1996. *Ciudadanía multicultural.* Editorial Paidós, Buenos Aires.

LE GOFF, Jacques. 1992. "¿La cabeza o el corazón? El uso político de las metáforas corporales durante la Edad Media", en *Fragmentos para una historia del cuerpo humano*. Editorial Taurus, Madrid.

LAUE, Theodore van. 1987. *The World Revolution Westernization. The Twentieth Century in Global Perspective*. Oxford University Press, Oxford-New York.

LEFFLER, Melvin P. and PAINTER, David S. 1994. *Origins of the Cold War. An International History*. Routledge, New York.

LOCKE, John. 1994. *Ensayo sobre el entendimiento humano*. Fondo de Cultura Económica, México.

MAQUIAVELO, Nicolás. 1998. *El Príncipe*. Alianza Editorial. Madrid.

———. 2000. *Del arte de la guerra*. Editorial Tecnos, Madrid.

MARTIN, John Jeffries and ROMANO, Dennos. 2003. *Venice Reconsidered: The History and Civilization of an Italian Citi-State, 1297-1797*. John Hopkins University Press, New York.

McEVEDY, Colin. 1992. *The Penguin Atlas of Modern History*. Penguin Books, New York.

McNEILL, William. 1985. *The Pursuit of Power. Technology, Armed Forces, and Society since a.d. 1000*. Chicago University Press, Chicago.

MONOD, Paul Kleber. 2001. *El poder de los reyes. Monarquía y religión en Europa, 1589-1715*. Alianza Editorial, Madrid.

MONSALVE SOLÓRZANO, Alfonso. 2004. *Soberanía, legitimidad y legitimación*. Universidad Pontificia Bolivariana, Medellín.

MONTESQUIEU. 1993. *Del espíritu de las leyes*. Editorial Altaya, Barcelona.

MULHALL, Stephen and SWIFT, Adam. 1996. *El individuo frente a la comunidad. El debate entre liberales y comunitaristas*. Editorial Temas de Hoy. Madrid.

MUMFORD, Lewis. 1989. *The City in History. Its Origins, its Transformations and its Prospects*. Harvest Book, New York.

OCKHAM, Guillermo de. 1992. *Sobre el gobierno tiránico del Papa*. Editorial Tecnos, Madrid.

PAINTER, David S. 1999. *The Cold War. An Internacional History*. Routledge, New York.

PARKER, Geoffrey. 1981. *Europa en crisis 1598-1648.* Siglo Veintiuno Editores, Madrid.

——. 1998. *Geopolitics. Past, Present and Future.* Pinter, London.

——. 2000. *El ejército de Flandes y el camino español. 1567-1659. La logística de la victoria y derrota de España en las guerras de los Países Bajos.* Alianza Editorial, Madrid.

——. 2001. *El éxito nunca es definitivo. Imperialismo, guerra y fe en la Europa moderna.* Editorial Taurus, Madrid.

——. 2002a. *Felipe II.* Alianza Editorial, Madrid. Segunda edición.

——. 2002b. *La revolución militar. Innovación y apogeo de Occidente 1500-1800.* Alianza Editorial, Madrid.

——. 2003. *La Guerra de los Treinta Años,* A. Machado Libros, Madrid.

PEÑAS ESTEBAN, Francisco Javier. 1997. *Occidentalización, fin de la Guerra Fría y relaciones internacionales.* Alianza Universidad, Madrid.

——. 2003. *Hermanos y enemigos. Liberalismo y relaciones internacionales.* Libros de la Catarata, Madrid.

POWASKI, Ronald E. 2000. *La Guerra Fría. Estados Unidos y la Unión Soviética, 1917-1991.* Editorial Crítica, Barcelona.

POUND, Norman J.G. 1992. *Historia de la vida cotidiana: Historia de la cultura material.* Editorial Crítica, Barcelona.

RAWLS, John. 1993. *Teoría de la justicia.* Fondo de Cultura Económica, México.

——. 1995. *Liberalismo político.* Fondo de cultura Económica, México.

RENAUT, Alain. 1993. *La era del individuo.* Editorial Destino, Barcelona.

RIVERO RODRÍGUEZ, Manuel. 2000. *Diplomacia y relaciones exteriores en la Edad Moderna. De la Cristiandad al sistema europeo, 1453-1794.* Alianza Editorial, Madrid.

SAN AGUSTÍN. 1999. *Confesiones.* Editorial Porrúa, Buenos Aires.

SCHORSKE, Carl E. 2001. *Pensar con la historia: ensayos sobre la transición a la modernidad.* Editorial Taurus, Madrid.

SCOTT, James E. (Ed.). 1998. *After the End. Making U.S. Foreign Policy in the Post-Cold War World.* Duke University Press.

SETA, Cesare de. 2002. *La ciudad europea, del siglo XV al XX*. Editorial Istmo, Madrid.

SEWARD, Desmond. 1999. *The Hundred Year War: The English in France 1337-1453*. Penguin Books, London.

STRANGE, Susan. 1989. "Toward a Theory of Transnational Empire", en Rosenau, J. et. al., *Global Changes and Theorical Challenges*. Lexington Books, Lexington.

STÜRMER, Michael. 2003. *El imperio alemán (1870-1919)*. Editorial Mondadori, Madrid.

SUÁREZ MOLANO, José Olimpo. 2003. *Syllabus sobre filosofía política*. UPB-Concejo de Medellín, Medellín.

——. 2005. *Richard Rorty: el neopragmatismo norteamericano*. Editorial Universidad de Antioquia, Medellín.

SYMCOX, Geoffrey. (Ed.) 1974. *War, Diplomacy and Imperialism 1618-1763*. Walker, New York.

TAYLOR, Charles. 1999a. *Las fuentes del Yo. La construcción de la identidad moderna*. Editorial Gedisa, Barcelona.

——. 1999b. *A Catholic Modernity?* Oxford University Press, Oxford-New York.

——. 2003. *Las variedades de la religión*. Paidós Studio. Barcelona.

TAYLOR, Peter. 1994. *Geografía política. Economía-mundo, Estado nación y localidad*. Trama Editorial, Madrid.

THOMAS, Hugh. 2001. *Una historia inacabada del mundo*. Editorial Mondadori, Madrid.

——. 2004. *El imperio español. De Colón a Magallanes*. Editorial Planeta, Buenos Aires.

THOMSON, Janice E. 1994. *Mercenaries, Pirates and Sovereigns. State Building and Extraterritorial Violence in Early Modern Europe.* Princeton University Press, New Jersey.

THULLIER, Pierre. 1992. *Las pasiones del conocimiento.* Alianza Editorial, Madrid.

TILLY, Charles. 1992. *Coerción, capital y Estados europeos, 990-1990.* Alianza Editorial, Madrid.

——. 1995. *European Revolutions, 1492-1992.* Blackwell Publishing, Oxford.

——. 1999. *Big Structures, Large Processes, Huge Comparisons.* Russell and Sage Foundation. New York.

TRIAS, Eugenio. 1994. *La edad del espíritu.* Editorial Destino, Barcelona.

TURNER, Ralph. 1948. *Las grandes culturas de la humanidad*. Fondo de Cultura Económica, México.

ULLMAN, Walter. 1983. *Historia del pensamiento político de la Edad Media*. Editorial Ariel, Barcelona.

VALLESPIN, Fernando. 2000. *El futuro de la política*. Editorial Taurus, Madrid.

VARIOS AUTORES. *El estado del mundo. Anuario económico geopolítico mundial 2004*. Editorial Akal, Madrid.

VARIOS AUTORES. 1993. *Fragmentos para una historia del cuerpo humano*, Editorial Taurus, Madrid.

VIROLI, Maurizio. 1997. *Por amor a la patria. Un ensayo sobre el patriotismo y el nacionalismo*. Editorial Acento, Madrid.

———. 2002. *La sonrisa de Maquiavelo. Biografía*. Editorial Tusquets, Barcelona.

WALLERSTEIN, Immanuel. 1990. *El moderno sistema mundial*. Tres tomos. Editorial Siglo XXI, México.

———. 1991. *Geopolitics and Geocultures*. Cambridge University Press, Cambridge.

WALKER, Mack. 1971. *German Home Towns: Community, State and General State, 1648-1871*. Cornell University Press, Ithaca.

WALZER, Michael 1992. *Just an Unjust War. A Moral Argument with Historical Illustrations*. Basic Books, New York. Segunda edición.

———. 1993. *Las esferas de la justicia. Una defensa de la igualdad y el pluralismo*. Fondo de Cultura Económica, México.

———. (s.f.) *Thick and Thin. Moral Argument at Home and Abroad*. University of Notre Dame Press. Notre Dame. Edición española bajo el título: *Moralidad en el ámbito local e internacional*. Alianza Editorial, Madrid.

WEBER, Max. 1997. *Sociología de la religión*, Editorial Istmo, Madrid.

———. 1997. *Economía y sociedad*. Fondo de Cultura Económica, México.

WILSON, Woodrow. 1918. "Los catorce puntos", discurso presentado ante el Congreso de los Estados Unidos.

ZAKARIA, Fareed. 2000. *De la riqueza al poder. Los orígenes del liderazgo mundial de Estados Unidos*. Editorial Gedisa, Barcelona.

ARTÍCULOS DE REVISTAS ESPECIALIZADAS

AHRENSDORF, Peter. 2000. "The Fear of Death and the Longing for Inmortality: Hobbes and Thucydides on Human Nature and the Problem of Anarchy", en *American Political Science Review*, volume 94, No. 3: 579-593.

ALDRICH, George H. January 2000. "The Laws of War on Land", en *American Journal of International Law*, volume 94, issue 2: 42-63.

ALONSO, Ana María. 1994. "The Politics of Space, Time and Substance: State Formation, Nationalism and Ethnicity", en *Annual Review of Anthropology*, volume 23: 379-405.

BARKI, J. Samuel y CRONIN, Bruce. Winter 1994. "The State and the Nation: Changing Norms and the Rules of Sovereingnty in International Relations, en *International Organization*. Volume 48, issue 1: 107-130.

BENNETT, D. Scott y Stam III, Allan C. 1996. "The Duration of Interstate Wars, 1816-1985", en *American Political Science Review*. 239-257.

BUEHRING, Edward H. April 1965. "The International Pattern of Authority", en *World Politics*, issue 3: 369-385.

BUENO DE MESQUITA, Bruce et. al. March 1997. "Capabilities, Perception, and Escalation", en *The American Political Science Review*. volume 91, issue 1: 15-27.

CLAUDE Jr., Iris L. Spring 1980. "Just War: Doctrines and Institutions", en *Political Science Quarterly*, volume 95, No. 1: 83-96.

EAGLETON, Clyde. January 1938. "The Form and Function of the Declaration of War", en *The American Journal of International Law*, volume 32, No. 1: 19-35.

GEYER, Michael y BRIGHT, Charles. October 1995. "World History in a Global Age", en *The American Historical Review*, volume 100, issue 4: 1034-1060.

HIJIYA, James A. April 1994. "Why the West Is Lost", en *William and Mary Quarterly. Third Series,* volume 51, issue 2: 276-292.

KUNZ, Josef L. April 1956. "The Laws of War", en *American Journals of International Law*, volume 50, issue 2:313-337.

LACHAMANN, Richard. April 1989. "Elite conflict and State Formation in 16th and 17th century England and France", en *American Sociological Review*, volume 54, issue 2: 141-162.

LEFFLER, Melvyn P. April 1999. "The Cold War: What Do Now Know?", en *The American Historical Review*, volume 104, issue 2: 501-524.

McDOUGAL, Myres S. y FELICIANO, Florentino P. April 1958. "The Iniciation of Coercion: a Multi-temporal Analisys", en The American Journal of International Law, volume 52, No. 2: 241-259.

MERON, Theodor. January 1992. "Shakespeare's Henry The Fifth and the Law of War", en *American Journal of International Law*, volume 86, issue 1: 1-45.

MITCHELL, Allen. March 1997. "Private Enterprise or Public Service? The Eastern Railway Company and the French State in Nineteen Century", en *The Journal of Modern History*, volume 69, issue 1: 18-41.

MURPHY, Marck. July 1995. "Was Hobbes a Legal Positivist?", en *Ethics*, volume 105, issue 4: 846-873.

PADGETT, John F. y ANSELL, Christopher K. May 1993. "Robust Action and the Rise of the Medici, 1400-1434", en *American Journal of Sociology*, volume 98, issue 6: 1259-1319.

PHILPOUT, Daniel. January 1995. "In Defense of Self-Determination", en *Ethics*, volume 105, issue 2: 352-385.

REUVENY, Rafael y KANG, Heejong. August 1996. "International Trade, Political Conflict/cooperation, and Granger Causality", en *American Journal of Political Science*, volume 40, issue 3: 943-970.

ROUSSEAU, David; GERPI, Christopher; REITER, Dan y HUTH, Paul K. September 1996. "Assessing the Dyadic Nature of the Democratic Peace, 1918-1988", en *The American Political Science Review*, volume 90, issue 3: 512-533.

SENESE, Paul D. February 1997. "Between Dispute and War: The Effect of Joint Democracy on Interstate Conflict Escalation", en *The Journal of Politics*, volume 59, issue 1: 1-27.

SPRUYT, Hendrik. Autumn 1994. "Institutional Selection in International Relations: State Anarchy as Order", en *International Organization*, volume 48, issue: 527-557.

WAGNER, R. Harrington. July 2000. "Bargaining and War", en *American Journal of Political Science*, volume 44, issue 3: 469-484.

———. September 1994. "Peace, War and the Balance of Power", en *The American Political Science Review*, volume 88, No. 3: 593-607.

WASSERTROM, Richard A. October 1968. "Three Arguments Concerning the Morality of War", en *The Journal of Philosophy*, volume 65, issue 19: 578-590.

ZWEIG, David. January 1985. "Strategies of Implementation: Policy "winds" and Brigade Accounting in Rural China, 1968-1978", en *World Politics*, volume 37, issue 2: 267-293.